近代中国知识分子的民族主义思想研究

JINDAI ZHONGGUO ZHISHIFENZI DE MINZUZHUYI SIXIANG YANJIU

◎ 张晨怡／著

中央民族大学出版社
China Minzu University Press

图书在版编目(CIP)数据

近代中国知识分子的民族主义思想研究/张晨怡著．—北京:中央民族大学出版社,2012.9

(中国边疆民族地区历史与地理研究系列丛书)

ISBN 978 – 7 – 5660 – 0254 – 9

Ⅰ.①近…　Ⅱ.①张…　Ⅲ.①知识分子—民族主义—研究—中国—近代　Ⅳ.①D092.5

中国版本图书馆 CIP 数据核字(2012)第 193167 号

近代中国知识分子的民族主义思想研究

作　　者	张晨怡	
责任编辑	黄修义	
封面设计	布拉格	
出 版 者	中央民族大学出版社	
	北京市海淀区中关村南大街 27 号　邮编:100081	
	电话:68472815(发行部)　传真:68932751(发行部)	
	68932218(总编室)　　　　68932447(办公室)	
发 行 者	全国各地新华书店	
印 刷 者	北京宏伟双华印刷有限公司	
开　　本	787×1092(毫米)　1/16　印张:16	
字　　数	238 千字	
版　　次	2012 年 9 月第 1 版　2012 年 9 月第 1 次印刷	
书　　号	ISBN 978 – 7 – 5660 – 0254 – 9	
定　　价	40.00 元	

《中国边疆民族地区历史与地理研究系列丛书》前言

中国民族史及中国边疆地理研究是中央民族大学的传统优势学科。1952 年全国高校院系调整,撤销了燕京大学、辅仁大学、清华大学的历史系、社会学系,三校的民族史、民族学、社会学方面的专家学者汇集于当时的中央民族学院,建立了民族研究部。1956 年,又创建历史系,著名蒙古史和元史专家翁独健教授担任系主任,分设民族历史和民族学两个专业方向,招收本科生和研究生。吴文藻、潘光旦、林耀华、费孝通、傅乐焕、王锺翰等著名学者在系任教。20 世纪 50 年代,全体师生参加了国家民族事务委员会组织的全国少数民族社会历史调查和民族识别工作,并参加《中国少数民族简史丛书》的编写。尔后部分教师接受国家有关部门的委托,整理了中印、中苏、中越边界资料(包括南海诸岛资料),并负责《中国历史地图集》东北部分的编绘工作。历史系和民族研究部的相关人员构成了中央民族大学中国边疆民族研究方面的重要力量,发表了大量具有重要影响的中国民族史和边疆史地论著。近年中央民族大学王锺翰先生主编的《中国民族史》,费孝通、陈连开等先生编著的《中华民族多元一体格局》,谭其骧主编、张锡彤等先生编绘的《中国历史地图集·东北卷》,谭其骧主编、张锡彤等先生编著的《〈中国历史地图集〉释文汇编·东北卷》在国内外学术界都有很大的影响,

中央民族大学的边疆史地研究学科被列入国家教育部"985 工程"重点建设的学科,建立了中央民族大学中国边疆民族地区历史与地理研究中心,作为该学科的创新平台,其主要任务是以中国边疆民族地区历史与地理研究项目为核心,汇聚国内外一流人才,开展合作研究,获得创新性研究成果,促进该学科的进一步发展。

本中心的宗旨是:以基础研究为主,应用研究为辅,坚持百家争鸣,鼓励学术创新。注重选题的前沿性,在充分利用汉文史料的基础

上,鼓励发掘少数民族语文文献史料和域外史料,注重田野调查,在获取第一手资料的基础上,取得原创性成果。推出新人新作,培养中青年学者,建设一支高水平的学术队伍。

《中国边疆民族历史与地理研究系列丛书》收入的论著都是本中心二期建设期间的科研成果,将其奉献给国内外学术界和读者,希望得到大家的关心和支持,并提出宝贵意见。我们衷心欢迎国内外学者与我们建立学术联系,积极参与和支持中国边疆民族地区历史与地理研究项目,共同为该学科的发展,为边疆少数民族地区的稳定和繁荣做出贡献。

在本系列丛书出版之际,我们谨向关心支持本项目的国家民委和学校的领导,中央民族大学中国少数民族语言文化教育与边疆史地哲学社会科学创新基地的领导,中央民族大学出版社的领导,以及所有支持和参与者表示衷心的感谢。

达力扎布

2007 年 10 月 16 日

Contents 目录

绪　　论

近代从西方兴起的民族主义思想，在其发展衍变的过程中，逐渐确立两个方面的基本内涵：对内，实现社会各个方面的现代化发展；对外，建立独立自主的民族国家。二者也是近代中国民族主义发展的两个基本目标。这其中，近代中国知识分子发挥了重要的推动作用。无论是在鸦片战争之后传统民族主义向近代民族主义的思想转变，还是在辛亥革命时期从"排满"革命到"五族共和"的变化过程中，无论是在五四时期的国民启蒙中，抑或是在抗战时期的文学救国及边疆史地研究中，知识分子的民族主义思想都得到了充分的体现。而正是在这一历史过程中，作为现代民族国家的"中国"和作为中国各个民族共同体的"中华民族"被广泛认同。

第一节　民族主义研究的意义及现状

民族主义是近代以来世界历史研究的重要切入点，也是了解近代中国历史的关键词之一。20 世纪 80 年代以来，在中国学术界持续掀起了民族主义的研究热潮。由于研究者对近代以来中国民族主义的观察角度不同，其研究结果各有特色。这也为后来的研究提供了良好的资源准备与学术平台。

一、民族主义研究的意义

民族主义是 20 世纪最重要的思潮之一。英国马克思主义史学家埃里克·霍布斯鲍姆（Eric Hobsbawm）在《民族与民族主义》一书的导论中提出："若想一窥近两个世纪以降的地球历史，则非从'民族'（nation）以及衍生自民族的种种概念入手不可。"① 中国当代历史学者罗志田也指出，民族主义在近代以来的世界发展中起到了极其重要的作用，因此"成为西方人文和社科研究的重点及关注的对象"，"因为不了解民族主义则不仅不能了解近现代世界，而且也无法了解后现代世界"。②

　　一般认为，近代民族主义作为一种较为明确和系统的学术概念，起源于 19 世纪前后的欧洲。英国民族主义研究专家埃里·凯杜里（E. Kedourie）即认为，民族主义是 19 世纪初产生于欧洲的一种学说。③ 而据英国另一位专门研究民族主义的学者安东尼·史密斯（Anthony D. Smith）的考证，民族主义作为术语于 18 世纪末已经出现在德国哲学家赫德（Johann Gottfried Herder）和法国神学家巴鲁尔（Abbe Augustin Dr Barruel）的作品中。④ 不过，作为一种历史实践，欧洲的民族主义思潮在中世纪后期西欧的民族国家形成过程中已经出现，并且和现代化的扩展密不可分。因此，有学者认为，"民族主义"的基本含义是：一种与源于西欧的"民族—国家"体制共生的，随着所谓"现代化"的扩展而从西欧向世界其他地区流传的观念和情绪。⑤ 如果从世界范围来看，民族主义"在英国和法国率先兴起"，此后又有"美国民族的出现和拉丁美洲国家形成"⑥。而法国大革命的爆发则被认为是西方近代民族主义形成的标志性事件，"法国大革命不仅把民族主义的表达推向了高潮，而且更为重要的是，在具体的革命进程中把民主主义与民族主义紧密结合，充分展示了近代民族主义的深刻内涵。就此意义而言，法国大革命则标志

---

　　① 埃里克·霍布斯鲍姆：《民族与民族主义》，李金梅译，上海：上海人民出版社，2000 年，第 1 页。

　　② 罗志田：《近代中国民族主义的研究取向与反思》，载《四川大学学报》（哲学社会科学版）1998 年第 1 期。

　　③ 埃里·凯杜里：《民族主义》，张明明译，北京：中央编译出版社，2002 年，第 1 页。

　　④ 安东尼·史密斯：《民族主义：理论，意识形态，历史》，叶江译，上海：上海世纪出版集团，2006 年，第 6 页。

　　⑤ 王晓明：《现代中国的民族主义》，载《学术月刊》2002 年第 11 期。

　　⑥ 房宁、王炳权：《论民族主义思潮》，北京：高等教育出版社，2004 年，第 44 页。

着近代民族主义的形成。"①

　　民族主义也是中国近代史的研究热点之一。通过梳理民族主义的发展脉络来研究中国近代以来的历史，是学界在进行中国近代史研究的时候最常用的切入点。罗志田指出："中外关于中国近现代政治和思想的研究者，几乎无不提到民族主义。尤其是在西方的中国研究中，民族主义的兴起（the rise of nationalism）是一个不断重申的主题，而且民族主义浪潮是处在'不断高涨'的进程之中。我们若细看许多关于中国近代各'事件'的研究，便会发现：一开始时，民族主义通常被认为是这些事件的动力，而到结尾时民族主义又多因这些事件而进一步'上升'。民族主义一身而兼为历史发展的原因和结果，其受到史家的重视可见一斑。"②

二、近代民族主义研究的现状

　　关于民族主义（nationalism）的界定，海内外至今众说纷纭。同样，关于中国近代民族主义的思想构成与形成，学者们分别从各自角度进行归纳和界定，也提出了许多不同的看法。有学者经统计指出："关于民族主义概念的界定，目前学术界已有 200 余种不同的概括"，"民族主义从西方传到中国后，中国学者对其有各种各样的定义，至今没有一个统一的看法"。③

　　但这种学理上的歧异并不能否定近代民族主义在中国存在的客观性和重要性。日本学者竹内好曾说过，"东洋的近代是欧洲强制的结果，或者说是这一结果引导出的后果"。④ 这一论断不仅适合日本，同样也适用于中国。进一步而言，近代中国历史上的诸多变化，

---

① 李宏图：《西欧近代民族主义思潮研究——从启蒙运动到拿破仑时代》，上海：上海社会科学院出版社，1997 年，第 149 页。

② 罗志田：《近代中国民族主义的研究取向与反思》，载《四川大学学报》（哲学社会科学版）1998 年第 1 期。

③ 崔明德、曹鲁超：《近十年来中国民族主义研究述评》，载《烟台大学学报》（哲学社会科学版）2006 年第 1 期。

④ 竹内好：《近代的超克》，李冬木等译，北京：生活·读书·新知三联书店，2005年，第 182 页。

包括传统民族主义思想向近代民族主义思想的转化，专制王朝向近代民族国家的转型等，在很大程度上都是西方列强武力强制与文化输出的结果或后果。鸦片战争以后，中国知识分子面临"三千年来未有之大变局"，被迫开始"睁眼看世界"，在民族认同、民族平等和民族忧患意识的基础上逐渐产生近代民族主义思想，并最终促成了中华民族共同体意识和现代民族国家的形成。可以说，中国近代民族主义既是传统民族主义在近代转型的产物，又是西方民族主义思想在中国不断扩大影响所致，是二者在漫长历史实践中逐渐趋同的结果。

　　受西方学者的影响，20 世纪 80 年代以来，中国学者开始聚焦民族主义问题的研究，90 年代以后，更是在学术界掀起一股"民族主义"的研究热潮。仅以目力所见，目前关于中国近代以来的民族主义研究，比较有代表性的论著就有：费孝通主编《中华民族多元一体格局》（中央民族学院出版社 1989 年版）、刘青峰编《民族主义与中国现代化》（香港中文大学出版社 1994 年版）、陶绪著《晚清民族主义思潮》（人民出版社 1995 年版）、罗福惠编《中国民族主义思想论稿》（华中师范大学出版社 1996 年版）、郑永年著《中国民族主义的复兴：民族国家向何处去》（三联书店香港公司 1998 年版）、罗志田著《民族主义与近代中国思想》（台北东大图书公司 1998 年版）、杨思信著《文化民族主义与近代中国》（人民出版社 2003 年版）、单正平著《晚清民族主义与文学转型》（人民出版社 2006 年版）、郑大华和邹小站编《中国近代史上的民族主义》（社会科学文献出版社 2007 年版）、王建伟著《民族主义政治口号史研究（1921—1928）》（社会科学文献出版社 2011 年版）等。而相关的学术论文数量之多更是难以列举。上述研究，对近代以来中国民族主义的观察角度各不相同，如从中华民族形成及国族认同、民族主义与现代化的关系、近代中国的文化思想变迁、文学转型及政治口号衍变等方面进行考察。此外，对于近代中国历史许多具体领域的研究，如对辛亥革命、五四新文化运动、边疆史地研究，以及对自由主义、文化保守主义、国家主义等近代形形色色的思潮与主义研究，也都会不同程度涉及民族主义的内容。这些都为后来者继续深入研究中国近代民族主义提供了良好的基础。

第二节　现代化视野下的民族问题

　　近代民族主义在西方的兴起具有明显的现代化历史背景，其基本的目标主要有两个：一是国家独立和民族解放；二是繁荣富强和持续发展。而随着现代化浪潮在世界各国的不断推进，这种源自欧洲的民族主义观念也逐渐影响到世界各地。对于英国、法国、美国等内生型现代化国家来说，现代化的要求主要从内部产生，其发展过程也比较平稳；而对于中国等外生型现代化国家来说，现代化发展和近代民族主义的兴起主要是受到外在压力，被迫改变自己传统制度与文化观念的结果，因此，其现代化的推进和民族国家的建立过程也复杂得多。

一、现代化的内涵

　　"现代化"（Modernize Modernization）一词来源于"现代"（Modern），其中 Modernize 为动词，含义为使现代化；Modernization 为名词，含义是现代化的过程与状态。对于"现代"一词的内涵，中国现代化理论研究专家、北京大学教授罗荣渠曾作过详细的考证和解释，并且指出 Modern 是文艺复兴时期人文主义者最先使用的。当时这个词主要表达一个新的观念体系，即把文艺复兴以后的时代看成是一个与中世纪对应的新时代。按字面的含义，"现代"一词是作为一个时间的概念，指当今的时代。可以包括"近代"和"当代"的内涵或特定的历史时期。从这个意义上来说，"现代"一词所指的历史范畴不是绝对化的，而是相对于传统而言。实际上，中外关于现代历史阶段的划分也并不相同。在西方，人们一般将 17 世纪英国资产阶级革命以来的历史都统称为 Modern History；在中国，则一般将 1840年鸦片战争爆发到 1919 年的这一段时期称为近代，将 1919 年五四运动的爆发视为进入现代的标志，近年来则将 1840 年以后到 1949年中华人民共和国成立的这一段历史进程统称为近代，也有人称之为中国的近代化过程或中国的早期现代化过程。

现代化被认为是文艺复兴以来世界范围内的主要社会实践之一。然而，关于什么是现代化，不同人的理解却不尽相同，学术界迄今也没有统一的定义。目前人们使用的现代化理论，主要是 20 世纪 50 年代以来西方学者在开展现代化研究中逐渐形成的经典现代化理论。1951 年，在美国社会科学研究会经济增长委员会主办的学术刊物《文化变迁》杂志编辑部举办的学术讨论会上，与会学者在讨论经济发展问题时，率先使用"现代化"一词来描述从农业社会向工业社会的转变特征，这一讨论也成为欧美研究现代化理论的先声。1958 年，美国学者丹尼尔·勒纳（Daniel Lerner）在《传统社会的消逝：中东现代化》一书中明确指出，从传统社会向现代社会的转变就是现代化。20 世纪 50—60 年代，现代化理论逐渐成为世界发展理论的主流学派，并日渐得到西方社会和非西方社会的普遍认同。这一时期，西方陆续发表了一批有影响的现代化研究成果，如帕森斯（Talcott Parsons）的《社会系统》、阿尔蒙德（Gabriel A. Almond）和科尔曼（J. S. Coleman）的《发展中地区的政治学》、罗斯托（Walt Whitman Rostow）的《经济成长的阶段》、列维（Marion J. Levy）的《现代化和社会结构》、亨廷顿（Samuel P. Huntington）的《变化社会中的政治秩序》、以色列学者艾森斯塔特（Shmuel N. Eisenstadt）的《现代化：抗拒与变迁》等，经典现代化理论基本形成。20 世纪 70 年代以后，现代化理论研究开始向历史学、人类学和其他人文社会科学扩展。美国历史学家、现代化理论家布莱克（C. E. Black）在其著作《现代化的动力：比较历史研究》中，明确提出用比较的方法和跨学科的方法对现代化问题进行研究，开拓了现代化理论研究的新方向。

从现代化理论的发展过程中，我们可以看出，经典现代化理论并非单一的理论，而是各个不同领域的学者关于现代化研究理论成果的统称。经典现代化理论，一方面阐述了现代化过程的特点和规律，另一方面阐述了现代化的结果，也就是现代性（Modernity），即已经完成现代化过程的国家所处的状态及其特点。如果根据研究领域来划分，经典现代化理论又可大致分为经济现代化、政治现代化、社会现代化、个人现代化和文化现代化理论等。同时，在不同领域和不同地区，现代化具有不同的特点。人们在日常生活中使用"现代化"一词的时候，在不同情况下，描述的对象不同，"现代化"的具体内涵也有所不同。不过，虽然存在各种各样的差异，今天的人们还是普遍认为，现代化是一个历史过程，包括从传统经济向现代经济、传统政治向现代政治、传统社会向现代社会、传统文化向现代文化的转变等。这一转变一般发生在封建社会后期，贯穿于资本主义产生、发展和社会主义确立、发展的整个历史过程，是人类社会从传统的农业社会向现代工业社会转变的必经阶段。从世界范围来看，现代化主要体现在以下两个方面：发达国家工业革命以来发生的深刻变化；发展中国家在不同领域追赶世界先进水平的发展过程。这里，现代化既是一个从传统农业社会向现代工业社会转变的历史过程，也是一种发展状态，即完成现代化过程的工业化国家的发展状态。

二、现代化和民族问题

现代化和近代以来的民族问题具有密切的关系。英国学者安东尼·吉登斯（Anthony Giddens）在《民族—国家与暴力》一书中，专门从公民权利、国家主权、民族主义三个维度就民族国家的演化过程和现代化之间的关系作出了深入分析。一般认为，具有现代政治意义的"民族"（nation）概念产生于中世纪后期的欧洲。恩格斯曾经指出："日益明显日益自觉地建立民族国家的趋向，是中世纪进步的最重要杠杆之一。"[①] 在民族国家形成的初期，代表民族利益的欧洲各国王权在新兴资本主义的代表市民势力的支持下摆脱神圣罗马帝国、奥地利的哈布斯堡王朝的控制，纷纷完成了主权国家的独立与统一，形成了诸多等级君主制或绝对君主制的国家。1648年，神圣罗马帝国、奥地利的哈布斯堡王室和法国、瑞典以及神圣罗马帝国内勃兰登堡、萨克森、巴伐利亚等诸侯邦国为了结束三十年战

---

① 恩格斯：《论封建制度的瓦解和民族国家的产生》，《马克思恩格斯全集》第21卷，北京：人民出版社，1965年，第452页。

争，签订了威斯特伐利亚系列和约，确定了以平等、主权为基础的国际关系准则，这就是著名的威斯特伐利亚体系（westphalian system）。威斯特伐利亚体系划定了欧洲大陆各国的国界，承认国家的独立和主权，并将国家主权、国家领土、国家独立等原则确立为国际关系中应遵守的准则。此后，欧洲开始确立常驻外交代表机构的制度，各国普遍设立了外交使节，进行外事活动。对此，英国政治学家赫尔德（David Held）评论说："现代国家的直接来源是绝对专制主义和绝对专制主义创造出来的国家间的体系。在把政治权力集于手中并寻找创造一个核心统治体系的过程中，绝对专制主义为民族国家和世俗权力体系开辟了通道。"[1]

不过，在完成独立与统一之后，君主专制国家开始暴露出同新兴的资本主义利益之间的不可调和的内在矛盾，"专制主义在本质上代表的是封建阶级的利益，君主独裁仍属于封建主义的范畴。专制政权在主观意图上决不是为民族国家服务，而是竭力维护一套世代沿袭的习惯法和政治体制。"[2] 因此，今天的学者普遍认为，这一时期的君主制国家从经济基础到上层建筑，都不具备现代民族国家的形态。"专制王权的经济基础是以农奴制为基础或以依附性佃农为基础的农业以及行会制工场手工业，人们被束缚于特定的土地上、特定的地域范围内或者特定的行业中。因此，专制王权虽然由于确立了中央集权制度而建立了民族国家内部的纵向联系，但是却由于维护封建主义的经济基础而阻遏了民族国家内部横向联系的发展，而横向的连带关系则是民族市场、民族语言、民族意识及文化同质性成长的出发点。"[3] 而随着西欧资本主义的迅速发展，新兴工商业群体迫切需要冲破王权专制和封建统治体系对其发展的限制。于是从自由工商业者中成长起来的第三等级代表人物和思想家们提出了"民族"的概念，并参照原有国家的疆域范围，以语言和宗教等为民

---

① 戴维·赫尔德：《民主的模式》，燕继荣等译，北京：中央编译出版社，1998 年，第 92 页。

② 宁骚：《论民族国家》，《北京大学学报》（哲学社会科学版）1991 年第 6 期。

③ 宁骚：《论民族国家》，《北京大学学报》（哲学社会科学版）1991 年第 6 期。

众的认同基础，努力建立独立的"民族—国家"（nation‐state），即以"民族"为单元的体现共和精神的新政治实体，这就是18世纪首先兴起于西欧的"民族主义"运动。因此，吉登斯认为，民族国家、公民身份和领土都是现代化的产物。

随着现代化浪潮在世界各国的不断推进，这种源自欧洲的现代民族国家的观念也逐渐影响到包括亚洲在内的世界各地。日本学者西川长夫对这一现代民族国家观念进行了归纳。他认为，现代国家作为国民国家，与传统帝国的区别有五个方面：一是有明确的国境存在（国民国家以国境线划分政治的、经济的、文化的空间，而古代或中世纪国家虽然也存在中心性的政治权力和政治机构，但是没有明确的划定国家主权的国境）；二是国家主权意识（国民国家的政治空间原则上就是国家主权的范围，拥有国家自主权不容他国干涉的国家主权和民族自决理念）；三是国民概念的形成与整合国民的意识形态支配，即以国家为空间单位的民族主义（不止是由宪法、民法与国籍法规定的国民，而且由爱国心、文化、历史、神话等建构起来的意识形态）；四是控制政治、经济、文化空间的国家机构和制度（不仅仅是帝王或君主的权力）；五是由各国构成的国际关系（国际关系的存在表明民族国家之主权独立与空间有限性）。[1] 西川长夫的归纳说明，这种源自欧洲的民族国家观念已经逐渐为包括日本在内的其他地域的人们所认同。

三、现代化与民族国家的形成

近代民族主义从它形成的时候起，就内在地蕴涵着建立民族国家的政治要求。英国学者厄内斯特·盖尔纳（Ernest Geller）对此评论说："民族主义认为，民族和国家注定是连在一起的；哪一个没有对方都是不完整的，都是一场悲剧。"[2] 美国学者莱斯利·里普森

---

① 参见葛兆光：《重建关于"中国"的历史论述——从民族国家中拯救历史，还是在历史中理解民族国家?》，《二十一世纪》2005年8月。

② 厄内斯特·盖尔纳：《民族与民族主义》，韩红译，北京：中央编译出版社，2002年，第9页。

（Leslie Lipson）也认为："国家在努力地构建民族，民族亦在努力地整合国家"①。因此，现代民族国家从建立之时就包含着两种共同体：民族共同体和政治共同体，也就是在民族的范围内组织具有政治主权的国家。这样的民族也因为其强烈的政治属性被界定为现代民族。民族主义不仅在民族形成过程中扮演了重要的角色，而且在民族与国家统一的过程中发挥了重要的作用。吉登斯就认为："'民族'指居于拥有明确边界的领土上的集体，此集体隶属于统一的行政机构"，并且，"只有当国家对其主权范围内的领土实施统一的行政控制时，民族才得以存在"②。可以说，构建民族国家的过程实际上是民族认同与国家认同契合的过程，同时也是现代国家与现代民族最终形成的过程。这就决定了民族国家的建立和建设必须和国家的现代化结合起来。

在世界历史上，民族国家实现现代化主要有两种类型：一种是原发型现代化国家，代表国家有英国、法国、美国等。这些国家主导现代化的发展因素主要从内部产生，因此也叫内生型的现代化国家。其主导因素包括工业生产力的增长带动农业的现代化改造，政治上民主制的确立，文化上自由民主思想的普及等，其发展过程相对来说也比较平稳。另外一种是传导型现代化国家，也叫外生型现代化国家，代表国家有德国、俄国、日本等。这些国家实现现代化主要是受到外在压力，被迫改变自己的传统制度与文化观念、向内生型现代化国家学习的结果。在这些国家中，由于政治专制制度和旧的思想文化根深蒂固，因此，在实现现代化国家转型中普遍存在着传统与现代的激烈冲突，推进现代化的过程也复杂和动荡得多。

回顾近代以来民族主义在世界各地的发展，我们会发现，不同国家实现现代化方式的不同，也会导致与其同步发展的民族主义思潮及其实践过程具有很大的差异。在英国、法国、美国等内生型现

---

① 莱斯利·里普森：《政治学的重大问题：政治学导论》，刘晓等译，北京：华夏出版社，2001年，第290页。

② 安东尼·吉登斯：《民族—国家与暴力》，胡宗泽、赵力涛译，北京：生活·读书·新知三联书店，1998年，第141、第144页。

代化国家中，民族主义的兴起与发展主要是现代化背景下资本主义的发展和新兴工商业群体摆脱王权专制及封建统治体系的结果。这些国家主导现代化的发展因素主要从内部产生，推动本国民族主义思潮的动力也主要来自政治体制的改革、公民对权利的渴望与经济发展的要求。而在外生型现代化国家中，民族主义的兴起往往是在外在压力下被迫改变自己传统的民族文化观念的结果。

　　近代中国的现代化就是一种外生型现代化过程。中国在 1840 年鸦片战争以后即被迫进入早期现代化（近代化）过程。据美国学者戴福士（Roger V. Des Forges）的描述，这是一个"中国在世界"的阶段。① 而在西方列强入侵的现实危机与西学东渐的双重影响下，中国固有的天下主义观念也开始逐渐向近代民族主义思想转型。在西方列强一次次侵略战争的刺激下，民族独立与民族富强成为中国人追求的两大目标。清末的维新运动，就被胡适评价为一次推动中国现代化的运动。梁启超是最早提出中华民族要建立属于自己的民族国家，并比较系统地阐释现代化的民族主义概念的人。他的主张得到了孙中山等革命党人的赞同。辛亥革命后，中华民国成立，孙中山在《临时大总统宣言书》中宣布："合汉、满、蒙、回、藏诸地为一国，则合汉、满、蒙、回、藏诸族为一人。是曰民族之统

---

　　① 戴福士曾经把中国历史与外界的关系比拟为三个阶段：即"中国在中国"、"中国在亚洲"和"中国在世界"。"中国在中国"时期是自古代勃兴到汉代衰落，在这一草创时期，中国文化主要是自生自长于它固有的疆域之中。"中国在亚洲"时期起自于汉衰，一直延伸到明末。此时，中国相当广泛地与亚洲国家往还相交，其最重要的特征是，南北朝时期受到了印度佛教的影响，并遭到北方少数民族的入侵。印度的宗教经过本土化过程，产生了禅宗这样的新形态。"中国在世界"时期是从明末至今，中国一直承受着更大的外来压力，特别是现代化西方的压力、欧洲的文化冲击波——从 17 世纪的基督教到 19 世纪的马克思的社会主义，可谓连绵不绝。中国分别从西方、西方化了的日本和美、苏引进了不同的思想模式以改造自身的文化。但是戴福士仍然认为，中国的历史处于自身与西方都无法轻易改变的胶着状态，中国在 19 世纪和 20 世纪的经历，与其说是一种"大过渡"（great transformation），不如说是一种以文化的延续和变化的继承模式进行的"大强化"（great intensification）。参见戴福士：《中国历史类型：一种螺旋理论》，《走向未来》1987 年 3 月。

一。"① 明确提出以"中华民族"作为"民族"单元来建立"民族国家"。

五四新文化运动兴起以后，随着民主与科学思想的日益广泛传播，中国人追求现代化的要求更加明确和强烈。1933 年 7 月，《申报月刊》刊发"中国现代化问题"特辑，发表了 26 篇文章，探讨中国现代化的困难和发展道路。社会各界反映热烈，并由此掀起了一场关于现代化问题的大讨论。对此，当代中国现代化理论与比较现代化进程研究的主要开创者罗荣渠认为，这是现代化"这个新概念被推广运用的正式开端"。他因此强调，人们经常认为现代化一词是近年才从西方输入中国的新名词，"实际上，中国现代化运动从自己的实践中提出现代化的概念和观点，早于西方的现代化理论约 20年。"② 进入 20 世纪 40 年代，如何实现中华民族的经济、政治与文化的现代化理论得到进一步关注。这一时期，罗家伦出版了《新民族观》，在总结西方国家现代化经验的基础上，结合中国的实际，提出了民族发展与民族国家建构的现代化理论。

可以说，近代中国从天下主义向近代民族主义的转变，发生在中国由传统的天朝帝国逐渐沦为半殖民地半封建社会这一大的历史背景下，而不断舶来的西方民族主义思想也为这一转变提供了理论上的资源。同时，由于传统民族文化观念根深蒂固，近代中国的民族主义不仅内涵复杂，形态多变，并且始终存在着传统与现代的冲突、矛盾与融合，因此近代中国的民族主义从兴起到成熟的过程也复杂得多。

---

① 孙中山：《临时大总统宣言书》，《孙中山全集》第 2 卷，北京：中华书局，1982年，第 2 页。

② 罗荣渠：《中国近百年来现代化思潮演变的反思》，见罗荣渠主编：《从"西化"到现代化：五四以来有关中国的文化趋向和发展道路论争文选》，北京：北京大学出版社，1990 年，第 22 页。关于 20 世纪 30 年代中国知识界"现代化"理念的研究参见罗荣渠主编：《从"西化"到现代化：五四以来有关中国的文化趋向和发展道路论争文选》；阎书钦：《20 世纪 30 年代中国知识界"现代化"理念的形成及内涵流变》，载《河北学刊》2005 年第 1 期；孙宏云：《中国"现代化"观念溯源——〈申报月刊〉的"中国现代化问题"讨论》，载《郑州大学学报》（哲学社会科学版）2007 年第 2 期。

第三节　知识分子与近代中国民族主义思想

无论是以天下主义为代表的传统民族主义思想，还是西风东渐后逐渐形成的近代民族主义思想，在发展过程中，知识阶层都发挥了重要的作用。传统的士人阶层，通过对儒家文化的制度化、世俗化、常识化，导致了天下主义在文化层面的同一性与稳定性，但也造成其封闭、保守与排外的民族主义特征。近代以来，面对日益严峻的社会危机与民族危机，在舶来的西方民族主义思想的影响下，一些先知的知识精英，开始从传统的天下主义思想向近代民族主义思想转化。而随着20世纪初期科举制度的改革及彻底废除，新兴的知识分子群体逐渐取代了传统的士人阶层，并且更加积极地投入到对近代民族主义的思考与实践中来，新的现代民族和国家思想也开始出现。

需要说明的是，虽然知识分子是影响中国近代民族主义思想的重要力量，但是关于知识分子的界定，却充满了歧义和争论。关于知识分子，一般认为它属于一种特定的社会阶层，并且具有历史和文化的范畴。或者说，知识分子是人类社会发展到一定历史阶段和文化阶段的产物，在不同的历史和文化语境下，人们对知识分子的界定也有所不同。现代意义上的"知识分子"概念来自西方 intellectual 一词，其含义有广义和狭义之分，广义的知识分子指所有受过相当程度教育的人，而狭义的知识分子则特指那些受过教育后气质发生变化，具有独立的主体意识，并且对社会问题具有批判意识的人。[①] 在传统中国，知识分子的前身是士，负责建构和维护社会的道统，《论语·里仁》曰："士志于道，而耻恶衣恶食者，未足与议也。"近代以来，随着西学东渐以及科举制度的废除，具有现代特征的知识分子逐渐替代了传统的士。

---

① 参见萨义德：《知识分子论》，单德兴译，北京：生活·读书·新知三联书店，2002 年。

由于中国知识分子在发展过程中具有很强的卫道传统和经世意识，更由于近代中国面临的空前历史巨变和严峻的国族危机，因此，和西方更强调知识分子的独立性不同，近代中国的知识分子具有非常强烈的政治参与和社会实践意识，其身份也更容易从知识精英转换为政治精英。仅以中国共产党为例，早期的中国共产党是一个以知识分子为主体的政党组织。中国共产党第一次全国代表大会的 13 名代表均为知识分子，早期的 53 名共产党员中除 1 人以外，其余都是知识分子。1922 年 6 月，在新发展的 142 名党员中，知识分子有 121 人，并且占据了领导层的绝大部分。①

总体来说，在中国近代历史上，有相当一部分知识分子，包括梁启超、孙中山、陈独秀、李大钊等，在某种程度上都是知识精英与政治精英（或者政党精英）合二为一的，他们对于民族主义思想的论述，既是自己的观点阐释，也在很大程度上影响甚至代表了其所在政治派别（政党）的民族主义思想。而本书为了更加系统的论述近代知识分子民族主义思想的发展脉络，也从广义的角度，将他们纳入到知识分子的谱系中来。

一、近代士人阶层的民族观念转化

在鸦片战争爆发之前，传统民族主义思想一直在中国占据统治地位。而在一些学者看来，恰恰是传统的士人阶层，成为推动天下主义的传统民族主义思想形成与发展的重要力量。例如葛兆光就认为："从唐宋以来一直由国家、中央精英和士绅三方面合力推动的儒家（理学）的制度化、世俗化、常识化，使得来自儒家伦理的文明意识从城市扩展到乡村、从中心扩展到边缘、从上层扩展到下层，使中国早早地就具有了文明的同一性。因此，这个几乎不言而喻的'国家'反过来会成为汉族中国人对历史回忆、论述空间和对民族、国家的认同基础，使他们一提起来就说自己是'炎黄子孙'，使他们一想起来就觉得应当遵循'三纲五常'的秩序，使他们习惯地把这

---

① 潘晔：《中国共产党知识分子政策的变迁与创新》，武汉：武汉理工大学出版社，2008 年，第 23、第 38 页。

些来自汉族文明的风俗当作区分自我和异族的标准。"①

　　天下主义作为中国历史上长期存在着的传统民族主义思想，具有广泛化和稳固性的特征，它将宇宙观、道德伦理、政治价值同时纳入一个稳定的框架中，但也导致了系统自身的封闭性和排外性。天下主义因此和近代民族主义有着巨大的区别。近代民族主义的认同指向是民族或国家，含有较强烈的政治性。而中国传统民族思想中却只有"天下"观念而无"世界"概念，没有明确的国家意识，没有个人权利意识，把天下和国家、政府和国家混为一谈。张灏就此指出，传统的天下观有两个层面：第一个是哲学层面，支配中国人世界秩序观的，是天下大同的乌托邦理想；第二个是政治层面，中国人对世界的理解是以中国为地理中心的华夏中心主义，也就是"内诸夏而外夷狄"，体现了明确的华夏中心观和华尊夷卑观。② 正如列文森（Joseph R. Levenson）所说：传统中国人的"中国即是世界，即'天下'，传统价值由此得到了至高无上的权威。"③ 许纪霖进一步指出，这种天下共同体既是一个现实世界的有教化与蛮夷之分的等级共同体，又代表了儒家的天下归仁的道德理想之追求，而"华夷之辨"、"尊王攘夷"、"以夏变夷"是中国人理解世界的核心所在。"天下是一种普世化的文化秩序，没有族群、疆域和主权的明确界限。比天下次一级的共同体则是王朝共同体"，"但这不意味着在传统中国文化秩序与政治秩序像欧洲那样是二元或分离的，恰恰相反，王朝为私，天下为公，王朝的正当性来源于天下的道德理想。普世性的天下文化秩序高于一家一姓的王朝政治秩序。朝代可以更替，但国之根本——天下归仁的文化理想却不容颠覆。"④

　　19世纪中叶，中国被西方现代化浪潮强行卷入，中国文化遭到

　　① 参见葛兆光：《重建关于"中国"的历史论述——从民族国家中拯救历史，还是在历史中理解民族国家?》，《二十一世纪》2005年8月。
　　② 张灏：《梁启超与中国思想的过渡（1890－1907）》，崔志海、葛夫平译，南京：江苏人民出版社，1993年，第112页。
　　③ 列文森：《儒教中国及其现代命运》，郑大华、任菁译，北京：中国社会科学出版社，2000年，第83页。
　　④ 许纪霖：《现代中国的自由民族主义思潮》，载《社会科学》2005年第1期。

强烈的外来文化的冲击，使传统的天下主义产生了严重的危机，并逐步产生了近代民族主义的思想萌芽。一些先进的知识人士因此呼吁国人要摒弃传统的"夷夏之辨"，放下"天朝上国"的架子向西方学习，树立新的世界意识，走富国强民的近代民族主义道路。

例如，清朝首位驻外公使郭嵩焘就对传统的"华夷之辨"提出了全新的看法。而替代郭嵩焘担任驻英、法公使的曾纪泽，在年轻时就绝意科举，专心研究外交和国际政治，继而投身外交事务，并在自己32岁的时候延聘外教学习英语。后来，曾纪泽在出任驻英使节时，曾用英文撰写《中国先睡后醒论》，在伦敦的《亚洲季刊》上发表，为提升中国形象大声疾呼。在此期间，曾纪泽还亲自创作了中国历史上第一首国歌《普天乐》，并作为"国乐"的草案上呈朝廷，虽然没有得到清廷的批准，不过当时《普天乐》在海外已被当作中国国歌来演奏。而另外一位与曾纪泽齐名的晚清外交家薛福成，在驻欧使节任内，也详细地研究了欧洲的文化和政治制度。薛福成指出："天道数百年小变，数千年大变"，"洪荒之天下，一变为文明之天下"，"封建之天下，一变为郡县之天下"，"华夷隔绝之天下，一变为中外联属之天下"。① 认为时空已经发生重大转变，中国应该不懈地师法西方，而不应该继续保持闭关自守的旧有局面。

郭嵩焘等人的思想转变，说明了当时士大夫阶层的一些有识之士，在应对国际关系和诸多外交实践中已经注意从文化方面来比较中西差异，唤起人们的民族危机意识，从而在民族开放的同时，奋起谋求民族自强，表现出鲜明的时代性。同时，这也揭示了千古变局之下新的民族认同正在形成，并且为中国传统民族主义向近代民族主义思想转变提供了契机。

二、新兴知识分子的出现与近代民族主义的兴起

在近代以来的中国历史中，民族主义的兴起与发展已经成为一条贯穿始终的主线。罗志田认为，虽然晚清以来一百多年间中国风云变幻，各种思潮与主义让人眼花缭乱，且呈现出一种"你方唱罢

---

① 薛福成：《薛福成选集》，上海人民出版社，1987年，第554－555页。

我登场"的流动局面，但在各种乱象和各类思潮的背后，仍能看出有一条线，"虽不十分明显，却不绝如缕贯穿其间"，"如果将晚清以来各种激进与保守、改良与革命的思潮条分缕析，都可发现其所包含的民族主义关怀，故都可视为民族主义的不同表现形式（甚至许多自称不是民族主义者的人也不例外）。"①

不过，对于近代中国民族主义何时兴起，作为一个民族国家的现代中国何时出现，以及哪些人是早期中国民族主义者，学者们的见解却不尽相同。一些学者认为中国民族主义兴起于 19 世纪中叶，并且将洪仁玕、王韬看作中国最早的民族主义者。但也有学者将义和团运动或五四运动看作近代中国民族主义出现的标志性事件。如陈志让认为义和团运动意味着"中国民族主义的诞生"。而杜威和徐中约则认为五四运动才标志着作为一种"新力量"的民族主义在中国的出现。杜威甚至认为五四运动的意义相当于"民族/国家的诞生"。他在 1919 年 6 月 1 日的一封信中说："我们正目睹一个民族/国家的诞生（the birth of a nation），而出生总是艰难的。"②

对于近代中国民族主义的兴起，应该看作是一个渐进发展的过程，在这个不断成熟的过程中，中国近代历史的时局演变和一些先觉知识分子起到了至关重要的作用，但这并不意味着要孤立地以某一个人物或事件作为判断中国近代民族主义诞生的标准，而是应该将其视作近代中国民族主义思潮中承上启下的有机环节，其作用也应该放置在近代中国民族主义发展的整体过程中去评论。从这个意义上说，近代中国民族主义思想在鸦片战争时期已经显露萌芽，在此后的洋务运动、甲午战争、维新变法时期不断发展，到辛亥革命时期则基本成熟。而作为一个民族国家的现代中国的建立，则要经历如北洋割据、抗日战争等更多的历史考验，直到 1949 年中华人民共和国的成立才完全实现。这期间，林则徐、龚自珍、魏源、姚莹、

---

① 罗志田：《近代中国民族主义的研究取向与反思》，载《四川大学学报》（哲学社会科学版）1998 年第 1 期。
② 罗志田：《近代中国民族主义的研究取向与反思》，载《四川大学学报》（哲学社会科学版）1998 年第 1 期。

郭嵩焘、郑观应、梁启超、杨度、章太炎、顾颉刚、张君劢等近代知识分子则在不同的历史时期对近代中国民族主义思想的产生和发展起到了重要的作用。

今天的学者们普遍认为，近代中国知识阶层由传统的士向知识分子这一新兴群体的转型对于近代中国民族主义思潮的发展作用重大，而科举制的废除则是促成这一转型的主要动力。① 在传统的"四民"社会中，居"四民"之首的士处于社会结构的中心地位，而"士大夫"已成一个固定词组，由于士是官吏的基本社会来源，道统与政统是一体的。人的上升性社会变动虽然可以有其他的途径和选择，但是，从士到大夫仍是读书人最欣赏的入仕方式。而提供这一转变的路径则无疑是从汉代发端到唐宋成熟的通过考试选官的科举制。可以说，中国传统社会正是以科举制度为枢纽，在民间士人与政治精英之间形成有效的连接。科举制使政教相连的传统政治理论和耕读仕进的社会变动落在实处，是一项集文化、教育、政治、社会等多方面功能的基本体制（institution）。同时，科举制还是延续数千年的古代中国社会的传统文化思想能够在民间和官方之间有效地内在连接并且被共同认同与代代相承的基础平台，从而使社会价值高度一体化。"造成这种价值一体化的原因是，一方面，只有按照统治阶级钦定的儒家经典所主导的价值规范来应试的人，才能获得功名地位，这就使得士人为应试而浸淫于儒家经典的过程，自然成为中国知识分子学习以儒学为立身行事的标准的社会化（Socialization）过程。另一方面，由于在士绅、官僚与地主这三大社会精英层之间存在着相对频繁的社会流动，这就使儒家价值规范在各精英阶层的对流中得以广泛的认同与普及。于是中国也就成为以儒家文化为主流文化的一统天下。"②

---

① 相关研究参见萧功秦：《从科举制度的废除看近代以来的文化断裂》，载《战略与管理》1996 年第 4 期；罗志田：《近代中国社会权势的转移：知识分子的边缘化与边缘知识分子的兴起》，载《开放时代》1999 年第 4 期；余英时：《中国知识分子的边缘化》，《二十一世纪》1991 年 8 月。

② 萧功秦：《从科举制度的废除看近代以来的文化断裂》，载《战略与管理》1996年第 4 期。

也就是说，读书人之所以固守传统文化，很大程度上是因为学习这些知识可以通过科举制度获得官方的嘉奖，而按照法国社会学家布尔迪厄（Pierre Bourdie）的分析，这也是文化人在科举这一场域将虚拟资本转化为象征资本与权力资本的过程。根据布尔迪厄的理论，"一个场也许可以被定义为由不同的位置之间的客观关系构成的一个网络或一个构造。由这些位置所产生的决定性力量已经强加到占据这些位置的占有者、行动者或体制之上，这些位置是由占据者在权力（或资本）的分布结构中目前的或潜在的境遇所界定的；对这些权力或资本的占有，也意味着对这个场的特殊利润的控制。另外，这些位置的界定还取决于这些位置与其他位置（统治性、服从性、同源性的位置，等等）之间的客观关系。"① 不过，近代以来，随着社会的剧烈变动，官方从改科考、兴学堂到废科举的一系列制度改革进程最终促使了传统科举制度这一场域的转化。

首先，随着新学的广泛传播，科举取士改变为以新学的考核替代对传统文化的考核为选材标准。1901 年以来，湖广总督张之洞与两江总督刘坤一在向清廷呈交的改革建议中，就主张改革科举制度，在科举考试中增加新学内容，并建议留学学成归国者经清政府复试可以取得科举功名。这就导致传统士人的知识体系开始转向以西学为主流的新学。

不过，如果仅是考试内容由旧学改变为新学，对于渴望通过科举求得功名的传统读书人来说，尚有一些以知识资本转换为权力资本，从边缘到中心、从"士"到"大夫"的社会制度平台，但是科举制度不久完全废除，则彻底断绝了传统读书人"学而优则仕"的现实可能。1905 年，直隶总督袁世凯、盛京将军赵尔巽、湖广总督张之洞、两江总督周馥、两广总督岑春煊和湖南巡抚端方等一批高官，联名上奏朝廷，明确提出废除科举制度。这一建议当即为朝廷接受，随后便以光绪皇帝的名义颁下谕旨，宣布所有乡、会试一律停止。这一上谕的发布，宣告了延续 1300 多年的中国科举制度的终

---

① 参见布尔迪厄：《文化资本与社会炼金术——布尔迪厄访谈录》，包亚明译，上海：上海人民出版社，1997 年，第 142 页。

结。由于科举制度的废除，传统的读书人从耕读的民间生存结构中脱离出来，又无法被"士大夫"的官方生存结构所吸纳，于是迅速被边缘化和游离化。同时，科举既废，而新式学堂的办学条件却并没有马上成熟。一些关键的问题如师资、教材、经费、校舍等问题，都对新式学堂的广泛推广形成阻力。而很多传统读书人又由于年龄、思想观念、知识结构、经济能力等原因无法接受新学教育，因而陷入群体性的现实困境。于是，作为"四民"之首的"士"开始沦落为社会边缘的多余人，成为"坐失其业，谋生无术"的无用书生。这一转变的历史意义在于它不仅改变了传统社会延续千年的道统与政统、民间与庙堂、政教与耕读合一的社会变动的路径与社会秩序的稳定，也彻底"切断了'士'的社会来源，使士的存在成为一个历史范畴，而新教育制度培养出的已是在社会上'自由浮动'的现代知识分子"，"最终，随着社会的发展，士的存在完全成为历史，而在新的知识结构和社会制度下，独立和自由的现代意义上的知识分子逐渐浮出水面。"①

中国知识阶层从传统的士到近代知识分子的身份转化，极大地促进了中国近代民族主义思想的传播与发展。一方面，因为科举制废除而沦落为社会边缘的读书人在其中重新找到了自身价值实现的方式，可以通过对近代民族主义的思想实践报效国家并且因此改变自己的命运；② 另一方面，在民族和社会危机不断加剧的情况下，即

---

① 罗志田：《近代中国社会权势的转移：知识分子的边缘化与边缘知识分子的兴起》，载《开放时代》1999 年第 4 期。

② 罗志田认为："大约从 1903 年起，近代知识分子和边缘知识分子的自觉意识已萌芽。那年一月《湖北学生界》杂志的创刊，就颇有些象征意义。从该杂志的内容看，里面的'学生'显然已不是清代科举中人的谦称，而是一个开始独立的有自觉意识的社会群体。特别是该刊第二期发表的李书城写的《学生之竞争》一文，很能反映新型读书人要主动异化出'士'这一传统读书人群体的自觉意识。李氏将学生列为一个单独的社群，居于由士大夫组成的上等社会和基本不识字的下等社会之间。并明确指出上等社会已崩溃决裂而不能救国，只能'待继起者收拾之'；下等社会则因不知祖国历史、地理而使爱国之心无由产生。'学生介于上等社会、下等社会之间，为过渡最不可少之人。'不但要肩负起救国重任，而且要为'下等社会之指向针'。"参见罗志田：《近代中国社会权势的转移：知识分子的边缘化与边缘知识分子的兴起》，载《开放时代》1999 年第 4 期。

使已经通过此前的科举功名或留学等方式获得一定社会地位和名望
的知识精英，也对西风东渐下的近代民族主义思想抱有相当的热情。
同时，中国传统的士集道统与政统于一身，因此对天下有着本能的
承担与责任。进入近代以后，虽然传统的士已经逐渐为独立的知识
分子所替代，不过二者在思想上却仍然存在密切的继承关系，知识
分子也在无意识中传承了士"以天下为己任"的精神并形成对国家
民族的现实关怀。

可以说，随着近代中国社会在现代化历史背景中遭遇到政治、
社会和文化危机，无论是新兴的知识分子还是传统的读书人，都从
近代民族主义思想与实践上看到了实现个人认同与国家民族认同之
统一的路径。此后，不同阵营知识分子倡导的各种流派的民族主义
运动此起彼伏，而新的现代民族和国家思想也开始出现并蓬勃发展。

第四节　知识分子与近代中华民族认同

中华民族作为一个自在的民族实体，经过了漫长的发展过程。
近代以来，在团结一致、共同反抗外来侵略的过程中，中国各民族
加快了从"自在的民族实体"向"一个自觉的民族实体"的转变。
与此同时，梁启超等近代中国知识分子对于民族问题的思考以及对
近代民族主义的传播也推动了这一转变的进程，而随着近代"中华
民族"这一民族称谓的提出及内涵衍变，中华民族共同体的"自
觉"意识也从模糊感知转化为明确认同。

一、中华民族从"自在"到"自觉"的转变

中国的现代化进程不仅促进了中国作为一个现代民族国家的建
构，同时也极大地影响了中华民族从一个自在的民族实体到一个自
觉的民族实体的转变。对于中华民族的自觉形成与中国现代化进程
的关系，目前学界已经有较多的相关研究。其中，费孝通在 20 世纪
80 年代提出："中华民族作为一个自觉的民族实体，是在近百年来
中国和西方列强对抗中出现的，但作为一个自在的民族实体则是在

几千年的历史过程所形成的。"① 这一论断不仅表明了中华民族自觉形成与中国现代化进程的重要关系，也成为此后研究"中华民族"问题的一个出发点。但是，长期以来，学术界似乎一直侧重于对中华民族早期的"自在性"进行研究，并且成绩斐然，而对于近代以来中华民族如何从"一个自在的民族实体"转变为"一个自觉的民族实体"，则研究尚不够充分。实际上，对于从鸦片战争以后到抗日战争时期，中华民族如何以西方列强作为实现现代民族建构和认同的他者，完成一个民族实体从"自在"到"自觉"的转变，应该是中国近代史研究，特别是近代民族史研究的一个重要课题。②

已有的研究证明，中华民族作为一个自在的民族实体，经过了漫长的发展过程。"中华"一词，最早见于裴松之注《三国志·诸葛亮传》。其源可溯自汉朝高诱注《吕氏春秋·简选》中的"中国诸华"。根据费孝通等学者的研究，"中华"一词最初用于天文方面，在日后漫长的历史中逐渐具有了"中国"、中原文化和汉人、文明族群等内涵。③ 进入晚清以后，在和西方列强的对抗和交流中，"中华"一词逐渐成为一个含国家、地域、族类和文化共同体认同意义的综合概念。④ 此后，"中华"一词开始同"民族"一词相联系，并且产生了民族学意义上的"中华民族"一词。因此可以说，"中

---

① 费孝通主编：《中华民族多元一体格局》（修订本），北京：中央民族大学出版社，1999 年，第 3 页。

② 近年来，关于"中华民族"观念的形成问题已经引起了学术界的广泛兴趣。黄兴涛等学者先后发表了《现代"中华民族"观念形成研究——兼论辛亥革命与中华民族认同之关系》（《浙江社会科学》2002 年第 1 期）、《清末民初新名词新概念的"现代性"问题——兼谈思想现代性和现代"社会"概念的中国认同》（《天津社会科学》2005 年第 4 期）等论文。这些论文从观念现代化的角度，在细心梳理资料的基础上，对现代"中华民族"观念的形成、传播和社会认同等问题，进行了深入的探讨。

③ 参见费孝通主编：《中华民族多元一体格局》（修订本），北京：中央民族大学出版社，1999 年。

④ 康有为在维新变法中就建议以"中华"一词作为清朝的国号："中国向用朝号，乃以易姓改物，对于前代耳，若其对外交邻，自古皆称中国。今东西国称我，皆曰支那……支那盖即诸夏之言，或即中华之转也……伏惟今定国号，因于外称，顺乎文史，莫若用中华二字。"康有为：《请君民合治满汉不分折》，《康有为政论集》上册，北京：中华书局，1981 年，第 342 页。

华民族"是一个近代才出现的，相对于外国民族而言的概念。正如
梁启超所说："凡遇一他族而立刻有'我中国人也'之一观念浮现
于脑际者，此人即中华民族一员也。"①不难看出，"中华民族"这一
称号从一开始，就是以西方民族为他者实现自我界定和身份认同的，
是现代性叙事中民族和国家建构的产物。

　　与此同时，随着清帝国的日益衰落和西方列强的大肆入侵，中
国边疆地区在近代以来普遍出现严重的危机。为了妥善应对边疆问
题，无论是心系国家民族命运的士人如龚自珍、魏源、张穆等，还
是负有治边职责的廷臣疆吏如左宗棠、岑春煊、张荫棠等，在不同
的历史背景下，都提出了各种各样的筹边改制设想、主张和措施，
对清政府改变传统治边政策产生了直接的影响。这些主张主要包括
废除边疆地区"因俗而治"的管理体制，通过建立行省，使边疆与
内地联为一体等。此前，清政府对边疆民族地区长期采取隔离政策，
试图达到分而治之的目的。这种政策不仅阻碍了边疆民族与内地汉
族地区文化交流的进程，也延缓了中国各个民族凝聚成一个大的民
族共同体的进程。晚清以后，随着边疆与内地一体化政策的提出与
贯彻，大量汉族移民到边疆民族地区生产生活，边疆地区的政治、
经济和文化诸方面出现了与内地汉族地区不断趋同和接近的趋势。
这对打破各民族之间原存的文化壁垒，使各民族逾越各自狭隘的族
群观念，培养作为一个自觉的民族实体的中华民族意识提供了必要
的前提。

　　这种逐渐形成的中华民族共同体意识在近代和与西方列强的不
断斗争中得到进一步的强化。关于"民族意识或观念"，学界一般认
为，它大体包括两个方面的内容：（1）人民对于自己归属于某个民
族共同体的意识；（2）在与不同民族交往的关系中，人们对本民族
生存、发展、权利、荣辱、得失、安危、利害等的认识、关切和维

---

　　① 梁启超：《中国历史上民族之研究》，《饮冰室合集》专集之四十二，北京：中华
书局，1989年，第1－2页。

护。① 实际上，近代"中华民族"意识或观念的形成，正是以中国各个民族摆脱外来欺压、实现独立解放的共同目标为历史语境。在鸦片战争爆发之前，中国社会的主要矛盾是以清朝统治者为代表的地主阶级和国内各族人民之间的矛盾。鸦片战争爆发后，帝国主义对中国的侵略和中华民族为了民族独立和主权完整进行的反侵略斗争成为最主要的矛盾。近代以来，从东北、内蒙古到西部的新疆、西藏、云南，以及沿海的两广、台湾各地，中国各族人民面对西方列强的侵略进行了顽强的斗争。这些地区，多是中国少数民族的分布地区，所以在反抗西方列强的侵略中，边疆少数民族往往走在最前面，同时由于汉族分布于全国各地，且人口众多，因此也成为反抗西方列强侵略的中坚力量。在近代以来的中国反侵略斗争中，西方列强的每一次侵略都必然遭到边疆各族人民的联合反抗。1871 年，沙俄侵入伊犁地区，当即遭到了当地各族人民团结一致的反抗，史载"所有满、绿、索伦、锡伯、察哈尔、额鲁特各营以及民人，并有晶河土尔扈特贝勒等人众，均已同心能死，不降俄夷。"②英俄等列强为了达到侵占中国新疆的目的，蓄意挑拨新疆地区各民族之间的关系，特别是少数民族和汉族的关系，但其阴谋往往在各族人民数千年以来不断凝聚的民族共同体意识面前最终破产。英国对云南、西藏等中国边疆地区的侵略，沙俄对内外蒙古的侵略及策动的分裂活动等，都遭到了当地各族人民的强烈反抗。而代表中华民族共同利益的平定边疆叛乱和保卫国家领土和主权完整的正当行动却受到当地各族人民的热烈支持。在团结一致、共同反抗外来侵略的过程中，中国各族人民不断逾越原存的文化和观念上的隔阂，形成了对统一的民族共同体的文化意识和观念认同，中华各民族也加快了从"自在的民族实体"向"一个自觉的民族实体"的转变。

在这一历史背景下，越来越多的有识之士开始认识到片面强调民族文化差异的弊端所在，因此，他们更强调中国各个民族共同的

---

① 参见马戎、周星主编：《中华民族凝聚力形成与发展》，北京：北京大学出版社，1999 年，第 58 页。

② 《筹办夷务始末：同治朝》卷八十四，国立北平故宫博物院影印本，1930 年。

历史文化背景。20 世纪初期，革命党人的"排满"风潮四起，满汉矛盾渐趋激化。为了有效地抵制"排满"思想，解决当时的社会政治矛盾，改良派知识分子发起了一场立宪运动。立宪运动刻意消除以满汉畛域为代表的国内各民族间的不平等，强调"满汉融和"、"五族大同"，希望国内各民族合群保种，并将民族问题与立宪紧密结合起来。立宪运动的民族思想和政治实践，对于现代中华民族意识在文化观念上的进一步形成，产生了巨大的影响。

　　不过，立宪运动虽然提出了"满汉融和"、"五族大同"的主张，但是清王朝的统治阶级并不愿意放弃自己的诸多特权。皇族内阁的出现说明清统治者虽然在预备立宪期间已经对国人民族平等的要求有所了解，但不可能彻底地抛弃民族歧视和不平等政策。这也表明，只有到了辛亥革命时期，彻底推翻君主专制制度，建立中华民国之后，才有可能为真正实现国内各民族的平等融合与发展，为中华民族从"自在性"到"自觉性"的转变创造必要的政治和文化条件。

　　辛亥革命时期，革命党人一开始提出了"驱除鞑虏"和"革命排满"的民族主义口号，希望建立单一的汉族国家。这一思想在革命初期，特别是在动员以汉族为主的海外留学生和华侨的革命意识上，的确起到了积极作用。但是随着革命形势的发展，革命者偏激狭隘的民族观念也引起了国内其他政治派别和少数民族地区民众的担忧。以梁启超和杨度、张謇为代表的改良派和立宪派纷纷反对革命派的狭隘民族主义思想，主张"五族合一"，强调民族融合；与此同时，革命派的主张也导致了汉族和满、蒙等族的关系日益紧张。1911 年 12 月 1 日，以哲布尊丹巴为首的库伦政权宣告成立"大蒙古国"，在国内引起了极大的反响。在这一历史背景下，革命党人为了争取国内更多政治势力的支持，同时维护中国边疆地区和社会局势的稳定，于是转而接受了梁启超的"中华民族"思想以及杨度的"五族合一"，并在此基础上提出了"五族共和"。

　　中华民国建立之后，孙中山在《临时大总统宣言书》中正式承认中华民国是一个"五族共和"的多民族国家。袁世凯出任总统后，也发布《中华民国大总统令》，宣称："现在五族共和，凡蒙藏回疆各地方，同为我中华民国领土，则蒙藏回疆各民族，即同为我中华民国国民，即不能如帝政时代，再有藩属名称。此后蒙藏回疆等处，自应统筹规划，以谋内政之统一，而冀民族之大同。"① 民国政府基于此种认识所实行的民族政策有益于维护民族边疆地区的稳定。例如，库伦政权宣布独立后，曾向内蒙古六盟发出劝谕要求，希望得到内蒙古各蒙旗的响应。为了拉拢蒙古王公，袁世凯政府在 1912 年 8 月 19 日公布了《蒙古待遇条例》共计九条，包括"嗣后各蒙古均不以藩属待遇应与内地一律"，以及承诺各部蒙古王公的权力、待遇、封号和爵位不变等。《蒙古待遇条例》成为袁世凯政府对蒙政策的重要组成部分，对稳定蒙古地区的局势产生了很大的影响。②

此后，无论是北洋政府还是国民党政府，为了维护边疆的稳定和促进不同民族地域的发展与交流，制定了一系列关于少数民族的政治、文化、经济、教育等方面的政策。③ 上述政策的制定和实施，不仅有利于边疆地区的稳定，也增加了不同民族之间的交流与融合，为中国各民族对中华民族多元一体的认同提供了基础。

二、近代知识分子与中华民族观念的形成

从历史文化背景来看，虽然中华民族的认同感早已存在，但对一般中国人来说，这个民族认同感恐怕更多是"自在"性的。从这个角度来说，近代中国人民的民族认同感必须由某种新的力量"唤醒"，实现由"自在"向"自觉"的转化，并且最终成为促进现代民族国家建设的重要力量。而"唤醒"中国人民民族认同的因素，一方面是近代以来频繁的社会、政治的大变动，一方面是内忧外患与西风东渐的背景下"先知先觉"的近代中国知识分子对于民族主

---

① 《中国大事记》，载《东方杂志》第 8 卷第 12 号，1912 年 6 月。

② 相关研究参见白拉都格其《辛亥革命与贡桑诺尔布》，载《清史研究》2002 年第 3 期；《袁世凯治蒙政策刍议》，载《中央民族大学学报》（哲学社会科学版）2002 年第 6 期。

③ 相关研究参见杨策、彭武麟主编：《中国近代民族关系史》，北京：中央民族大学出版社，1999 年；乌兰少布：《中国国民党对蒙政策（1928－1949 年）》，见《内蒙古近代史论丛》第 3 辑，呼和浩特：内蒙古人民出版社，1987 年。

义的思考以及传播。此外，由于"自在"的民族共同体的"自觉"意识在很长的时期内仍然处于一种模糊感知和体认的阶段，必须经过对于同一个民族符号或称谓的标举和确认，才能够实现明确和完整的民族认同。因此，作为近代中国各个民族共同认同的民族称谓，"中华民族"一词究竟在何时出现，它的历史内涵又经过了一个怎样的历史过程，也就成为研究近代中华民族形成的一个重要内容。

回顾历史，"中华民族"一词的出现和内涵衍变与近代知识阶层的民族主义思想密切相关。辛亥革命前后，随着西方近代民族主义思想的广泛传播，近代中国人的民族观念也开始出现变化。这一时期，从日本舶来的西方狭隘民族主义思想对中国人的民族观念影响巨大。受其影响，"民族"一词在进入中国之初，大多数人都将其理解为一种以种族为基础的人类共同体，从而和种族主义等同；而所谓的民族国家，也自然就是单一民族国家。不过，这种建立于种族观念基础之上的民族意识显然同正在从"自在"向"自觉"转化的中华民族共同体意识之间存在根本的冲突，从而引起了国人的争议。实际上，早在"戊戌变法"时期，梁启超等维新派人士就提出了"变法必自平满汉之界始"，"非合种不能与他种敌"，表达了建立"中国人种"共同体的思想。① 一些知识分子在解释"民族"观念的时候，更强调民族是一种文化共同体，因此认为"同血统者谓之同种族，不必同血统而能同文化者，谓之同民族。"②

同时，这种狭隘的民族观念与近代国人的国家认同之间也存在无法调和的矛盾，因此从一开始就受到了有识之士的批判。在此背景下，梁启超等人根据瑞士政治学家伯伦知理（Bluntchli Johann Caspar）的民族学说，对"民族"一词进行了广义阐释，并率先提出"中华民族"的概念。

为了增强国民在历史文化上对民族共同体的认同，梁启超特别

---

① 参见梁启超：《变法通议》，《饮冰室合集》文集之一，北京：中华书局，1989年，第 77－83 页。

② 杨度：《〈中国今世最宜之政体论〉附识》，《杨度集》，长沙：湖南人民出版社，1986年，第 398 页。

写了《新民说》，提出国民国家之所以能立于世界，"必有其国民独具之特质，上自道德法律，下至风俗习惯、文学美术，皆有一种独立之精神，祖父传之，子孙继之，然后群乃结，国乃成。斯实民族主义之根柢源泉也"①。此后，梁启超等人更是致力于"史学革命"，希望通过"新史学"传达的历史文化精神，促进中国的民族认同。近代中国知识分子力图通过对中国民族历史、民族文化和民族精神的研究，唤起"中华民族"认同的思想，充分说明了他们具有高度的文化自觉。而这种不依地域、血统为标准，强调共同历史文化因素的民族认同观，其实已经非常接近此后的中华民族整体意识。

梁启超首倡的"中华民族"思想，以及杨度的"五族合一"、"国民统一"主张，都深刻影响了当时国人的民族观念。在此情况下，以孙中山为代表的革命派体现了自己的远见卓识，他们不仅接受了梁启超等改良派所提出的"大民族主义思想"，以及立宪派杨度所倡导的"五族合一"、"国民统一"思想，并在此基础上，最终提出了"五族共和"和"三民主义"的民族主义思想。1912年元旦，孙中山在《临时大总统宣言书》中郑重宣告："合汉、满、蒙、回、藏诸地为一国，则合汉、满、蒙、回、藏诸族为一人。是曰民族之统一。"②《临时大总统宣言书》不仅在政治制度上确立了"五族共和"的合法性，也宣告了一个由中国多民族组成的共和制民族国家的确立。此后，"中华民族"一词逐渐替代了"中国民族"、"大民族"和"五族"等词语，成为国人指涉这一民族共同体的共同称谓。

可以说，近代"中华民族"观念的形成，一方面源于国人对天下主义的不断批判与对西方近代民族思想的逐渐认同，另一方面则源于中国各族人民在西方列强侵略和压迫之下民族共同体意识的觉醒。而在这一形成过程中，梁启超等近代中国知识分子对"中华民族"一词的提出与阐释无疑起到了重要的作用。

---

① 梁启超：《新民说》，《饮冰室合集》专集之四，北京：中华书局，1989年，第6页。

② 孙中山：《临时大总统宣言书》，《孙中山全集》第2卷，北京：中华书局，1982年，第2页。

第一章　晚清知识阶层的民族主义思想转型

中国近代是一个面临西方强势文化侵袭的时代。西方列强的入侵，使中国社会矛盾产生了新的组合，外国资本主义与中华民族的矛盾，逐渐成为中国社会的主要矛盾，并贯穿于整个近代中国历史的始终。因此，晚清时期中国民族关系与中国古代民族关系有所不同。中国古代史上的民族关系，主要指以汉族为主体的中华民族逐渐融合、发展和形成的历史，其中各族之间的友好交往是古代民族关系的主流。而晚清时期的中国民族关系则要复杂许多，这一时期民族关系的中心首先是帝国主义侵略和中华民族的不断抗击之间的关系，其次才是中华民族内部的自强、团结与发展。因此，鸦片战争时期的"师夷制夷"思想、洋务运动时期的"驭夷"与"自强"思想和实践，维新派知识分子构建现代民族国家的体制变革，都是围绕救亡图存和实现近代化这两大主题展开的。

第一节　鸦片战争时期中国知识精英的民族主义思想

近代中国，国人民族主义思想观念的产生和发展与时代的政治、经济、文化的变迁密切相关。所以必须把对近代知识分子民族主义思想的研究与社会政治背景联系在一起，透过历史背景去挖掘其思想的实质及价值，从而把各种零碎的思想资料还原成一幅动态的全景画面。而中国近代民族主义的兴起，其中既有西方近代民族主义的影响，也有中国传统的天下主义的作用，因此可以看作是二者承接转化甚至是交融冲突的结果。

一、天下主义的危机

中国传统民族主义主要体现在三个方面：一是华夏中心观；二是华尊夷卑观；三是建立在华尊夷卑观基础之上的"夷夏之辨"的观念。对"华夏"一词，历来有不同的解释。根据《左传·定公十年》孔颖达疏解的说法，"中国有礼仪之大，故称夏；有服章之美，故谓之华"；近人杨度则在《金铁主义说》一文中认为："华为花之原字，以花为名，其以之形容文化之美，而非以之状态血统之奇"①；而国学大师章太炎却在一番考证后指出，"华夏"的最早来源是地名，"华"即华山，"夏"即夏水。在《中华民国解》一文中，章太炎写道："诸华之名，因其民族初至之地而为言。世言昆仑为华国者，特以他事比拟得之，中国前皇曾都昆仑与否，史无明征，不足引以为质。然神灵之胄，自西方来，以雍、梁二州为根本……雍州之地，东南至于华阴而止；梁州之地，东北至于华阳而止。就华山以定限，名其国土曰'华'，则缘起如此也。其后人迹所至，遍及九州，至于秦、汉，则朝鲜、越南皆为华民耕稼之乡，'华'之名于是始广。'华'本国名，非种族之号，然今世已为通语……正言种族，宜就'夏'称，《说文》云：'夏，中国之人也。'或言远因大夏，此亦昆仑、华国同类。质以史书，'夏'之为名，实因夏水而得。"②不过，虽然对"华夏"的解释各异，但将"华夏"看作优秀文化的代表，并且与文化落后的"蛮夷"相对应，在中国的传统观念里已经根深蒂固。《礼记·王制》云："中国戎狄五方之民，皆有性也，不可推移。东方曰夷，被发文身，有不火食者矣。南方曰蛮，雕题交趾，有不火食者矣。西方曰戎，被发衣皮，有不粒食者矣。北方曰狄，衣羽毛穴居，有不粒食者矣。中国、夷、蛮、戎、狄，皆有安居、和味、宜服、利用、备器。五方之民，语言不通，嗜欲不同。"与四夷相比，华夏人的衣食住行无一不显示其文明的优越性。既然华夏是文明之邦，四夷是野蛮之邦，双方就应该遵循由夏

① 杨度：《金铁主义说》，《杨度集》，长沙：湖南人民出版社，1986年，第374页。
② 章太炎：《中华民国解》，载《民报》1907年第15期。

到夷的单向度文化传播,所以古人常说:"吾闻用夏变夷者,未闻变于夷者也。"① 这也导致了华夏文化系统自身的封闭性和排外性。而建立在华夏中心观基础之上的中国传统民族主义在本质上也就成为一种文化民族主义。在这种思想观念的影响下,文化标准是最高的主宰。所谓:"华夷之辨,其不在地之内外,而系于礼之有无也明矣。苟有礼也,夷可进为华,苟无礼也,华则变为夷。"②

中国传统民族主义也被认为是一种天下主义。民众心目中有"天下"观念而无"世界"概念,这种天下主义和近代民族主义有着巨大的区别。18—19 世纪,随着"现代化"在全球的扩展,近代民族主义思想从西欧向世界其他地区辐射,并且在鸦片战争之后,对中国传统民族主义认同体系产生了巨大的冲击。天下主义的认同体系因此产生了危机,同时近代民族主义的思想观念逐渐兴起。

1840 年鸦片战争以后,中国逐步沦为半殖民地半封建社会。之前,清统治者长期坚持严厉的闭关锁国政策,结果不仅造成了普通民众对外部世界的蒙昧无知,也同时导致了统治阶级本身对国外事情的孤陋寡闻,西人因此讥讽说"中国官府,全不知外国之政事,又不询问考求,故至今仍不知西洋"(1839 年《澳门新闻报》报道)。例如,明末意大利传教士利玛窦(Matteo Ricci)在中国所见的世界地图中,当时大明帝国的十五省占满全图的中间部分,四周环绕大海,海中散布若干小岛,各标以中国所知其他各国之名,这些岛加在一起的总面积,还比不上中国最小的一个省。③ 对此,《利玛窦中国札记》中称:"中国人从来没有听说过外国人给他们的国度起过各样的名称,而且他们也完全没有察觉这些国家的存在。"④ 鸦片战争爆发后,拥有坚船利炮的西方社会用武力强行打开中华帝国封闭多年的国门。在这场现代兵器与传统兵器的对决中,"天朝帝国万世长存的

---

① 赵岐注、孙奭疏:《孟子注疏·滕文公章句上》,《十三经注疏》下册,北京:中华书局,1980 年,第 2706 页。

② 王韬:《华夷辨》,《弢园文录外编》卷十,北京:中华书局,1959 年,第 296 页。

③ 参见陶绪:《晚清民族主义思潮》,北京:人民出版社,1995 年,第 13 页。

④ 利玛窦、金尼阁:《利玛窦中国札记》,何高济、王遵仲、李申译,北京:中华书局,1983 年,第 5 页。

迷信破了产"①，天朝帝国最终战败，被迫接受主权丧失、割地赔款
的奇耻大辱，从此，中华帝国"野蛮的、闭关自守的、与文明世界
隔绝的状态被打破"②。随着西方的入侵，中西方政治、经济、文化
也发生了冲撞与融合，部分传统士大夫在对民族危机和社会政治危
机的因应中，开始接受进化论和西方的民族主义理论，对民族、国
家等问题进行重新认识和思考，在 19 世纪末到 20 世纪初逐渐形成
近代中国的民族主义思想。

　　鸦片战争是中国由中古迈向近代的转折点，同时也是中国传统
的民族主义向近代民族主义转变的重要契机。晚清以降，中国逐渐
从帝国的顶峰滑落，辉煌的文明开始暗淡。不过，由于中国传统民
族主义具备的超稳定性和封闭性，在中西文明的对比中，中国传统
文化并没有立即失去其原有的优越感。只是由原来处于强势文化中
的"以夏变夷"思想变成弱势文化背景下的盲目排外。但是鸦片战
争的失败，不仅让一部分先觉的中国知识精英见到西方帝国主义的
船坚炮利，也同时感受到中西文明之间的巨大落差。这让他们逐渐
认识到，中国要想改变贫穷落后、被动挨打的局面，就必须从科学
技术、文化观念以及政治、社会制度等方面正视现实，承认同西方
国家的差距，向先进的西方资本主义国家学习，只有这样，才能够
真正实现民族独立和国家富强。

二、知识精英的民族危机意识及应对

　　鸦片战争后，在强烈的民族危机感和时代使命感的促使下，一
批关心国家和民族命运、富有改革意识的士大夫开始"睁开眼睛看
世界"，林则徐、魏源、徐继畬、梁廷楠等人就是这些先觉知识精英
中的杰出代表。这一时期，中国知识精英掀起了翻译和引进西方知
识的热潮，在两次鸦片战争期间，相继编译和出版了《四洲志》、

---

　　① 马克思：《中国革命和欧洲革命》，《马克思恩格斯选集》第 1 卷，北京：人民出
版社，1995 年，第 690 页。
　　② 马克思：《中国革命和欧洲革命》，《马克思恩格斯选集》第 1 卷，北京：人民出
版社，1995 年，第 691 页。

《海国图志》、《瀛寰志略》、《海国四说》等一批关于外部世界的书籍。其目的是为了尽快地让处于封闭和混沌状态中的中国人了解一个真实的外部世界，不仅了解其他国家的地理、历史、物产、习惯和风土人情，而且也了解它们在科技、经济、政治等方面的情况。这些书籍的问世，首要的贡献是明确了中国和外部世界在地理上的关系。鸦片战争之前，中国人普遍信奉华夏中心主义，认为中国居于天下之中，为"中央之国"，"中国"与周边环绕的"四夷"共同构成"天下"，这就是古代中国人最初想象出来的世界地理空间。不过，这种"天下中央"的"中国"思想和"天下"观念在近代以来开始受到外力的不断冲击。近代地理时空概念的引入，以及相伴随的思想格局的变化，让中国人的"天下观"开始转变为"世界观"。

林则徐禁烟前，很多国人对外部世界茫然无知，认为英国人吃的是牛羊肉磨成的粉，食之不化，离开中国的茶叶、大黄就会大便不通而死，就是林则徐本人对西方也没有太多的了解。不过，林则徐一旦接触到外部世界，便逐渐发现和承认西方有许多长处值得中国学习借鉴。他因此派人专门收集澳门出版的外国人办的报纸书刊，并招募了一批出身低微却懂英文的人，进行被当时顽固派认为是离经叛道的翻译工作。对于译文资料，林则徐十分重视，并把译成中文的《澳门月报》编辑为《论中国》、《论茶叶》、《论禁烟》、《论用兵》、《论各国夷情》等5辑，作为了解国内外形势的重要参考资料。此外，他还组织翻译了英国人慕瑞所著的《世界地理大全》（1836年伦敦出版），命名为《四洲志》，成为近代中国第一部系统介绍世界自然地理、社会历史状况的译著。1841年，林则徐被流放，途经扬州时，遇到了学识渊博的友人魏源，便把《四洲志》等有关资料交给魏源。魏源随后编出《海国图志》，书中概括的"师夷长技以制夷"的著名思想，正是源自林则徐学习西方先进技术以求富强，来抵抗西方侵略以求独立的爱国主义主张。魏源的《海国图志》中各国地图均按经纬度确定地理位置及其大小，其形式与现代地图相似，在地理观上首先突破了华夏中心主义。标志着以华夏中心主义为核心内容的传统民族认同符号已经出现危机，同时也成为中华民族从自在到自觉过程转变的开始。

最初，由于长期受到"华夷之辨"思想的影响，魏源等中国知识精英在中外比较中，并没有意识到鸦片战争的失败是传统的中国文化与现代的西方文明之间巨大差距的结果，而只是简单地从技术的策略上强调"师夷之长技以制夷"。由于时代及认识的局限，向西方学习的对象主要体现在同战争相关的兵器制造与战事训练上，其目的是抵抗西方的侵略。因此，当时许多中国人认为，中国的传统文化仍然优越，所谓"师夷之长技"不过是学习西方的战舰、火器制造和养兵、练兵之法，并不涉及对中国社会的经济、文化思想及政治制度等方面的重大改革。今天看来，这种简单并一味的以为仅仅在军事上学习西方就足以抵抗西方侵略的救国思想显然不够全面，但在当时却具有划时代的积极意义。传统的"华夷之辨"认为，既然华夏是文明之邦，四夷是野蛮之邦，双方就应该遵循由夏到夷的单向度文化传播，而"师夷之长技"的提出则根本改变了天下主义中"以夏变夷"的主要基调。对此，近代著名政论家王韬就高度评价说："当默深先生之时，与洋人交际未深，未能洞见其肺腑，然'师长'一说，实倡先声。"①

不过，随着国人对西方的了解不断深入，以及中国社会的现实危机继续蔓延，一些先进的中国知识精英在强烈的爱国情感和民族危机意识的促使下，也开始对中西文化思想以及社会制度进行更加深入和全面的比较，并且希望通过这种对比促进近代中国社会变革思潮。例如，魏源在《海国图志》中，已经注意到西方政治制度的合理之处，并盛赞瑞士为"西土之桃花源也"。在魏源看来，正是因为瑞士制度完善，"惩硕鼠之贪残"，所以可以在强国之中"置之度外"。② 而徐继畬则在《瀛寰考略》（《瀛寰志略》稿本）中盛赞美国总统华盛顿为"人杰"，称赞他"不僭位号，不传子孙，而创为推举之法，几于天下为公，骎骎乎三代之遗意。其治国崇让善俗，不尚武功，亦迥与诸国异。"③

① 王韬：《扶桑游记》，台北：文海出版社，1966 年，第 49 页。
② 魏源：《海国图志》中册，长沙：岳麓书社，1998 年，第 1337 页。
③ 徐继畬：《瀛寰考略》，台北：文海出版社，1974 年，第 210 页。

这一时期，对中西社会比较最为深刻的，当推冯桂芬的忧时之作——《校邠庐抗议》。冯桂芬是中国近代著名的改良思想家、教育家。曾师从林则徐，尤重经世致用之学。晚年在上海设广方言馆，培养西学人才，还曾先后主讲金陵、上海、苏州诸书院。作为改良主义的先驱人物，冯桂芬不仅继承了林则徐、魏源的思想，并且进一步将其发扬光大，提出"以中国之伦常名教为本源，辅以诸国富强之术"，堪称洋务运动指导思想"中体西用"的最早表达。在具体建议上，冯桂芬力主变科举，实行新式教育，不仅要"制洋器"，更要"采西学"，这就超越了之前国人仅仅从战舰、火器制造等方面学习西方的简单观念，而是提出要从文化思想与社会制度等方面学习西方。

《校邠庐抗议》共四十篇，涉及经济、漕运、盐政、水利、科举、军事、办学等诸多领域，集中反映了冯桂芬的改革思想，也代表了当时中国知识阶层在中西文化比较方面思想观念的最高成果。在这本书中，冯桂芬将中国与西方社会进行了深入的比较，认为中国除了在军事方面不如西方外，在教育、经济、政治等诸多方面也落后于西方社会，因此提出中国有"五不如夷"，除"船坚炮利不如夷"外，还有"人无弃才不如夷，地无遗利不如夷，君民不隔不如夷，名实必符不如夷"等。① 冯桂芬认为，中国要想改变落后于西方的状况，只有在社会政治、教育、经济制度等更加广泛的领域向西方国家学习，同时，还要进行自上而下的改革。冯桂芬的《校邠庐抗议》进一步冲击了传统民族主义中"华夷之辨"的思想，从思想意识上为近代中国的民族自强提供了道路，其思想对洋务派和维新派都有很大的影响，不论是洋务运动中的曾国藩、李鸿章、左宗棠，还是后来维新变法中的康有为、梁启超，都直接或间接地采纳吸取过他的主张。光绪皇帝甚至曾饬令将《校邠庐抗议》印刷1000 部，下发给各衙门作为变法的参考书。可以说，鸦片战争之后以魏源、冯桂芬等为代表的部分晚清士人对中西社会的比较及认识，不仅是对传统天下主义思想的冲击，也为中国近代民族主义思想的

---

① 冯桂芬：《校邠庐抗议》，郑州：中州古籍出版社，1998 年，第 198 页。

兴起开辟了道路。

<h2 style="text-align:center">第二节　太平天国时期的中西文化冲突</h2>

在近代中国历史上，太平天国运动第一次大规模地表达了对西方异质文化的认同。在文化选择上，太平天国采取拜上帝会的形式，借用西方基督教的教义，而排斥传统的儒家文化。这一主张遭到了中国士人阶层的普遍反对。而其军事和文化上的主要对手晚清湖湘理学群体，则强调通过维护传统文化价值来重建社会秩序，以回应西方文化在文化深层价值领域的挑战。这两种文化选择，也反映了在近代中西文化冲突的时代背景下，中国知识阶层对于民族文化不同的价值评判与文化立场。

一、太平天国的文化选择与实践

1851 年，晚清秀才洪秀全率领拜上帝会成员在金田村发动起义，一场近代中国历史上最大规模的农民起义——太平天国运动就此爆发。这场长达 14 年、席卷半个中国的农民起义虽然最终失败了，但它对中国近代社会和文化方面的影响却难以估量。

今天看来，太平天国起义从本质上看是一场传统的农民起义，然而与历代农民起义不同的是，它披上了拜上帝会的外衣。太平天国的文化宣言强调的是中国向皇上帝回归，而并非主张民族文化传统的复兴。1852 年太平天国出版的《天条书》① 中写道："皇上帝这条大路，考中国番国鉴史，当初几千年中国番国俱是同行这条大路，但西洋各番国行这条大路到底，中国行这条大路到秦汉以下则差入鬼路，致被阎罗妖所捉。故今皇上帝哀怜世人，大伸能手，救世人脱魔鬼之手，挽世人回头，复行转当初这条大路"。次年出版的《三字经》，更以三言诗的形式叙述了上帝创造中国，中国中邪魔堕入邪

---

① 《天条书》，见中国近代史资料丛刊续编《太平天国》（一），桂林：广西师范大学出版社，2004 年，第 2 页。

途，再受皇上帝明示，回归天朝的历史神话。太平天国从 1853 年开始出版基督教《圣经》，在此后一年多的时间里连续出版了《旧约》六种，《新约》一种，并且规定，将出版物统一编目、盖印，只有盖有旨准印的"旧遗诏书"（旧约）、"新遗诏书"（新约）和"天命诏旨书"（洪秀全和经他批准的太平天国著作）三类书才准许阅读流传。基于此种宗教观，太平天国对儒、释、道大加挞伐，甚至不惜以野蛮的暴力手段进行毁坏，"凡一切孔孟诸子百家妖书邪说者尽行焚除，皆不准买卖藏读也，否则问罪也"①，"所陷之处，凡学宫正殿两庑木主亦俱毁弃殆尽，任意作践，或堆军火，或为马厩，江宁学宫则改为宰夫衙，以璧水圆桥之地为椎牛屠狗之场"②。于是天京城里出现了"搜得藏书论担挑，行过厕溷随手抛，抛之不及以火烧，烧之不及以水浇"③ 的场面。

　　太平天国的文化选择与实践，实际上开始走上了中国近代以来向西方寻求真理的救国道路。然而伴随着铁与火进入中国的基督教本来已经招致国人的痛恨，第一位华人牧师梁发就曾被马礼逊家中的中国工人斥为"卖国奸贼"。太平天国采取拜上帝会的形式，借用西方基督教的教义，自然会引起众多国人的不满；至于公然贬低"至圣先师"孔子，则更为一般士人所不容。尽管太平天国的排儒运动并不彻底，也无法彻底，因为他们本身就来自于儒家文化世界，但是因为排儒运动而在士林中引起的反感情绪却是巨大的。一些传统士人在诗中写道："敢将孔、孟横称妖，经史文章尽日烧，灭绝圣贤心枉用，祖龙前鉴正非遥。"④ 不仅如此，以农民为主体的下层民众也因为太平天国对祖先崇祀等民俗文化的猛烈抨击而产生疏离感。

---

　　① 黄再兴：《诏书盖玺颁行论》，见中国史学会编《太平天国》（一），上海：神州国光社，1952 年，第 313 页。

　　② 张德坚：《贼情汇纂》，见中国史学会编《太平天国》（三），上海：神州国光社，1952 年，第 326－327 页。

　　③ 《禁妖书》，见中国史学会编《太平天国》（四），上海：神州国光社，1952 年，第 735 页。

　　④ 《山曲寄人题壁·禁孔孟书》，见太平天国历史博物馆编《太平天国史料丛编简辑》第 6 册，北京：中华书局，1963 年，第 386 页。

可见，太平天国在文化政策上的失策，无疑是自绝文化血脉与社会基础，不仅不利于争取人心，更易被对手说成是"变夏为夷"的罪魁祸首。正如梁启超所说："洪秀全之失败，原因虽多，最重大的就是他拿那'四不像的天主教'做招牌。因为这是和国民心理最相反的。"① 更重要的是，任何文化都有民族性和延续性，其赖以存续的价值和理由不容简单地加以否定。传统文化作为历史文化心理的积淀，凝聚着中华民族深沉而悠久的价值取向。摧毁一切传统的粗暴行为，只会造成文化评判上的错乱。当然，面对中西文化交流的时代大潮，太平天国看到了本国文化的弊端，于是勇敢地做出了向西方学习的选择。诚然，任何民族的发展都离不开与其他民族的接触和文化交往，任何一种民族文化，如果不能主动地吸收外来文化的合理部分，必然会失去发展的潜力。然而，学习他者、借鉴他者是需要运用理性加以甄别选择的。历史证明，能救中国的东西，只能在中国本身出问题的地方找到，不可能靠盲目模仿西方解决问题。这一点，在太平天国军事和文化上的主要对手晚清湖湘理学群体身上体现得非常明显。

二、文化政治视野下的晚清湖湘理学群体

晚清湖湘理学群体起于嘉道，盛于咸同，衰于光绪，主要代表人物有唐鉴、陶澍、贺长龄、贺熙龄、曾国藩、左宗棠、胡林翼、郭嵩焘、罗泽南、刘蓉等。其时正是中国面临西方强势文化侵袭的时代，作为文化传承与创新的主体，在中国这场整体性的社会结构变迁过程中，晚清湖湘理学群体面临着艰难的选择。不仅如此，出于"治国平天下"的强烈的社会责任感与使命感，晚清湖湘理学群体不但是文化主体，而且也是一定程度上的政治主体。因此，实践平生所信仰的理学基本价值，重建一个合理的社会秩序，维护传统文化价值，回应西方文化在文化深层价值领域的挑战，就成为他们的群体立场。

晚清湖湘理学群体生活的时代，正值中国刚刚被抛入"世界历

---

① 梁启超：《中国近三百年学术史》，北京：东方出版社，1996年，第34页。

史"的时间压力场。和缓的、温和的生活方式下潜伏的矛盾在急速运转的大机器面前被激化了。洪秀全评价时局说："世道乖漓，人心浇薄，所爱所憎，一出于私……世道人心至此，安得不相陵相夺相斗相杀而沦胥以亡乎?"① 这与晚清湖湘理学群体对时局的认识有着惊人的相似之处。然而，他们改造社会、变易风气的方案却截然相反。洪秀全吸收西方基督教的一些平等思想创立了拜上帝会，号召人们反对孔孟之道，打破旧秩序，建立"无处不均匀、无人不饱暖"的新社会；而晚清湖湘理学群体则以保卫孔孟之道和恢复传统文化固有的美德为拯救时局的良方。最终，太平天国失败了。当然，我们可以说太平天国是在中外统治者的联合绞杀下失败的，然而也未尝没有太平天国本身的原因。

与太平天国两相对照，晚清湖湘理学群体的文化策略具有更深厚的社会文化心理基础。面对本国社会文化的危机，面对西方的挑战，中国传统文化的叛逆者——太平天国选择了模仿西方，而又模仿得不伦不类。那么此时，恢复学统，进而规范统治秩序，重现中国传统文化辉煌，就成为当时社会对传统文化的承载者——士人的最急迫要求。然而，当时中国最大的江南学术共同体从一开始就没能承担起这一重任，以致被斥为琐碎无用，甚至被说成是祸乱之源。② 到1860年前后，江南考据学更陷于停滞不前的状态："学者们死了，著作佚散了，学校解散了，藏书楼毁掉了，江南学术共同体在太平天国的战火中消失了，形成一流学术的环境及图书馆都没有了。图书业空前凋敝，一度繁荣兴旺的出版业如今已所剩无几。此

---

① 洪秀全：《原道醒世训》，见中国史学会编《太平天国》（一），上海：神州国光社，1952年，第91页。

② 梁启超说："嘉道以还，积威日弛，人心已渐获解放，而当文恬武嬉之既极，稍有识者，咸知大乱之将至。追寻根原，归咎于学非所用，则最尊严之学阀，自不得不首当其冲。"（梁启超：《清代学术概论》，上海：上海古籍出版社，1998年，第71页。）孙鼎臣则称："天下之祸，始于士大夫学术之变，杨墨炽而诸侯横，老庄兴而氏戎人。今之言汉学者，战国之杨墨也，晋宋之老庄也。"（孙鼎臣：《论治》，见饶玉成编《皇朝经世文续编》卷一，《学术·原学》，清光绪壬午江右双峰书屋刊本，第25页。）

时此刻，江南一代学术精英已是烟消云散。"① 而晚清湖湘理学群体
却自始就以文化政治主体自持，并以总揽全局的战略眼光，逐渐壮
大起来，最终成为时代的引领者。

虽然我们现在看来，拜上帝会与西方基督教有着本质的区别，
然而当时的国人却往往把二者等同划一。太平天国与晚清湖湘理学
群体的对决也就成为本土化的西方文化与中国传统民族文化之间一
场大规模的、只能诉诸战争的文化交锋。所以，晚清湖湘理学群体
的文化宣言——《讨粤匪檄》，一开始就指斥太平天国"窃外夷之
绪，崇天主之教"②，把太平天国置于传统文化和国家民族的双重叛
逆之上进行批判，并把镇压太平天国与恢复社会秩序、维护传统文
化价值有机统一起来，号召人们反对太平天国。《讨粤匪檄》这一攻
击可谓正中太平天国的要害。从文化理论上讲，太平天国在文化交
流与批判的过程中过于绝对化与片面化，自然会引起民族文化心理
的激烈反应与本能抗拒。而晚清湖湘理学群体深悉此种文化心理，
故而发布檄文，称："倘有血性男子，号召义旅，助我征剿者，本部
堂引为心腹，酌给口粮；倘有抱道君子，痛天主教之横行中原，赫
然奋怒，以卫吾道者，本部堂礼之幕府，待以宾师"③，动员社会中
一切能够动员的力量，发挥传统文化中一切可能发挥的潜能与太平
天国对抗。因此，晚清湖湘理学群体所创办的湘军，虽然只能算是
半官方的地方民间武装，却因为打着卫道护统的旗帜，而师出有名，
日益壮大。而湘军在与太平军的对决中所取得的胜利，则是晚清湖
湘理学群体的文化内涵所蕴藏的能量在当时社会文化条件下的有力
体现。

---

① 艾尔曼：《从理学到朴学——中华帝国晚期思想与社会变化面面观》，赵刚译，南
京：江苏人民出版社，1997 年，第 174 页。梁启超也说："清学之发祥地及根据地，本在
江浙；咸同之乱，江浙受祸最烈，文献荡然，后起者转徙流离，更无余裕以自振其业，而
一时英拔之士，奋志事功，更不复以学问为重。"（梁启超：《清代学术概论》，上海：上
海古籍出版社，1998 年，第 71 页。）

② 曾国藩：《讨粤匪檄》，《曾国藩全集·诗文》，长沙：岳麓书社，1986 年，第
232 页。

③ 曾国藩：《讨粤匪檄》，《曾国藩全集·诗文》，长沙：岳麓书社，1986 年，第
233 页。

晚清湖湘理学群体为了消灭太平天国提出了《讨粤匪檄》，然而他们的抱负绝不仅限于此。在终结太平天国运动的同时，晚清湖湘理学群体在克服内忧外患的过程中，开启了一个新时代。首先，他们创办了湘军，开始了中国近代兵制的重大变革[①]；继而，建立安庆内军械所和江南制造总局，开辟了中国工业近代化的先河。从引进和仿造具有中性文化价值色彩的军械入手，这是世界文化交流中的共性。此时，日本的明治维新尚未开始，这说明由晚清湖湘理学群体真正启动的中国近代化运动起步是比较早的，只是后来的结果不尽如人意。更为可贵的是，晚清湖湘理学群体还意识到应当学习西方先进器物的根本所在，即基础的科技知识和学理知识，而且率先开始了这一方面的引进工作。最典型的工作是集结科技人才，促成了大规模的翻译西书活动，将西方先进的科技知识源源不断地输入中国。晚清湖湘理学群体之所以积极主动地进行此种活动，是因为他们远比当时的一般士大夫更清醒地认识到西方诸国科技的先进性。曾国藩就曾经明确指出："西人学求实际。无论为士、为工、为兵，无不入塾读书，共明其理，习见其器，躬亲其事，各致其心思巧力，递相师授，期于月异而岁不同。"[②] 上述活动的逐步开展开始了中国教育、科技近代化的创举，并最终汇成了自强运动的时代大潮。这些行为看似与传统背离，实则正是为了发展传统。郭嵩焘曾说："西洋之入中国，诚为天地一大变。其气机甚远，得其道而顺用之，亦足为中国之利。"[③] 因此，在引进西方科技文化的同时，他们特别注重守住中国传统文化的深层价值。即使号称激进的郭嵩焘的洋务思想，它所依据的资源，几乎全是来自传统。郭嵩焘洋务思想的基本

---

① 湘军兴起以后，迅速显示出它比八旗、绿营兵制的优越，不但淮军完全模仿湘军兵制，曾国藩在直隶练兵时亦奏请以湘军兵制编练练军，此后的新建陆军在营制、饷章等方面也仍然受湘军的影响。故罗尔纲说："有清一代的军制，咸丰前是绿营制度的时代，咸、同以至光绪甲午为湘军制度的时代，甲午战后为兴练新式陆军的时代，而论其转变，则以湘军为其枢纽。"罗尔纲：《湘军兵志》，北京：中华书局，1984年，第208页。

② 《同治十年七月十九日大学士两江总督曾国藩等奏》，见中国史学会编《洋务运动》（二），上海：上海人民出版社，1957年，第154页。

③ 郭嵩焘：《复李次青》，《郭嵩焘诗文集》，长沙：岳麓书社，1984年，第225页。

观念是"理"、"势"、"情"、"几",明显受到王夫之"理势统一"论的影响。正如美国学者芮玛丽(Mary Clalaugh Wright)所说,他们的"目的在于保存太平天国和鸦片战争前中国社会的儒教的、理性主义的、士绅的和非封建性的世系"①,"目标是复兴儒家价值观念及其制度"②。

如果我们从文化民族主义的角度观察,近代中国的文化自觉意识是在以西风东渐下的近代西方文化为他者的背景下启动的,而西方文化的输入又往往伴随着船坚炮利的武力扩张而来。正如美国学者塞缪尔·亨廷顿(Samuel P. Huntington)所言:"文化在世界上的分布反映了权力的分布。贸易可能会、也可能不会跟着国旗走,但文化几乎总是追随着权力。历史上,一个文明权力的扩张通常总是同时伴随着其文化的繁荣,而且这一文明几乎总是运用它的这种权力向其他社会推行其价值观、实践和体制。"③ 在这种情况下,相当一部分知识精英就将固守一个民族传统的文化价值看作民族自我认同的重要标志。从这个意义上来说,晚清湖湘理学群体希望在中西文化冲突下固守住一个民族在思想文化方面的最根本的自我意识,其思想正体现了这一时期中国知识阶层主体明确的文化政治立场。④对于晚清湖湘理学群体来说,在中西文化冲突的时代背景下,他们的自我定位、自我理解和自我主张,都是十分明确的,那就是通过维护传统文化价值,来重建社会秩序和民族认同,以回应西方民族主义思想在文化深层价值领域的挑战。

① 芮玛丽:《同治中兴——中国保守主义的最后抵抗》,房德邻等译,北京:中国社会科学出版社,2002年,第1页。
② 芮玛丽:《同治中兴——中国保守主义的最后抵抗》,房德邻等译,北京:中国社会科学出版社,2002年,第80页。
③ 塞缪尔·亨廷顿:《文明的冲突与世界秩序的重建》,周琪等译,北京:新华出版社,2002年,第88页。
④ 文化政治是广泛地散播在当代人文学科之中的一个关键词语。所谓文化政治,并非以文化为政治之附庸,而是视文化为社会政治制度架构之依据,涉及一个国家和民族的文化认同、民族精神和核心价值观。参见张旭东:《批评的踪迹》,北京:生活·读书·新知三联书店,2003年,第198页。

第三节　洋务派对"中体西用"的文化认同与突破

　　近代中国，救亡图存和实现近代化成为民族主义思想的两大主题。随着西方的入侵，有关西方的政治、经济、文化、教育等各方面的知识也不断进入中国，并且与中国的传统文化不断地进行冲撞、交流与融合。由于传统的天下主义思想仍然深刻地影响着这一时期的社会心理，因此国人对西方文化的认识和接受仍然有很大程度的保留。而"中体西用"也就成为中国知识阶层在这一时期的主导思想。不过，这一时期，在对日益严峻的民族危机和社会政治危机的应对中，一些先进的中国知识精英在西方文化思想的影响下，也开始从新的角度对民族、国家等问题进行更加深入的思考。这种思考，不仅是对"中体西用"文化观念的突破，也成为中国近代民族主义的先声。

一、"中体西用"的文化内涵

　　19 世纪 60 年代以后，在内忧外患的压力和一部分先进士大夫的支持下，清政府打着"求强"、"求富"的旗号，以"中体西用"为指导思想，发起了洋务运动。郭廷以在《郭嵩焘先生年谱》序言里说过："洋务含有两种意义，一为讲求如何'驭夷'，即外交；一为讲求如何自强。"①这说明洋务派的"驭夷"与"自强"思想蕴涵着强烈的时代主题。然而，"驭夷"和"自强"虽然同为洋务运动的一体两面，却隐含着截然不同的民族思想。具体地说，"驭夷"强调外交，仍然带有弱势文化背景下中国传统民族主义的排外思想，也就是强调"中学为体"；"自强"却意味着民族独立与国家富强，带有强烈的近代民族主义思想特征，其实现的路径主要是"西学为用"。可以说，中国传统的民族主义思想与西方近代民族主义理论一

──────────

　　①　郭廷以：《郭嵩焘先生年谱》，台北：中央研究院近代史研究所，1971 年，第 6 页。

起，共同构成洋务运动时期民族主义思想的来源。鸦片战争后，随着人们思想观念的变化，中国传统的民族主义思想受到了前所未有的挑战，人们开始萌发出新的世界观念和民族意识，但是作为一种已经根植于民族血液之中的思想，中国传统的民族主义思想并没有随着人们思想观念的变化而完全退出历史舞台，仍然影响着近代中国人的民族主义思想。而这两种截然不同的民族主义思想的同时存在，也导致了洋务运动虽然具有清醒的民族主义意识，其立场却含混和暧昧。

洋务运动有一个明显的背景，那就是此时的中国正处于西方列强的重重包围之下。于是如何处理与西方列强的关系就成为一个关乎洋务运动成败的重要问题。对于这一问题，洋务派的基本观点是"外须和戎，内须变法"。提及"和戎"，这一点颇遭后人非议，其实这种对外方针只是近代中国处于西方列强重重包围下的弱势地位时的无奈选择。实际上，在洋务派的思想内部，"和戎"和"制夷"始终是并存的，"和戎"并不等同于卖国。如曾国藩说："在今日，中国多事，洋人方张，我不能因曲徇而和议而不顾内地生民之困"。① 郭嵩焘更进一步主张"循理外交"，就是在国力远弱于西方各国之时，以谈判代替战争，"循理而胜，保无后患，循理而败，亦不至于有悔"②。然而西方资本主义列强是绝对不会坐看中华民族自立和自强的，郭嵩焘所说的循理外交也是不能解决根本问题的。因为世界法则是由西方列强所建构的，在别人制定的游戏规则中又何谈维护自己的利益呢？正是由于面临"落后就要挨打"的局面，所以洋务派思想体系中向西方学习的部分多为后世所认可，而对"中体"的维护则每被后人所诟病，以为正是固守中国传统文化的深层价值，引进西学仅及于器物，才造成中国近代化的迟缓，以致被日本后来居上。而在洋务运动以后，中国向西方学习的深度与广度都日益扩展。梁启超在《五十年中国进化概论》中曾列举了中国从器

---

① 曾国藩：《遵旨预筹与外国修约事宜密陈愚见以备采择摺》（同治六年十一月十五日），《曾国藩全集·奏稿》（九），长沙：岳麓书社，1994年，第5787页。

② 郭嵩焘：《玉池老人自叙》，清光绪十九年养知书屋刊本，第8页。

物到制度再到文化的向西方学习的过程:"第一期,先从器物上感觉不足。这种感觉,从鸦片战争后渐渐发动,到同治年间借了外国兵来平内乱,于是曾国藩、李鸿章一班人,很觉得外国的船坚炮利,确实是我们所不及,对于这方面的事项,觉得有舍己从人的必要,于是福建船政学堂、上海制造局等等渐次设立起来……第二期,是从制度上感觉不足。自从和日本打了一个败仗下来,国内有心人,真像睡梦中着了一个霹雳,因想到堂堂中国为什么衰败到这田地,都为的是政制不良,所以拿'变法维新'做一面大旗,在社会上开始运动……第三期,便是从文化根本上感觉不足……革命成功将近十年,所希望的件件都落空,渐渐有点废然思返,觉得社会文化是整套的,要拿旧心理运用新制度,决计不可能,渐渐要求全人格的觉悟。"[1] 梁启超对中国向西方学习过程的分析固然失之于过于强调线性变迁结构,历史的真实发展可能未必如此整齐划一,然而从文化观上来说,却的确有越来越多的中国人认为有一种文明的主流,中国只要融入进去就会越来越进步,越来越强大。保持文化自主性的问题不是没有人再去思考,而是往往被斥责为狭隘,或者不切实际。也许,任何时代都有其需要解决的首要问题,在当时的历史条件下,中国为了解决生死存亡的问题,不得不有所取舍。不过,随着时代的发展,在学术、思想和文化的积累中,越来越多的学者认为,蕴涵在"中体西用"文化观中的,也有其正面的文化内涵。正如钱穆所指出的:"一个国家,绝非可以一切舍弃其原来历史文化、政教渊源,而空言改革所能济事。则当时除却'中学为体,西学为用',亦更无比此更好的意见。"[2]

二、对"中体西用"的突破

在洋务运动逐步深入与展开之后,随着中国民族资本主义企业的创办和发展,以及西学东渐对中国思想文化的影响不断扩大,"中

　　① 梁启超:《五十年中国进化概论》,《饮冰室合集》文集之三十九,北京:中华书局,1989 年,第 43 - 45 页。

　　② 钱穆:《国史大纲》下册,北京:商务印书馆,1994 年,第 900 页。

体"与"西用"之间也出现了难以调和的矛盾。这也导致了知识阶层在评价中西文化与社会制度等方面的立场出现分化。一些先觉的知识精英逐渐意识到，要实现民族的独立与富强，不仅要实现军事、经济领域的变革，更要进行政治领域的变革。而这一主张在洋务派中的代表人物，首推郭嵩焘。

郭嵩焘是湘军集团的智囊人物，对湘军的发展提出过很多有创见性的建议。谈及湘军集团，韦政通曾经评论说："曾国藩固然是这批书生的核心人物，而刘蓉与嵩焘，实是他精神上的两大支柱，三人共事的时间虽不长，但情志始终相通，友谊也终身不渝。"[1] 由于在湘军中所起的开创作用，郭嵩焘的声望日盛，官至广东巡抚。《烟台条约》的签订，规定清廷必须派使臣赴英谢罪并担任常驻公使。迫于无奈，清廷最终选择抚粤期间与英人有一定交往、对西方器物和制度有初步了解的郭嵩焘为出使英国的使臣。郭嵩焘担任首任驻英公使的消息公布后，京城舆论喧腾，甚至视郭嵩焘为卖国贼。郭嵩焘的同乡和好友王闿运思想虽不保守，但也受制于华夷有别的观念，指责郭出使西洋是"以生平之学行，为江海之乘燕"、"徒辱国而已"。[2] 湖南的士子甚至烧毁了郭嵩焘主持修复的上林寺，并扬言还要捣毁上林寺旁边的郭家老宅。士大夫的横议和乡人的毁谤，使郭嵩焘身心俱疲，又一次想摆脱官场，远离这个是非之职，但朝廷不许，慈禧数次亲自召见，郭嵩焘最终不得不远赴英国。不过，正是因为担任驻英公使一职，让郭嵩焘的民族主义思想出现了很大的变化。

这一时期，正是以民族独立与自强为目标的洋务运动方兴未艾之际。但是，因为中国传统民族主义具备的超稳定性和封闭性，洋务运动的第一要务仍然放在"驭夷"方面，即使对西方的借鉴，也多停留在对器物的引进上，以此保持文化制度上的稳定。而郭嵩焘

---

① 韦政通：《中国十九世纪思想史》上册，台北：东大图书公司，1991 年，第437 页。

② 参见汪荣祖：《走向世界的挫折——郭嵩焘与道咸同光时代》，北京：中华书局，2006 年，第 181 页。

则根据自己的公使见闻，从文化差异等方面进行中西比较，对传统的民族主义思想进行修正乃至颠覆，其主张也可以看做是中国近代民族主义思想的先声。

这首先表现在郭嵩焘对于华夷之辨的看法上。郭嵩焘认为，传统的"用夏变夷"思想，已经不能够适应近代的中西文化比较。针对"中国有道，夷狄无道"的传统观念，郭嵩焘指出："西洋立国二千年，政教修明，俱有本末，与辽、金崛起一时，倏盛倏衰，情形绝异"①，因此绝对不能够将西洋诸国看作是"蛮夷"。如果从中西文化比较上判断，那么中国与西方的文明排序已经逆转，"三代以前，独中国有教化耳，故有要服、荒服之名，一皆远之于中国而名曰夷狄。自汉以来，中国教化日益微灭；而政教风俗，欧洲各国乃独擅其胜。其视中国，亦犹三代盛时之视夷狄也。"② 这种进化的历史观推翻了以前的华尊夷卑观，在当时是难能可贵的。

中西文明格局已发生历史的错位，但是由于中国传统民族主义具备的超稳定性和封闭性在中西文明的对比中，中国传统士大夫仍然以文明优越自居。郭嵩焘感到了其中蕴涵的民族危机，并对传统民族主义思想中的排外心理进行了抨击："中国士大夫一用其虚骄之气，庞然自大。井干之蛙，跃冶之金，非独所见小也，抑亦自甘于不祥矣。"③ 他还认为："秦汉以后之中国，失其道久矣。天固旁皇审顾，求所以奠定之。苟得其道，则固天心之所属也。茫茫四海，含识之人民，此心此理，所以上契于天者，岂有异哉？而猥曰：'东方一隅为中国；馀皆夷狄也。'吾所弗敢知矣。"④ 基于此种认识，郭嵩焘批判坚持华夏中心观者"惟一意矜张，以攘夷狄为义，而置君父于不顾；必使覆国亡家，以自快其议论而为名高"⑤，呼吁国人要摒弃传统的"夷夏之辨"，理智地分析西方事物，放下"天朝上国"的架子向西方学习，树立新的世界意识，走富国强民的近代民

① 郭嵩焘：《郭嵩焘日记》第 3 卷，长沙：湖南人民出版社，1982 年，第 124 页。
② 郭嵩焘：《伦敦与巴黎日记》，长沙：岳麓书社，1984 年，第 491 页。
③ 郭嵩焘：《伦敦与巴黎日记》，长沙：岳麓书社，1984 年，第 960 页。
④ 郭嵩焘：《伦敦与巴黎日记》，长沙：岳麓书社，1984 年，第 961 页。
⑤ 郭嵩焘：《伦敦与巴黎日记》，长沙：岳麓书社，1984 年，第 57 页。

族主义道路。郭嵩焘的这些思想，更接近强调民族平等的西方近代主义民族观。他对传统"夷夏之辨"的批判，揭示了千古变局之下的民族关系，唤起人们的民族危机意识，从而在开放的同时，奋起谋求民族自强。

对于将向西方学习看作是卖国的言论，郭嵩焘也进行了有力的驳斥。爱国主义是民族主义的重要构成部分，其目标是保护自己的国家民族利益不受侵害。但是，近代中国已经远远落后于西方的发展，面对外敌的船坚炮利，如果采取闭关锁国的方式进行被动防御，只能是消极和暂时的，即使自诩爱国，其实只是误国，结果是和世界潮流的距离越来越大。而真正的爱国主义则会从国家民族的长远利益出发，向外来的先进文化学习，让自己的社会生产和科学文化水平不断发展和提高。正是意识到了这一点，郭嵩焘才在《使西纪程》等书中批评保守派的盲目排外，名为爱国，实为误国，并提出真正的爱国是放下传统民族主义的架子向他国学习，习西洋之道而为中国的发展服务，所谓"西洋之人中国，诚为天地一大变。其气机甚远，得其道而顺用之，亦足为中国之利。"① 历史的发展证明这一观点是正确的。真正的民族主义者在爱国和抵抗外国侵略这一基本要求下，必须了解世界、把外国先进的事物作为改造本国的有效借鉴，只有这样，才符合近代民族主义的发展要求。

"体"、"用"之争，是中国的传统民族主义向近代民族主义思想转换过程中出现的一个冲突焦点。一般认为，"中体西用"赋予西学的价值只是工具的价值，中学属传统文化，其核心是"伦常名教"，具有本质的和基本的价值，因此是必须保持稳定和不变的。冯桂芬在《校邠庐抗议》中提出："以中国之伦常名教为本源，辅以诸国富强之术"，薛福成、郑观应等也号召："取西人器数之学，以卫吾尧舜禹汤文武周孔之道"②，"主以中学，辅以西学"③。应该说，

---

① 郭嵩焘：《郭嵩焘诗文集》，长沙：岳麓书社，1984年，第225页。
② 薛福成：《薛福成选集》，上海：上海人民出版社，1987年，第556页。
③ 郑观应：《盛世危言》，《郑观应集》上册，上海：上海人民出版社，1982年，第276页。

"西学为用"冲破了传统民族主义中"用夏变夷"的单向度传播，具有一定的历史进步性。它试图在传统民族主义和近代民族主义之间寻求兼顾，可以被认为是从传统民族主义到近代民族主义转变的一种过渡思想。但是，"中体西用"仅仅满足于对西方"器数之学"的学习，而拒绝承认西学是"体用兼备"的，结果是"求其用而遗其体"，这也导致了洋务运动中的"西用"常常受困于"中体"，造成中国近代化过程中的问题日益复杂。

对此，郭嵩焘作为一个具有近代民族主义意识的先行者，勇敢地从西方的文化教育和政治体制中去寻找答案，认为："其强兵富国之术，尚学兴艺之方，与其所以通民情而立国本者，实多可以取法"①。并且批评向西方学习仅仅停留在造船制器等器物制造方面是本末倒置，认为"西洋立国有本有末，其本在朝廷政教，其末在商贾，造船、制器，相辅以益其强，又末中之一节耳"②。他因此提出了中国应该效法西方，进行现代的政治体制改革，并指出："西洋立国自有本末，诚得其道，则相辅以致富强，由此而保国千年可也。不得其道，其祸亦反是。"③

与此同时，郭嵩焘猛烈抨击了君主专制制度的弊端："圣人以其一身为天下任劳，而西洋以公之臣庶。一身之盛德不能常也，文、武、成、康四圣，相承不及百年；而臣庶之推衍无穷，愈久而人文愈盛。颇疑三代圣人之公天下，于此犹有歉者。秦汉之世，竭天下以奉一人。李斯之言曰：'有天下而不恣睢，命之曰以天下为桎梏。'恣睢之欲逞，而三代所以治天下之道于是乎穷。圣人之治民以德，德有盛衰，天下随之以治乱。"④ 明确指出在传统的君主专制制度治理下是无法保持国家的繁荣昌盛的。而通过对中西政治文化的比较，郭嵩焘也看到了以文化礼仪为中心的传统民族主义与强调政治法制变革的近代民族主义思想的巨大差别，并因此感到传统民族主义中

---

① 郭嵩焘：《郭嵩焘奏稿》，长沙：岳麓书社，1983 年，第 348 页。
② 郭嵩焘：《郭嵩焘奏稿》，长沙：岳麓书社，1983 年，第 345 页。
③ 郭嵩焘：《郭嵩焘日记》第 3 卷，长沙：湖南人民出版社，1982 年，第 137 页。
④ 郭嵩焘：《伦敦与巴黎日记》，长沙：岳麓书社，1984 年，第 627 页。

"用夏变夷"一说的危害性，他说："三代所谓用夏变夷者，秦、汉以后，一与中国为缘，而遂不复能自振。何也？礼义之教日衰，人心风俗偷敝滋甚，一沾染其风而必无能自立也！西洋开辟各土，并能以整齐之法，革其顽悍之俗。而吾正恐中土之风传入西洋，浸淫渐积，必非西人之幸也。"① 显然，在如何实现自己国家富强的设想上，郭嵩焘的思想更符合近代民族主义的思想主张。

因此，尽管当时清政府和洋务派官僚们认为只要学习西方的坚船利炮，就能自强，郭嵩焘却认为必须在更广泛的范围学习西方文明成果，并严厉批评了洋务派的做法，他说："舍富强之本图，而怀欲速之心以急责之海上，将谓造船、制器用其一旦之功，遂可转弱为强，其余皆可不问，恐无此理。"② 在此基础上，郭嵩焘提出"盖兵者末也，各种创制皆立国之本也"，认为如果没有作为"立国之本"的"各种创制"的发展进步，即使学习到了西方的军事技术，也是"殚千金以学屠龙，技成无所用之"。③ 这些认识都反映了在当时的历史语境中，郭嵩焘对建设一个近代民族国家的认知程度已经达到了一个空前的高度。

就现存文献来看，最早在中国提出并比较系统地阐释民族主义概念的是梁启超。1901年，梁启超在《国家思想变迁异同论》一文中宣传说："民族主义者，世界最光明正大公平之主义也。不使他族侵我之自由，我亦毋侵他族之自由。其在于本国也，人人独立；其在于世界也，国之独立。"④ 不过，虽然梁启超为中国近代民族主义的首倡者，但这种民族主义意识在之前的一些中国知识分子那里已经开始萌芽。鸦片战争后，随着西方入侵和西学的进入，中国传统民族主义的核心观念开始受到挑战，近代民族主义萌芽应运而生。可以说，郭嵩焘正是这些先觉知识分子的代表。他敢于直视中国现状的落后，摒弃"夷夏之辨"，并且在反思中国传统民族主义的基础

---

① 郭嵩焘：《伦敦与巴黎日记》，长沙：岳麓书社，1984年，第955页。
② 郭嵩焘：《郭嵩焘奏稿》，长沙：岳麓书社，1983年，第346－347页。
③ 郭嵩焘：《郭嵩焘诗文集》，长沙：岳麓书社，1984年，第190－191页。
④ 梁启超：《国家思想变迁异同论》，《饮冰室合集》文集之六，北京：中华书局，1989年，第20页。

上，探讨民族自强的路径。他通过对西方社会的全面了解和分析，探寻其强大的根本，从而为中国的民族自强提供更多的借鉴，明确提出了要从政治体制变革等方面谋求民族发展的近代民族主义观念，其思想在洋务运动时期具有明显的前瞻性。郭嵩焘也因此成为引领中国近代民族主义思想的先行者。

第四节　维新派构建现代民族国家的体制变革

面对西方列强瓜分中国的残酷现实，维新派知识精英开始反思中国的传统文化与社会制度，并寻求进一步的民族变革。和洋务派"中体西用"的主张不同，维新派知识分子对天下主义进行了更加彻底的反思，强调不仅要借鉴西方的器物，更要学习其思想文化、政治制度及治国方法，其构建现代民族国家的思想主张也呈现出不断深化和更加全面的特征。

一、维新派对天下主义的反思

1894 年，甲午中日战争爆发，这是中国近代史上重要的历史事件。这场战争中国以失败告终，被迫于 1895 年 4 月 17 日签订了丧权辱国的《马关条约》。战争的失败给中华民族带来空前严重的民族危机，中国社会从此彻底沦陷到半殖民地半封建化的深渊，随后，西方列强在中国掀起了瓜分狂潮。而日本以一个"蕞尔小国"击败了历来以"天朝上国"自居的中国，这一残酷的现实，也让许多具有民族忧患意识的中国知识精英开始认真地反思中国的传统文化与社会制度，并寻求进一步的政治变革，最终推动了戊戌维新运动的发生。而在这一时期，以康有为、梁启超、谭嗣同等为代表的维新派借鉴西方文明，提出了在民族国家建设上进行更加深入和彻底的体制变革，从而实现真正的民族振兴。

和洋务派的中体西用的主张不同，在甲午战争之后，维新派在向西方学习的过程中更强调由器物层面的学习发展到对政治制度及治国方法的借鉴，其学习的方式也呈现出不断深化和更加全面的特征。

这一变化首先体现为对天下主义进行更加彻底的反思。鸦片战争之后，天下主义思想尽管受到了极大的冲击，但仍然在中国的思想文化和社会观念中发挥着举足轻重的影响，因此导致了社会和政治变革的不彻底性。例如，洋务派遵循"中体西用"的思想，希望能够学习西方先进的军事技术，但是在文化思想和政治制度上面却维持旧状，这也导致了洋务运动无法真正实现民族振兴的历史使命。因此，维新派在肯定洋务运动在近代化方面的先驱作用的同时，也对其局限性进行了反思。康有为批评洋务派的变革是"变其甲而不变其乙，举其一而遗其二，枝枝节节而为之，逐末偏端而举之，无其本源，失其辅佐，牵连并败，必至无功"。[①] 认为洋务运动是一种"小变"，虽然比不变有一定的进步，但并非全面彻底的变革，因此仍然不能改变国家灭亡的命运。康有为随后提出了"全变"的变革策略，"观大地诸国，皆以变法而强，守旧而亡……观万国之势，能变则全，不变则亡，小变仍亡"[②]，认为学习西方富强之方，不应只限于"变器"还要"变事"、"变政"，应该以"俄大彼得之心为心法，以日本明治之政为政法"[③]。在这一变革思想的指导下，维新派提出了全面变法的革新思想，其变革措施也从对器物和军事的学习，转向了文化思想、政治制度、教育体制等各个领域。

首先，随着观念的转变，中国传统民族主义的华夏中心观、华夷尊卑观开始瓦解，而维新派基于西方科学知识和新的文化观念对传统的华夷观念进行了更为深入的批驳。例如，早期维新思想家郑观应说："夫地球圆体，既无东西，何有中边。同居覆载之中，奚必强分夷夏。如中国能自视为万国之一，则彼公法中必不能独缺中国，

---

① 康有为：《敬谢天恩并统筹全局折》，《康有为政论集》上册，北京：中华书局，1981 年，第 275 页。

② 康有为：《上清帝第六书》，《康有为政论集》上册，北京：中华书局，1981 年，第 211 页。

③ 康有为：《上清帝第五书》，《康有为政论集》上册，北京：中华书局，1981 年，第 208 页。

而我中国之法，亦可行于万国。"① 并且认为西人不仅在技艺，而且在政治文化制度等方面都有许多值得中国人效法之处。维新派的主要代表人物谭嗣同认为，夷夏的区别只不过体现在地理位置的远近而已，并不能表明华夏文明就一定优于西洋文明，"华夏是文明之邦，四夷是野蛮之邦"的天下主义思想体现的是一种无知和自大的文化心理。他因此指出："夫华夏夷狄者，内外之词也，居乎内，即不得不谓外此者之为夷。苟平心论之，实我夷而彼犹不失为夏。中国尝笑西人冠服简陋，西人即诘我之发辫有何用处，亦无以答也。无怪西人谓中国不虚心，不自反，不自愧，不好学，不耻不若人，至目为不痛不痒顽钝无耻之国。"② 谭嗣同还强调："旧者夷狄之谓也，新者中国之谓也，守旧则夷狄之，开新则中国之。新者忽旧，时曰新夷狄；旧者忽新，亦曰新中国。"③ 在这里，谭嗣同指出，"夷"并不是固定地指向西方，"夏"也并不是固定地指向中国。中国如果"守旧"，就会落后于时代发展，沦落为"夷狄"，而西方则会凭借其"开新"与先进的国家实力上升到"夏"的地位。谭嗣同的上述论述无疑是对传统天下主义的彻底颠覆。

其次，在批驳天下主义思想的同时，维新派也对中国社会的传统文化和政治制度进行了深刻的反思和批判。1891 年，康有为发表《新学伪经考》，大胆提出"凡后世指目为'汉学'者，皆贾、马、许、郑之学，乃'新学'，非'汉学'也；即宋人所尊述之经，乃多伪经，非孔子之经也。"④ 认为后世奉为经典的《周礼》、《古文尚书》、《左传》等古文经书都是伪经，不符合孔子的学说。康有为的这一宣言实质上是对传统文化和典章制度不能违背的质疑，因为既

---

① 郑观应：《易言》，《郑观应集》上册，上海：上海人民出版社，1982 年，第 67 页。

② 谭嗣同：《上欧阳中鹄书》，《谭嗣同全集》上册，北京：中华书局，1981 年，第 165 页。

③ 谭嗣同：《〈湘报〉后叙（上）》，《谭嗣同全集》上册，北京：中华书局，1981 年，第 417 页。

④ 康有为：《新学伪经考》，《康有为全集》第 1 集，北京：中国人民大学出版社，2007 年，第 356 页。

然宣布古文经学都是伪经，那么根据这些经典制定的一整套典章制度也就没有必要恪守，因而实行变法也是顺理成章的事。不仅如此，为了给变法找到一个文化传统上的依据，从而让当时的中国社会能够容易接受，康有为特别指出，中国的变法早在春秋战国的时候就已经发生，当时孔子就曾经根据其政治主张依托古史进行"托古改制"。在康有为看来，孔子不仅是教育家，还是"改制"的"素王"。显然，康有为提出这一"托古改制"的先例，一方面希望使变法有理有据，从而减少保守派的阻力；另一方面，也希望通过将变法与传统儒学的连接，消除国人对西学的抵触情绪，加快新思想的传播。其作用不仅让"数千年来共认为神圣不可侵犯之经典，根本发生疑问，引起学者怀疑批评的态度"①，同时也促进了近代民族国家建设的理念在中国的进一步传播。

二、维新派的民族变革主张

维新派的民族变革主张，主要指向在中国绵延千年的君主专制制度。虽然在甲午中日战争之前，一些先觉的中国知识精英在提议改革的意见中，已经大胆地触及君主专制制度这一改革的深水区，但社会影响并不强烈。而甲午战争的失败，则加剧了人们对专制政体的质疑。在维新派看来，昔日东亚大国的中国在甲午战争中战败，固然有指挥不当、武器陈旧等原因，但核心原因还在于政治制度的陈旧和腐败。而同为东亚国家的日本，却正是通过明治维新的改革，从君主专制制度变革为君主立宪制，才迅速强大起来。维新派领袖康有为因此指出："夫今日在列大竞争之中，国保自存之策，舍变法外别无他图。"②

为了彻底肃清人们臣服与效忠君主专制制度的传统观念，维新派还通过比较中西方价值观念的差异，用资产阶级天赋人权的思想来批判君主专制制度。熟谙西方政治思想的维新派代表严复十分赞赏西方民主政治制度，认为在民主制度下，西方的人民具有自由平

---

① 梁启超：《清代学术概论》，上海：上海古籍出版社，1998年，第80页。
② 康有为：《上清帝第五书》，《康有为政论集》，北京：中华书局，1981年，第208页。

等的民主政治权利，享有广泛的思想自由和言论自由，君民上下相通，整个国家在思想和行动上具有高度凝聚力。严复因此比较了中西文化不同导致的政治制度的差异："尝谓中西事理，其最不同而断乎不可合者，莫大于中之人好古而忽今，西之人力今以胜古；中之人以一治一乱、一盛一衰为天行人事之自然，西之人以日进无疆，既盛不可复衰，既治不可复乱，为学术政化之极则……今之夷狄，非犹古之夷狄也。今之称西人者，曰彼善会计而已，又曰彼擅机巧而已。不知吾今兹之所见所闻，如汽机兵械之伦，皆其形下之粗迹，即所谓天算格致之最精，亦其能事之见端，而非命脉之所在。其命脉云何？苟扼要而谈，不外于学术则黜伪而崇真，于刑政则屈私以为公而已。斯二者，与中国理道初无异也。顾彼行之而常通，吾行之而常病者，则自由不自由异耳。"① 经过上述比较，严复得出结论，认为中国要想摆脱民族危机走上国家富强之路，就必须效法西方的政治制度。可以说，在甲午战争后民族和边疆危机不断加剧的情况下，维新派已经意识到，为了解决中国的民族边疆危机就必须废除君主专制制度，这也为后来他们在百日维新中明确提出用资产阶级君主立宪制取代君主专制制度奠定了思想基础。对于维新派知识精英对政治制度的反思，胡适曾经指出："戊戌运动的意义是要推翻旧有的政制而采用新的政制"②，其评价可谓一针见血。

在拯救民族危亡的历史诉求中，维新派还将实现国家富强的希望寄托于教育制度的革新，因此在对科举制度激烈批判的同时，呼吁向西方进行更多的学习和借鉴，包括西方社会政治学说和自然科学。康有为在《公车上书》中明确要求把西方的自然科学列为学堂课程："凡天文、地矿、医律、光重、化电、机器、武备、驾驶分立学堂。而测量、图绘、语言、文字皆学之。"③ 上述教育革新思想的

---

① 严复：《论世变之亟》，《严复集》第 1 册，北京：中华书局，1986 年，第 1 - 2 页。

② 胡适：《新文化运动与国民党》，《胡适文集》第 5 册，北京：北京大学出版社，1998 年，第 581 页。

③ 康有为：《上清帝第二书》，《康有为政论集》上册，北京：中华书局，1981 年，第 131 页。

传播，导致了士人的阅读趣味和知识结构的变化，也促进了传统士人向现代知识分子的身份转型。在传统社会中，"士"与"大夫"即官吏具有密切的内在联系，而科举制则是二者关联的主要路径。传统士人读书的主要目标就是期望一朝得中，从此进入官僚阶层。甲午战争后，在解救民族危机和寻求国家富强的时代精神感召下，更多的读书人转向了"实业救国"和"商战"等领域，希望通过发展经济和文化产业来振兴中华民族。于是一部分传统士人如张謇等弃官经商，还有大量受到新学影响的新式知识分子投身于医疗、新闻、出版、金融等新式行业，从事医生、教师、记者、编辑、科技工程人员等现代职业。

今天看来，维新派的许多论述，不仅是对传统民族主义思想的清算，也可视作是对构建作为一个现代民族国家之中国的思想启蒙。这种启蒙主要在于对传统文化和政治体制的反思及对西方文化思想和政治制度的传播，具有明显的近代意义，因此获得后世的高度评价。侯外庐在《中国近代启蒙思想史》中就认为完整意义上的中国近代启蒙思想史应该从康有为开始。[1] 不过，这种以"全变"为指导思想的改革在实际操作中必然会遇到很多困难，而变革者在急躁情绪的影响下对这些困难往往不够重视，或者为了解决这些困难而变得更加激进。最终，维新派这种激进的社会变革招致了传统官僚机制的激烈反弹。对此，美国学者塞缪尔·亨廷顿（Samuel P. Huntington）指出：在巨大的传统官僚制度下的改革，即使是皇帝也只有采取缓进的方式才能取得成功，因为"行动得太快太猛必定会促使潜在的反对派变为积极的反对派，1898 年光绪帝的'百日维新'即是一个欲速而不达的生动例证"[2]。可以说，在救亡图存的压力下，维新变法的变革力度空前猛烈，导致越来越多在变法中利益受到损害的官僚集于反对阵营的一边，最终导致了变法的失败。今天看来，维新变法是清末改良派知识精英在民族危机激化下以"保

---

① 侯外庐：《中国近代启蒙思想史》，北京：人民出版社，1993 年，第 417 页。
② 塞缪尔·亨廷顿：《变动社会的政治秩序》，张岱云等译，上海：上海译文出版社，1989 年，第 173 页。

国、保种、保教"为目标的最后一次大规模的尝试，而其失败则导致了更多的知识精英开始寻找新的民族变革的可能性。所谓"辛丑以来，自由、革命之潮，弥漫卷拍"①，维新变法的失败转而促成了以民族革命和民主革命为目标的辛亥革命的爆发。

① 康有为：《物质救国论》，《康有为全集》第 8 集，北京：中国人民大学出版社，2007 年，第 63 页。

第二章 辛亥革命时期知识分子的民族
观念衍变与中华民族认同

辛亥革命时期，西方近代民族主义思想开始在中国日益广泛的传播，并且最终替代了传统天下主义成为中国近代民族主义思想的主流。这一变化，一方面，辛亥革命时期中国的国族危机、社会矛盾与西风东渐的历史语境共同作用的结果；另一方面，也与辛亥革命时期知识分子的民族观念变化密切相关。可以说，在很大程度上，正是知识分子的民族观念衍变，推动了辛亥革命时期对作为一个现代民族国家之中国的历史建构，并且最终完成了对"中华民族"这一概念的认同。

第一节 传统民族主义思想对辛亥革命时期
知识分子的影响

辛亥革命时期，"驱除鞑虏，恢复中国，创立合众政府"一直是革命者宣传的主要口号，其目标则是通过"革命排满"的民族革命，实现推翻专制统治的政治革命和建立共和体制的民主革命。因此，"革命排满"也就成为这一时期具有代表性的民族主义思想。"革命排满"思想的主要来源于以"夷夏之辨"为代表的中国传统民族主义观念，但通过"革命排满"来推翻清朝的专制统治，建立共和体制的民主国家，则是受到西方民族主义思想的影响。因此可以说，辛亥革命时期的革命运动，是中西民族主义思想交融共存的结果。

需要说明的是，在中国传统民族主义思想中，强调文化差异的文化民族主义思想和强调血统之别的种族主义思想虽然有所不同，却长期同时存在，并且因历史时期的不同而时有抑扬。例如，在反清复明的斗争中会强调种族之别的一面，而在清朝大一统的时期又会强调文化的认同。上述二者的长期共存虽然体现了中国传统民族主义思想含混、矛盾的一面，但从中国历史的整体发展而言，具有文化民族主义特征的天下主义思想仍然占据了更主要的位置。同样，在辛亥革命时期，在孙中山、章太炎等革命派的民族主义思想中也是文化民族主义思想与种族主义思想并存，并且在不同的历史时期和不同的革命者身上各有侧重，这也造成了辛亥革命时期民族主义思想内涵的复杂性与含混性。但从总体而言，强调文化认同的文化民族主义思想最终超越了狭隘的种族主义思想，这也促进了这一时期中华民族从自在到自觉的形成。

一、文化民族主义的影响

在辛亥革命爆发之前，孙中山一直致力于"革命排满"，其民族主义思想也主要局限于运动汉族通过"民族革命"的方式，推翻满族政权，实现"光复"。据冯自由的《华侨革命开国史》，孙中山最早明确提出"驱除鞑虏"这一口号的时间是1894年11月24日。其时，孙中山在檀香山创立兴中会，在他起草的《兴中会章程》中第一款规定："是会之设，专为振兴中华，维持国体起见，盖我中华受外国欺凌，已非一日……兹特联络中外华人，创兴是会，以申民志而扶国宗。"同日制定的《兴中会盟书》又称："联络人某省某县人某某，驱除鞑虏，恢复中国，创立合众政府。"① 不过，根据兴中会的另一创始人尤列回忆，早在1893年孙中山同郑士良、陆皓东、尤列等讨论建立革命团体时就已经提出了"驱除鞑虏，恢复华夏"的宗旨，并在此基础上衍生出"驱除鞑虏，恢复中国，创立合众政府"的兴中会纲领。② 1905年，在《中国同盟会总章》中，孙中山再次宣称： "本会以驱除鞑虏、恢复中华、创立民国、平均地权为宗旨。"③

"驱除鞑虏"的革命口号源自于中国固有的传统民族主义思想。

---

① 冯自由：《华侨革命开国史》，上海：商务印书馆，1947年，第26页。
② 转引自张磊：《孙中山思想研究》，北京：中华书局，1981年，第23页。
③ 孙中山：《孙中山全集》第1卷，北京：中华书局，1981年，第284页。

在西方的近代民族主义思想传入中国之前，中国传统的民族主义思想早已经存在。章太炎就认为："民族主义，自太古原人之世，其根性固已潜在，远至今日，乃始发达，此生民之良知本能也。"① 孙中山也指出："盖民族主义，实吾先民所遗留，初无待于外烁者也。余之民族主义，特就先民所遗留者，发挥而光大之。"②

中国传统民族主义思想以华夏中心观和华尊夷卑观为基础，其本质主要是一种文化认同。杨度在 1907 年发表《金铁主义说》一文，对"民族"在中国历史上的含义衍变进行了详尽的解说："中国向来虽无民族二字之名词，实有何等民族之称号。今人必目中国最旧之民族曰汉民族，其实汉为刘家天子时代之朝号，而非其民族固有之名也。中国自古有一文化较高，人数较多之民族在其国中，自命其国曰中国，自命其民族曰中华。即此义以求之，则一国家与一国家之别，别于地域，中国云者，以中外别地域远近也。一民族与一民族之别，别于文化，中华云者，以华夷别文化之高下也。即此以言，则中华之名词，不仅非一地域之国名，亦且非一血统之种名，乃为一文化之族名。故《春秋》之义，无论同姓之鲁、卫，异姓之齐、宋，非种之楚、越，中国可以退为夷狄，夷狄可以进为中国，专以礼教为标准，而无有亲疏之别。其后经数千年混杂数千百人种，而其称中华如故。以此推之，华之所以为华，以文化言，不以血统言，可决知也。故欲知中华民族为何等民族，则于其民族命名之顷，而已含定义于其中。以西人学说拟之，实采合于文化说，而背于血统说。华为花之原字，以花为名，其以之形容文化之美，而非以之状态血统之奇，此可于假借会意而得之也。"③

在杨度的解释中，把中国理解为以"中外别地域远近"的地域观念，把中华阐释成"一文化之族名"，与国家地域和血统种族无

---

① 章太炎：《驳康有为论革命书》，《章太炎政论选集》上册，北京：中华书局，1977 年，第 194 页。

② 孙中山：《中国革命史》，《孙中山全集》第 7 卷，北京：中华书局，1985 年，第 60 页。

③ 杨度：《金铁主义说》，《杨度集》，长沙：湖南人民出版社，1986 年，第 373 - 374 页。

关。杨度的《金铁主义说》一文刊载后，章太炎立即在《民报》发表了《中华民国解》一文，对杨度论述的错误之处予以纠正。章太炎指出，"华夏"的最早来源是地名，"华"即华山，"夏"即夏水，"华夏"作为族名，最早是指生活于这一地区的人们。"汉"则指汉中，仍是地名，后来因刘邦被封为"汉中王"而演绎成为民族和文化的指称。不过，章太炎虽然指出杨度解释上的一些错误，但仍然同意从文化上对中华民族进行解读。① 中国传统的民族主义思想因此被认为是一种文化民族主义思想，其对"夏"和"夷"的评判主要是以对华夏文化的认同与否作为标准。所谓："华夷之辨，其不在地之内外，而系于礼之有无也明矣。苟有礼也，夷可进为华，苟无礼也，华则变为夷"②。对此，有学者从文化认同的角度认为："传统的民族主义是以文化价值为根本取向的，它涵盖了古代文化民族主义的全部内容"③。

中国传统的民族主义思想深刻地影响了以孙中山、章太炎为代表的近代革命党人。例如，孙中山在强调种族之辨的同时，还主张通过以恢复中国"固有的道德"为主要路径来传承中国传统文化，并且进而启发汉族的民族主义意识，恢复汉族的民族地位。他在《民族主义》的讲演中说道："中国从前能够达到很强盛的地位，不是一个原因做成的。大凡一个国家所以能够强盛的原故，起初的时候都是由于武力发展，继之以种种文化的发扬，便能成功。但是要维持民族和国家的长久地位，还有道德问题，有了很好的道德，国家才能长治久安"④，"因为我们民族的道德高尚，故国家虽亡，民族还能够存在；不但是自己的民族能够存在，并且有力量能够同化外来的民族。所以穷本极源，我们现在要恢复民族的地位，除了大家联合起来做成一个国族团体以外，就要把固有的旧道德先恢复起

① 参见章太炎：《中华民国解》，载《民报》1907 年第 15 期。
② 王韬：《华夷辨》，《弢园文录外编》卷十，北京：中华书局，1959 年，第 296 页。
③ 郭洪纪：《儒家的华夏中心观与文化民族主义滥觞》，载《历史教学问题》1994 年第 5 期。
④ 孙中山：《民族主义》，《孙中山选集》，北京：人民出版社，1981 年，第 679 页。

来。有了固有的旧道德，然后固有的民族地位才可以图恢复。"① 至
于什么是中国"固有的道德"，孙中山认为："讲到中国固有的道
德，中国人至今不能忘记的，首是忠孝，次是仁爱，其次是信义，
其次是和平。这些旧道德，中国人至今还是常讲的。但是，现在受
外来民族的压迫，侵入了新文化，那些新文化的势力此刻横行中国。
一般醉心新文化的人，便排斥旧道德，以为有了新文化，便可以不
要旧道德。不知道我们固有的东西，如果是好的，当然要保存，不
好的才可以放弃。"②

　　对于如何实现"民族精神"的恢复，孙中山也谈了自己的看法。
他说："我们今天要恢复民族精神，不但是要唤醒固有的道德，就是
固有的知识也应该唤醒他。中国有什么固有的知识呢？就人生对于
国家的观念，中国古时有很好的政治哲学……就是《大学》中所说
的'格物、致知、诚意、正心、修身、齐家、治国、平天下'那一
段的话。"③"现在各国的政治都进步了，只有中国是退步，何以中国
要退步呢？就是因为受外国政治经济的压迫，推究根本的原因，还
是由于中国人不修身……我们现在要能够齐家、治国，不受外国的
压迫，根本上便要从修身起，把中国固有知识一贯的道理先恢复起
来，然后我们民族的精神和民族的地位才都可以恢复。"④ 对此，其
后人孙穗芳总结说孙中山强调的中国"固有的道德"，主要是指
"四维八德"，即：礼、义、廉、耻、忠、孝、仁、爱、信、义、和、
平。⑤ 而"四维八德"实际上是指中国道统文化之精义，道统则是
中国传统文化之纲领，从这个层面上说，孙中山的民族革命思想实
际上是对中国传统的道统思想的延续。今天来看，孙中山希望通过
对中国传统民族主义思想的继承来实现国民对国家和民族的认同，
无疑是一种将文化民族主义观念和政治民族主义主张结合起来的民

---

① 孙中山：《民族主义》，《孙中山选集》，北京：人民出版社，1981 年，第 680 页。
② 孙中山：《民族主义》，《孙中山选集》，北京：人民出版社，1981 年，第 680 页。
③ 孙中山：《民族主义》，《孙中山选集》，北京：人民出版社，1981 年，第 684 页。
④ 孙中山：《民族主义》，《孙中山选集》，北京：人民出版社，1981 年，第 687 页。
⑤ 孙穗芳：《孙中山思想与现代中国》，《孙中山研究论集——纪念辛亥革命九十周
年》，北京：北京图书馆出版社，2001 年，第 13 页。

族主义建构策略。

二、种族主义的影响

源自于中国传统民族主义观念的"革命排满"思想，其内容不仅有文化民族主义思想的成分，同时也包含了种族主义的内涵。而强调血统之别的种族主义思想，也是在传统民族主义思想漫长的历史发展过程之中逐渐形成的。

所谓种族，又称为人种，是指在体质形态上具有某些共同遗传特征的人群。不过，"种族"这一概念以及种族的具体划分在历史上却一直具有相当的争议性，在不同的时代和不同的文化中的划分方式也完全不同。在20世纪以前，科学家倾向于将人类按照本质主义的方式分为若干个种族，如尼格罗人种（黑种人）、蒙古人种（黄种人）、高加索人种（白种人）等。但是20世纪以来，这一划分受到越来越多的质疑，一些学者主张用世系或者广义的家族来界定种族，而随着生物学研究的发展，更多的科学家认为，之前任何对于人类种族的定义，都缺乏科学分类的严谨性和正确性；种族的定义是不准确的，随意性很大，其内涵会随文化视角的差异而变化。在古代中国，种族往往和部族或者宗族等同起来，如宋代苏辙的《论渠阳蛮事札子》写道："杨晟台等手下兵丁，虽止五六千人，然种族蟠踞溪洞，众极不少。"这里的种族就相当于部族。而《汉书·高帝纪上》记载："恐事不就，后秦种族其家。"对此，颜师古注曰："诛及种族也。"这里的种族则和宗族对等。在中国传统的民族主义里，经常会将华夏族看作一个种族，认为华夏族是由一个共同的部族发展而来，并且在宗族上拥有一个共同的祖先，因此大家在血统上有着天然的关联。这就是所谓的炎黄子孙。而他们居住的地方，则为中国。据历史学家考证，夏商周时期是华夏族的形成时期。"华夏"一词首见于《左传》所载孔子云："裔不谋夏，夷不乱华。"当时接受西周分封的诸侯国都包括在华夏之内，统称为华夏，以与文化相对落后的夷、蛮、戎、狄相区分。我们今天国体意义上的"中国"，其内涵也是在历史传承中不断改变的。春秋之前，相对于大大小小的各地被分封的诸侯而言，中国就是指周天子所居的"国"

（京师）。把天子所居的位置称为"中国"可能与古人以中央为尊的方位观有一定的关系。《管子·度地》说："天子有万诸侯也，其中有公、侯、伯、子、男焉，天子中而处"。认为天子应当位居于诸侯之中，驻在最尊贵的中央地区。于此引申开来，"天下"的中央为"中国"，四周为"四夷"，这就是古代中国人最初想象出来的人类地理空间。

这种传统的民族主义观念在宋代汉族受异族的压迫后变得日益清晰。所以吕思勉认为："民族主义，原因受异族的压迫而起。中国自宋以后，受异族的压迫，渐次深了，所以民族主义，亦渐次勃兴。"[1] 葛兆光在《宋代"中国"意识的凸显——关于近世民族主义思想的一个远源》一文中也认为，到了宋代，由于北方辽、西夏和后来金、元等异族政权的先后崛起，才真正打破了唐以前汉族人关于天下、中国与四夷的传统观念和想象，有了实际的敌国意识和边界意识，才有了关于"中国"有限的空间意识。[2]

这种从宋代到明代逐渐衍生出来的民族主义观念，是将"中国"的认同与对汉族政权的认同等同起来，并且以北方的辽、西夏和后来的金、元等异族政权为他者，其民族主义思想的基础，则是建立在是否同属于炎黄子孙的种族主义界定上。这一民族主义观念在清朝也同样存在，并且在 20 世纪前后，逐渐同西方舶来的单一民族国家观念相结合，共同形成以血统为判断标准的种族主义思想。而在以孙中山为代表的革命党人在发动革命推翻清朝专制统治的时候，也受到了这一民族观念的影响。孙中山曾明确地说过："清帝为异种，汉人一明种族之辨，必无认贼作父之理。"[3] 正是在这种强调种族差别的狭义民族主义思想的主导下，革命者才会继承历史上发展下来的"夷夏之辨"，并且将满族视为"异种"、"蛮夷"、"野番贱种"、"异族"、"鞑虏"。在中国历史上，元末朱元璋领导的讨元起

---

① 吕思勉：《历史研究法》，上海：永祥印书馆，1948 年，第 35 - 36 页。
② 葛兆光：《宋代"中国"意识的凸显——关于近世民族主义思想的一个远源》，载《文史哲》2004 年第 1 期。
③ 孙中山：《在旧金山丽蝉戏院的演说》，《孙中山全集》第 1 卷，北京：中华书局，1981 年，第 443 页。

义，晚清洪秀全领导的太平天国运动，也都明确提出过反对异族统治的口号，并且具有广泛的民间号召力。这些，都极大地影响了孙中山的民族主义思想，如"驱除鞑虏，恢复中国"的兴中会纲领，就是从元末朱元璋的讨元檄文"驱除挞虏，恢复中华"衍变而来。在 1904 年为刘成禺撰写的《太平天国战史》序中，孙中山写道："朱元璋、洪秀全各起自布衣，提三尺剑，驱逐异胡，即位于南京。朱明不数年，奄有汉家故土，传世数百，而皇祀弗衰；洪朝不十余年，及身而亡。无识者特唱种种谬说，是朱非洪，是盖以成功论豪杰也"①，对朱元璋、洪秀全"驱逐异胡"的行为极为赞赏。

　　1906 年 12 月，在东京《民报》创刊周年庆祝大会的演说中，孙中山再次强调了民族主义的根本就是种族之辨。他说："那民族主义，却不必要什么研究才会晓得的。譬如一个人，见着父母总是认得，决不会把他当做路人，也决不会把路人当做父母；民族主义也是这样，这是从种性发出来，人人都是一样的……这就是民族主义的根本。"②

　　将民族主义和"革命排满"等同起来的种族主义民族思想，在另外一位辛亥革命时期的革命领袖章太炎身上体现得更加明显。章太炎，名炳麟，1869 年出生于浙江余杭一个世代书香之家。浙江一地，是反满民族意识较为强烈的地区之一。这里是明末抗清英雄张煌言，以及反清思想浓厚的学者黄宗羲、全祖望的故乡，以"反清复明"为口号的会党也极为活跃。他们的事迹在当地世代相传，影响深广。章太炎的长辈即是民族观念很强的人，章太炎家族的先人在临终时都留下遗言，不以清服人敛。③ 这种具有正统汉族观念的家庭对章太炎影响也很深。在随外祖父和父亲读书的过程中，通过长辈的口授，再加上自己阅读《东华录》、《明季稗史》及明末清初黄宗羲、顾炎武、王夫之等人的著述，章太炎在青少年时期就初步接

---

① 孙中山：《太平天国战史·序》，《孙中山全集》第 1 卷，北京：中华书局，1981 年，第 258 页。

② 孙中山：《在东京〈民报〉创刊周年庆祝大会的演说》，《孙中山全集》第 1 卷，北京：中华书局，1981 年，第 324 页。

③ 参见汤志钧编：《章太炎年谱长编》上册，北京：中华书局，1979 年，第 10 页。

受了"夷夏之防，同于君臣之义"的传统的民族观念。章太炎自己也曾经说过："鄙人自十四五时，览蒋氏《东华录》，已有逐满之志。"①

1883 年，章太炎在县试时癫痫病发作。对八股文毫无兴趣的章太炎乘机说服父亲，让自己放弃科举，专心研究经学。1890 年，23 岁的章太炎进入杭州诂经精舍，从经学大师俞樾就读，治文字声韵训诂之学。1896 年，康有为、梁启超等在上海组织强学会，鼓吹维新变法。章太炎不顾老师俞樾的坚决反对，报名加入强学会。此时的章太炎还是一个改良主义者，他寄国家强盛的希望于以光绪帝为代表的清统治者身上，希望其"发愤图自强，综核名实，使率越劲，使民悫愿，使吏精廉强力"②；同时实行变法，"以革政挽革命"，做到"以教卫民，以民卫国，使自为守而已"③。

但是，戊戌变法的失败，八国联军的入侵以及《辛丑条约》的签订，这一系列触目惊心的事变，使章太炎对清政府最终绝望。戊戌变法失败后，章太炎携家眷出走台湾。次年又转往日本，正是在这里，章太炎由梁启超援引结识了孙中山，章太炎的思想也开始由改良转向革命，认为"不去满洲，则改变法为虚语"④。于是他毅然"断发易服"，与改良派决裂，坚定地走上了"排满革命"的道路。

受孙中山等革命者的影响，章太炎在这一时期开始在社会上大力宣传"排满"思想。1901 年，章太炎在具有浓厚革命色彩的《国民报》上发表《正仇满论》，公开批驳改良派的政治思想，主张"排满革命"。此后，章太炎在朋友的推荐下赴苏州大学任教。在教学期间，章太炎大力宣传革命思想，"掌教将一载，时以种族大义训

---

① 章太炎：《致陶亚魂、柳亚庐书》，《章太炎政论选集》上册，北京：中华书局，1977 年，第 191 页。

② 章太炎：《论亚洲宜自为唇齿》，《章太炎政论选集》上册，北京：中华书局，1977 年，第 6 页。

③ 章太炎：《论学会大有益于黄人亟宜保护》，《章太炎政论选集》上册，北京：中华书局，1977 年，第 13 页。

④ 汤志钧编：《章太炎年谱长编》上册，北京：中华书局，1979 年，第 38 页。

迪诸生，收效甚巨"①。江苏巡抚恩铭因此派人逮捕他，章太炎闻讯，当即就东渡日本横滨避难。

1902年4月26日，是南明永历皇帝覆亡242年的忌日，章太炎与马君武、秦力山等在孙中山协助下，在东京发起"支那亡国二百四十二周年纪念会"，目的是利用纪念活动宣传排满。可是在会期之前，由于有人告密，日本政府特令警视总监解散此会，并且将章太炎等带到当地警察署询问。这次纪念会虽然没有开成，但已经是一次对清政府的公开挑战。而章太炎利用明朝遗民的名义进行排满革命的举动，也得到孙中山和兴中会成员的高度评价。对此，当代学者姜义华在评论这一历史事件时认为，章太炎在此次集会中所进行的革命，"利用了明朝为清所取代及满汉冲突的历史"②，其内容是现代的，但其形式却相当传统。

在辛亥革命时期，章太炎的这种强调满汉对立的狭义民族主义思想观念很快为大多数革命派人士所接受，而章太炎将中国传统的"华夷"观念融入到近代的民族主义中，首先是一种"诉诸汉人的民族感情"的革命策略。正如1906年7月15日章太炎在东京留学生欢迎会上发表演说时所指出的，要唤起民族思想，拯救我们的祖国，"第一，是用宗教发起信心，增进国民的道德；第二，是用国粹激动种姓，增进爱国的热肠"，通过宣传国粹来实现"排满"的主张。③

从当时的社会情况看，在外国势力疯狂侵略的形势下，中国要想免除他国的奴役、实现民族独立，必须推翻以满洲贵族为代表、腐败已极的清政府。章太炎指出："今之政府，腐败蠹蚀，其材已不可复用，而欲责其再新，是何异责垂死之翁以呱啼哺乳也。"④ 而发挥传统的"华夷"观念，更能够给汉族民众推翻清政府心理上的支

① 汤志钧编：《章太炎年谱长编》上册，北京：中华书局，1979年，第122页。
② 姜义华：《章炳麟评传》，南京：南京大学出版社，2002年，第43页。
③ 汤志钧编：《东京留学生欢迎会演说辞》，《章太炎政论选集》上册，北京：中华书局，1977年，第272页。
④ 汤志钧编：《章太炎年谱长编》上册，北京：中华书局，1979年，第176－177页。

持。实际上，在革命的初期，特别是在动员以汉族为主的海外留学生和华侨的革命意识上，"排满革命"也的确起到了积极的历史作用。

其次，章太炎的这种强调满汉对立的狭义民族主义思想观念，也和他的成长环境和学术思想有关。章太炎在学术上属古文经学派，推崇明末清初古文经学大师顾炎武，致力于从历史典故中寻觅民族意识，以国粹主义培植民族主义。正如章太炎所说："今之经学，渊源在顾宁人。顾公为此，正欲使人推寻国性，识汉、虏之别耳。"① 章太炎认为研治经学的目的在于辨别汉、虏种族的异同，由此激发人们的民族意识，并借用国粹来培植民族感情，推动反满思潮的高涨。

在这些言论中，章太炎揭示了历史文化传统的保存对一个民族的存在与发展的重要作用，同时，希望通过引导人们学习历史来激发民族意识，推动反满革命。不过，这种因袭旧传统、由"春秋"大义培植出来的反满思想也不可避免地包含有狭隘的大汉族主义的消极因素。更重要的是，章太炎一味地强调"排满"与"光复"，宣扬单纯的反满主张，这和孙中山等同盟会人士后来所追求的通过革命实现共和思想具有实质性的区别，也为革命阵营以后的分裂埋下隐患。

这种对革命目标的思想分歧实际上在辛亥革命爆发之前就已经存在。1906 年章太炎以革命导师的身份来到日本，主持同盟会的机关报《民报》。然而，他在此时宣传的却是"光复"而非"革命"，他说："吾所谓革命者，非革命也，曰光复也，光复中国之种族也，光复中国之州郡也，光复中国之政权也。以此光复之实，而被以革命之名。"② 章太炎之所以要以"光复"代替"革命"的宣传，体现了他认为民族主义思想的核心在于单纯排满，受明末清初之时的反清复明思想影响颇深，缺乏对这场蓬勃发展的革命的深刻认识。

另一方面，章太炎对建立西方那样的民主共和政体也持有异议。

① 汤志钧编：《章太炎年谱长编》上册，北京：中华书局，1979 年，第 115 页。
② 汤志钧编：《革命之道德》，《章太炎政论选集》上册，北京：中华书局，1977 年，第 309 页。

他说："余尝谓中国共和，造端与法、美有异。始志专欲驱除满洲，又念时无雄略之士，则未有能削平宇内者。如是犹不亟废帝制，则争攘不已，祸流生民，国土破粹，必为二三十处。故逆定共和政体以调剂之，使有功者得更迭处位，非曰共和为政治极轨也。调剂敷衍，所谓以相忍为国，起因既尔，终后即顺其涂经，庶免败绩覆驾之祸。"① 这就是说，在反满这一问题上，章太炎能与致力于建立资产阶级共和国者暂时"调剂敷衍"，"相忍为国"。但总目标既然不同，潜在的裂痕就会扩大。

出于"驱除鞑虏、恢复中华"的共同目的，章太炎也曾公开赞成共和。他宣称：一旦革命"大功告成，天下已定，而后实行其共和主义之政策，恢复我完全无缺之金瓯"。② 在《民报一周年纪念会演说辞》中，章太炎满怀信心地说："这革命大事，不怕不成；中华民国，不怕不立。"③ 随后，他在《民报》成立一周年纪念会《祝辞》中再次重申了自己的主张："扫除腥膻，建立民国，家给人寿，四裔来享。"最后高呼："中华民国万岁！"④ 这些都表现了章太炎对建立共和国家的态度。

不过，章太炎宣传的重心仍然在"排满"的立场上。后来，章太炎、陶成章等人与孙中山闹得很不愉快，以至脱离同盟会，重建光复会，固然有性格、行事方式等其他因素，但对于革命纲领的认识不同则应该是其中最重要的原因。章太炎对此解释说："二党（指同盟会与光复会）宗旨，初无大异，特民权、民生之说殊耳。"⑤ 显然，章太炎认为，他认同孙中山的"反满"，也就是推翻清政府统治，基于此，他们可以团结在一起，但是对于"民权、民生"的纲

①　汤志钧编：《章太炎年谱长编》上册，北京：中华书局，1979 年，第 372 页。

②　章太炎：《驳革命驳议》，《章太炎政论选集》上册，北京：中华书局，1977 年，第 230 页。

③　章太炎：《民报一周年纪念会演说辞》，《章太炎政论选集》上册，北京：中华书局，1977 年，第 330 页。

④　章太炎：《民报一周年纪念会祝辞》，《章太炎政论选集》上册，北京：中华书局，1977 年，第 326 页。

⑤　汤志钧编：《章太炎年谱长编》上册，北京：中华书局，1979 年，第 320 页。

领，章太炎却并不认同。

在辛亥革命时期，以章太炎为代表的实现"光复"思想和以孙中山为代表的建立"共和"思想都拥有广泛的跟随者。而在整个革命过程中，二者的不同点也普遍为革命者所忽略。因此，具有单纯民族主义倾向的"排满"、"光复"口号被革命者们发挥得淋漓尽致，以此激发人们的传统民族意识，推动辛亥革命的发展。不过，单纯强调"排满"必然导致狭隘的大汉族主义。这也引起了当时一些理性的革命派知识精英如蔡元培等人的担忧。1903 年，蔡元培在《苏报》上发表《释仇满》一文，认为满族血统已与汉族混合，其语言文字也已为汉语、汉字所淘汰，所以满洲这一名词只不过是占有特权的一种记号罢了，因而"近日纷纷'仇满'之论，皆政略之争，而非种族之争"，"昔日种族之见，宜若为消释，而仇满之论，反炽于前日者，以近日政治思想之发达，而为政略上反动之助力也。"① 认为狭隘的"排满"主义将会给革命带来消极的影响。

其实，章太炎的"排满"思想本身也充满了矛盾。在早期的《正仇满论》中，他声言要让满族交出政权，再把他们赶到东北"自治"。在《驳康有为论革命书》中更是言辞激烈，号召"汉族之仇满洲，则当仇其全部"②。不过，在 1904 年后章太炎的"反满"思想逐渐向孙中山的民族主义思想靠近，否定了所谓"排满革命"就是搞"种族复仇"的偏激论调，明确宣布政权返于汉族之后，对满族不仅不会仇杀，而且对包括满族在内的一切少数民族，均采取平等的政策。武昌起义后，章太炎在《致留日满洲学生书》中进一步阐明了他的这一态度。他说："所谓民族革命者，本欲复我主权，勿令他人攘夺耳，非欲屠夷满族，使无孑遗，效昔日扬州十日之为也，亦非欲奴视满人不与齐民齿叙。曩日大军未起，人心郁勃，虽发言任情，亦无尽诛满人之意。"③ 又说：若革命军"北定宛平，

---

① 蔡元培：《释仇满》，载《苏报》1903 年 4 月 11 日。

② 章太炎：《驳康有为论革命书》，《章太炎政论选集》上册，北京：中华书局，1977 年，第 197 页。

③ 章太炎：《致留日满洲学生书》，《章太炎政论选集》上册，北京：中华书局，1977 年，第 519 页。

贵政府一时倾覆，君等满族，亦是中国人民，农商之业，任所欲为，选举之权，一切平等，优游共和政体之中，其乐何似？我汉人天性和平，主持人道，既无屠杀人种族之心，又无横分阶级之制，域中尚有蒙古、回部、西藏诸人，既皆等视，何独薄待满人哉？"① 这段话，既可以看作是章太炎对自己在辛亥革命革命前反满思想的总结，也可以看作是他为即将建立的中华民国处理国内民族关系所提出的指导原则。

综上所述，辛亥革命时期的"革命排满"运动是以传统的民族主义思想为主导的民族革命，但是这一思想同革命派知识分子希望建立的近代民族国家的目的却存在矛盾，而随着革命形势的发展以及西方近代民族主义思想影响的不断深入，革命派知识分子的民族主义思想也在不断发生变化，强调国族认同的近代民族主义思想逐渐取代传统民族主义思想，成为这一时期的主导思想。

第二节 辛亥革命时期知识分子的民族观念衍变

"民族"一词在中国的出现与内涵衍变，经过了一个复杂的历史过程。在这一过程中，将民族和国家联系起来的广义的民族观念逐渐替代了将民族和种族对应的狭义民族观念，并得到近代中国民众的广泛认同。这一变化，也对近代中国的民族主义发展及中华民族的形成起到了重要的作用。而在这一历史过程中，以梁启超为代表的近代知识精英对民族、民族主义及民族国家的理解与阐释，起到了至关重要的作用。

一、民族观念在近代中国的衍变

以文化认同为核心的中国传统民族主义思想，和西方近代民族主义思想具有很大的不同。一些学者指出："1960 年代末期，美国

---

① 章太炎：《致留日满洲学生书》，《章太炎政论选集》上册，北京：中华书局，1977 年，第 520 页。

学者 James Harrison 首先揭橥'文化主义'（culturalism）的论点，认为前近代中国所认同的对象，乃是一套以儒家礼教为核心的普遍性道德文化秩序，而未尝具备独立的国家认同与忠诚感，因此，在中国漫长的王朝历史中，汉族之外的异民族如果愿意接受中国文化的浸濡，也可以取得统治中国的合法性地位。这种奠基于共同传统与共同象征系统的文化主义，与植基于现代'民族国家'之上的民族主义，可谓风马牛不相及。一直要到 19 世纪末叶，在西方坚船利炮的武力威慑下，中国人才被迫放弃长期抱持的文化优越感，由文化主义开始转向民族主义。"①

如何界定"民族"一词，对于理解近代中国的民族主义思想至关重要。"民族"一词在中文里如何由来，学界有许多说法。20 世纪 60 年代，林耀华提出，"民族"一词是近代日本人用汉字联成后于辛亥革命前夕传入中国的，认为章太炎在《序种姓上》中所说"自帝系世本推迹民族，其姓氏并出五帝之臣庶"，可能是"最早有关'民族'一词记载之一"②。此后，这一说法几为学界共识。1981 年，金天明、王庆仁又提出更为明确的说法，认为"民族"一词最先出于梁启超的《东籍月旦》一文。③ 日本学者也赞同如下观点："'民族'这一专用名词据说是梁启超滞留日本期间，将日语的英语 nation 译语'民族'，1898 年时输入于汉语中的。"④ 美籍华人学者刘禾在语言学界跨语际实践中，也将"民族"一词列入"现代汉语的中－日－欧外来词"分类范畴，认为"民族"是日语在翻译英文词语时使用汉字组成的词语，属于"来自现代日语的外来词"。⑤ 但

---

① 沈松侨：《近代中国民族主义的发展——兼论民族主义的两个问题》，载《政治与社会哲学评论》2008 年第 3 期。

② 林耀华：《关于"民族"一词的使用和译名的问题》，载《历史研究》1963 年第 2 期。

③ 金天明、王庆仁：《"民族"一词在我国的出现及其使用问题》，载《社会科学辑刊》1981 年第 4 期。

④ 松本真澄：《中国民族政策之研究——以清末至 1945 年的"民族论"为中心》，鲁忠慧译，北京：民族出版社，2003 年，第 48 页。

⑤ 参见刘禾：《跨语际实践——文学、民族文化与被译介的现代性》，宋伟杰等译，北京：生活·读书·新知三联书店，2002 年，第 395 页。

近年来，随着新史料的不断出现，这一论断也开始受到质疑。有学者证明，中文里的"民族"一词最晚到 1837 年时已经出现，很可能是西方来华传教士所发明，戊戌维新以后日本用法传入中国，此词遂得以流行开来。[①] 也有一些学者考证，"民族"一词在古代汉语里已经出现，其含义"既指宗族之属，又指华夷之别"，最早的例证可以上溯到《南齐书》中的"今诸华士女，民族弗革"和唐人李荃《太白阴经》序中的"倾宗社、灭民族"。[②] 由此可见，"民族"一词并非近代由日本舶来，而是中国古代文献中的固有名词。不过，在中国古代文献中，民族主要指一种以血缘为基础的人类共同体，即宗族，这和现代西方的民族一词的含义并不相同。因此，有学者指出，现代意义上"民族"一词"在中国之广泛流传，则是迟至 20 世纪初期之事，而此时一般所使用者，却与上述的语言先例略无瓜葛，而是借自明治维新时期日本知识分子拼凑'民'、'族'二字，以对译西文 nation 一词所成的汉语新词。易言之，吾人今日习用之'民族'一词，实为一翻译名词，也是 19、20 世纪之交、中、西、日等不同文化系统间跨语际（translingual）文化实践的特殊产物。"[③] 认为"民族"一词虽然古已有之，但现代意义上的"民族"一词为翻译 nation 一词所出现的汉语新词。不过，一些学者认为把 nation 翻译成为"民族"并不恰当，而应译为"国族"更合适。例如，宁骚在《民族与国家》一书中就指出：把"中华民族"译成英文的"Chinese nation"，使"民族"与"nation"对应起来……现在，世界各国都普遍地在'全体国民形成一个统一的国族'这一含义上使用民族（nation）一词。"[④] 而"国族"这一词语，近年来也在人类学、民族学、政治学、社会学等领域被广泛使用。

上述对"民族"一词的辨析说明，不仅中国传统的民族主义思

---

① 参见黄兴涛：《"民族"一词究竟何时在中文里出现?》，载《浙江学刊》2002 年第 1 期。

② 参见郝时远：《中文"民族"一词源流考辨》，载《民族研究》2004 年第 6 期。

③ 沈松侨：《近代中国民族主义的发展——兼论民族主义的两个问题》，载《政治与社会哲学评论》2008 年第 3 期。

④ 宁骚：《民族与国家》，北京：北京大学出版社，1995 年，第 13 - 14 页。

想和西方近代民族主义思想有别，中国传统上对"民族"一词的理解也和英文中的 nation 一词含义不同。而在西方近代民族主义思想的影响下，近代中国人对"民族"一词的理解也开始出现变化。特别是在 19 世纪末到 20 世纪初期，从日本舶来的西方民族思想对中国人的民族观念影响尤为巨大。这可以从辛亥革命时期中国民族主义思想的代表人物孙中山和章太炎的民族主义思想发展中得到印证。例如，孙中山就曾经说过："余之谋中国革命，其所持主义，有因袭吾国固有之思想者，有规抚欧洲之学说事迹者，有吾所独见而创获者"①，来说明中国传统的民族主义思想、西方近代民族主义思想，以及自己的"独见而创获者"，为其民族主义思想的主要来源。

另外一位辛亥革命时期民族主义思想的重要倡导者和实践者章太炎也曾经有过类似表述。1906 年 7 月 15 日，章太炎在东京留学生欢迎会上发表演说，一开始就说："兄弟少小的时候，因读蒋氏《东华录》，其中有戴名世、曾静、查嗣庭诸人的案件，便就胸中发愤，觉得异种乱华，是我们心里第一恨事。后来读郑所南、王船山两先生的书，全是那些保卫汉种的话，民族思想渐渐发达。但两先生的话，却没有甚么学理。自从甲午以后，略看东西各国的书籍，才有学理收拾进来，当时对着朋友，说这逐满独立的话，总是摇头，也有说是疯颠的，也有说是叛逆的，也有说是自取杀身之祸的。但兄弟是凭他说个疯颠，我还守我疯颠的念头。"②

章太炎的自述，形象地阐述了辛亥革命时期知识分子在西方民族主义思想舶来后，受到影响，从传统的族类思想转化为比较系统化和理论化的近代民族主义思想的过程。不过，中国传统民族主义在近代并没有完全消失，而是与舶来的西方民族主义思想混合在一起，这也造成了近代中国民族主义话语复杂和矛盾的一面。

此外，中国近代知识分子对西方民族主义思想的理解在很大程度上受到日本的影响。1901 年 9 月，清政府谕令全国，要求各地将

① 孙中山：《中国革命史》，《孙中山全集》第 7 卷，中华书局，1985 年，第 60 页。
② 汤志钧编：《东京留学生欢迎会演说辞》，《章太炎政论选集》上册，中华书局，1977 年，第 269 页。

省城书院改设大学堂，府厅直隶州均设中学堂，加快了旧式科举教育向近代新式教育的转变。与此同时，中国发生了近代第一次留学高潮。大批青年知识分子迫切要求去国外留学，寻找新的出路，其中以到日本的中国留学生最多。这些留学生很多都接受了西方传播到日本的近代民族主义思想，而日本也成为"排满革命"的"重镇"。不过，近代日本人对 nation 的理解和翻译本身就存在一个变异的过程，而受此影响，这一时期中国人的民族观念也有很大的差异，并且通过不同的民族主义话语体现出来。这也造成了近代中国民族主义话语的多元性特征。

　　根据现有资料考证，近代日本人对"民族"的理解最早也同"种族"相等，因此产生了狭隘的民族国家观念。如 1875 年福泽谕吉在《文明论概略》里就以"种族"替代"民族"，其对 Nationality（国体）一词的解释是："指同一种族的人民在一起同安乐共患难，而与外国人形成彼此的区别。"[1] 福泽谕吉的论述是对西方单一民族国家观念的认同，其思想对日本现代民族国家的形成以及对中国近代民族主义话语都产生了很大的影响。

　　受从日本舶来的狭隘西方民族主义观念的影响，"民族"一词在进入中国之初，大多数人都将其理解为一种以血缘为基础的人类共同体，从而和种族主义等同；而所谓的民族国家，也自然就是单一民族国家。由于当时国内存在着严重的满汉对立与矛盾，这一观念很快为革命派所接受，并且宣称"满汉异种"，"吾人欲救中国之再亡，当以先除满虏后拒列强为不二之法门，此汉人之革命，有万不容缓者也"。[2] 因此，在很长的一段时间里，辛亥革命时期的革命派都大力宣扬"驱除鞑虏"、"恢复中华"的口号，强调"排满"与

---

　　① 参见福泽谕吉：《文明论概略》，北京编译社译，北京：商务印书馆，1995 年，第 19 页。郝时远认为：在《文明论概略》的中文译本中，有关"国体"论述中出现了"日耳曼民族"、"北方野蛮民族"之类的用语，但这是中文翻译时取代原文"种族"的结果，该书的日文原文并没有"民族"一词。参见郝时远《中文"民族"一词源流考辨》，载《民族研究》2004 年第 6 期。

　　② 德如：《中国人之特别思想》，见章开沅、罗福惠编《辛亥革命史资料新编》第 5 卷，武汉：湖北人民出版社，2006 年，第 439 页。

"光复"革命。这一方面是对中国固有的传统民族主义思想的继承，也是接受将"民族"与"种族"等同的狭隘西方民族主义观念的结果，同时在很大程度上还是革命者的一种政治策略。

这种宣传突出清政府的"鞑虏"背景，强调满汉不能并立，因此具有强烈的种族主义色彩，而革命者将中国传统的"华夷"观念融入到近代的民族主义中，其目的就是要激发汉族狭隘的种族主义思想，从而增强推翻清朝政府的革命力量。如青年革命家邹容在《革命军》中说："吾今与同胞约曰：张九世复仇之义，作十年血战之期，磨吾刃，建吾旗，各出其九死一生之魄力，以驱逐凌辱我之贼满人，压制我之贼满人，屠杀我之贼满人，奸淫我之贼满人，以恢复我声明文物之祖国，以收回我天赋之权利，以挽回我有生以来之自由，以购取人人平等之幸福。"①

从历史作用来看，这种"诉诸于汉人的民族感情"的革命策略，在革命的初期，"使众易喻，故鼓吹之力綦大"②。特别是在动员以汉族为主的海外留学生和华侨的革命意识上，起到了很大的激励作用。

不过，这种建立于"华夷"观念基础之上的种族意识显然同正在从"自在"向"自觉"转化的中华民族共同体意识之间存在深刻的冲突，从而引起了国人的争议。一些知识分子在解释"民族"概念的时候，更强调民族是一种文化共同体，因此认为"同血统者谓之同种族，不必同血统而能同文化者，谓之同民族。"③ 同时，这种狭隘的民族观念同近代国人的国家认同之间也存在无法调和的矛盾，因此从一开始就受到了有识之士的批判。例如，杨度虽然认为民族主义就是种族主义，但他同时指出了这种民族主义观念对于当时中国的危害，认为这必将导致国家分裂。因此，杨度反对以狭隘的民族主义立国，而主张"五族合一"、"国民统一"，推崇以"国家主

---

① 邹容：《革命军》，北京：华夏出版社，2002 年，第 32 页。
② 梁启超：《清代学术概论》，上海：上海古籍出版社，1998 年，第 95 页。
③ 杨度：《〈中国今世最宜之政体论〉附识》，《杨度集》，长沙：湖南人民出版社，1986 年，第 398 页。

义立国，以国家为国民之国家，非君主之国家"。①

杨度所说的"国民"，同样是当时日本人在翻译西方民族主义思想时使用的词语，并随后传入中国。近代日本人曾经翻译了大批西方论著介绍民族主义思想，其中一部重要的著作即加藤弘之、平田东助等翻译的瑞士政治学家伯伦知理（Bluntchli Johann Caspar）的《国法泛论》。伯伦知理认为民族是指同一种族之民众，国民是指同一国土内之民众。他以当时的日耳曼民族分散为德国、瑞士和奥地利等不同的国家和美国人来自不同的民族为例证，认为一个民族国家可以由不同民族的国民共同建立，一个民族也可以形成不同的国家。而这一观点是对当时西欧流行的单一民族—国家理论（one nation, one state）的质疑。伯伦知理的观念在当时的日本和中国均产生了很大的影响。如杨度就明确宣扬"五族合一"的思想，认为"今日中国之土地，乃合五族之土地为其土地；今日中国之人民，乃合五族之人民为其人民，而同集于一统治权之下，以成为一国者也。"② 其思想主张和伯伦知理的"国民"说立场十分相近。

杨度等人的"国民"说，比起革命派强调"排满"与"光复"的"种族革命"思想已经有了明显的进步。但是，"国民"说是建立在承认"民族"等同"种族"的基础之上，其对国家的认同只突出了 nation 中政治统一性与地域一体性的方面，却忽视了 nation 中民族认同的方面，因此其思想主张仍然无法满足近代中国建立民族国家的历史诉求。而真正解决这一问题的，当是梁启超等人对"民族"一词的广义阐释，以及对"中华民族"一词的提倡与认同。

二、梁启超的民族主义思想与中华民族共同体意识的形成

在中国近代文化史上，梁启超是最早在较为明确的中国各族一体观念的层面上运用"民族"一词的学者之一。当代学者李喜所认为，在梁启超提出中华民族一词之前，中国人基本上没有现代的民族观念。所谓的"华夏"、"汉人"、"唐人"、"炎黄子孙"等称谓，

---

① 杨度：《金铁主义说》，《杨度集》，长沙：湖南人民出版社，1986 年，第 259 页。
② 杨度：《金铁主义说》，《杨度集》，长沙：湖南人民出版社，1986 年，第 302 页。

以及中国人一直强调的"华夷之辨"、"夷夏之防",集中反映的是一种相对狭隘的朴素的种族意识。而外国人将中国称之为"大秦"、"震旦"、"支那"等,这些也都不是现代意义上的民族国家的称谓。中国先进的思想家只有在 1840 年鸦片战争之后,尤其是 1894 年中日甲午战争之后,才在"保国"、"保种"的救亡图存压力迫使下,去思考作为一个整体存在的中国民族危机与相关的国族认同问题。这其中,严复的《天演论》较早传递出一种世界民族之间相互竞争的族群理念,从而使国人意识到"合群"的重要性。不过,严复并没有进一步介绍西方的民族主义理论。而真正沿着严复"保种"、"合群"的思路,以现代民族主义理论来思考中国民族问题的是梁启超。1898 年秋,梁启超流亡日本之后,比较系统地研究了欧洲的民族主义论著,并结合中国的实际,提出了许多发人深省的新见解。李喜所因此认为:"中国人由朴素的种族意识转为现代的民族理念是在 20 世纪初年逐步完成的。其间,梁启超首当其冲,开风气之先。他通过持之以恒的介绍、宣传,遂成为中国现代民族主义的奠基者。"①

早在戊戌变法时期,梁启超已初步形成对外抵制外族侵略、对内实现族类团结的民族意识。梁启超积极主张,中国四万万"轩辕之胤"应耻于"为臣为妾为奴为隶为牛为马于他族"②,并且告诫"海内外同胞"要合群自强,认为"群者,天下之公理也"③。梁启超的这种民族思想已经比较清晰地反映在世界各国的竞争中,在西方列强的侵略下,中国各民族应该合群一体,才能振兴和自强的民族意识。1899 年,梁启超在《东籍月旦》一文中,率先使用现代意义上的"民族"一词。他在评介当时一些有影响的世界史著作时称,这些论著"于民族之变迁,社会之情状,政治之异同得失"论述的

---

① 李喜所:《中国现代民族观念初步确立的历史考察——以梁启超为中心的文本梳理》,载《学术月刊》2006 年第 2 期。

② 梁启超:《知耻学会叙》,《饮冰室合集》文集之二,北京:中华书局,1989 年,第 67 页。

③ 梁启超:《说群序》,《饮冰室合集》文集之二,北京:中华书局,1989 年,第 4 页。

非常详尽。① 而在 1901 年发表的《中国史叙论》一文中，梁启超多次使用"中国民族"一词，将中国民族的历史划分为三个时代："第一上世史，自黄帝以迄秦之一统，是为中国之中国"；"第二中世史，自秦统一后至清代乾隆之末年，是为亚洲之中国"；"第三近世史，自乾隆末年以至于今日，是为世界之中国"，并认为近世"即中国民族合同全亚洲民族与西人交涉、竞争之时代也"。② 该文中的"中国民族"一词，有时用来指称汉族，有时则是将其作为具有共同历史文化背景的中国各民族的总称，而在后一种表述中，其实已经隐含了各民族凝聚成民族共同体的思想。

同时，梁启超也是最早在中国提出建立现代民族国家，并比较系统地阐释现代民族主义概念的人。现代民族主义源自于 18 世纪首先兴起于西欧的"民族主义"运动，具有明确的现代性背景，其主要内涵是现代民族共同体和现代政治共同体的统一，也就是在国际关系中，建立具有政治主权的民族国家（nation－state），在国内民众中，确立不同于封建专制等级制度的现代公民身份。20 世纪前后，随着现代化浪潮在世界范围的不断壮大，这种源自欧洲的现代民族国家的观念也逐渐影响到包括亚洲在内的世界各地。而梁启超无疑是最早对于这一现代民族主义内涵进行准确理解与阐释的中国学者。早在 1901 年，他就在《国家思想变迁异同论》一文中宣传说："民族主义者，世界最光明正大公平之主义也。不使他族侵我之自由，我亦毋侵他族之自由。其在于本国也，人之独立；其在于世界也，国之独立。使能率由此主义，各明其界限以及于未来永劫，岂非天地间一大快事"③，从民族独立、国家主权与公民身份三个方面对现代民族主义内涵进行了说明。在西方现代民族主义观念中，"民族和

　　① 梁启超：《东籍月旦》，《饮冰室合集》文集之四，北京：中华书局，1989 年，第 94 页。

　　② 梁启超：《中国史叙论》，《饮冰室合集》文集之六，北京：中华书局，1989 年，第 11－12 页。

　　③ 梁启超：《国家思想变迁异同论》，《饮冰室合集》文集之六，北京：中华书局，1989 年，第 20 页。

国家注定是连在一起的；哪一个没有对方都是不完整的"①。现代民族主义发展的一个重要目标就是对外实现建立民族国家的政治要求，对内实现由专制时代的臣民转化为现代共和国家中的国民。对于这一点，梁启超有很清醒的认识，所以他始终把建立现代民族国家作为中国民族主义的最终目标和中国强大的唯一路径。在梁启超看来，如果仅具备同一地域、风俗、语言、文字等自在的地域和文化特征，而没有独立的民族国家来保证，那么一个民族是无法实现独立和自强的。同样，传统意义上的旧式"国家"，或者由君主贵族专制，或者将国家与政府等同起来，这样的国家，其实质上是一家一姓、或少数利益集团和权贵把持的国家，并不符合现代的民族国家理念，现代的民族国家，必须是属于全社会国民的国家。所以，梁启超解释说："古代之国，渊源于市府，中世之国，成立于贵族。十八世纪专制时代，认政府为国家，法兰西大革命之时，同国家于社会。凡此皆与民族之关系甚浅薄者也。自千八百四十年以后，而民族建国之义乃渐昌。虽或间遇抵抗，或稍被制限，而其势力之不可侮，则固已为有识者所同认矣。"②

随后，梁启超又发表《论民族竞争之大势》，再次强调："近四百年来，民族主义日渐发生，日渐发达，遂至磅礴郁积，为近世史之中心点，顺兹者兴，逆兹者亡。"③并明确指出："今日欲救中国，无他术焉，亦先建设一民族主义之国家而已。以地球上最大之民族，而能建设适于天演之国家，则天下第一帝国之徽号，谁能篡之？而特不知我民族有此能力焉否也。有之则莫强；无之则竟亡。间不容发，而悉听我辈之自择。"④ 第一次明确提出了在中国建立现代民族

---

① 厄内斯特·盖尔纳：《民族与民族主义》，韩红译，北京：中央编译出版社，2002年，第9页。

② 梁启超：《政治学大家伯伦知理之学说》，《饮冰室合集》文集之十三，北京：中华书局，1989年，第72页。

③ 梁启超：《论民族竞争之大势》，《饮冰室合集》文集之十，北京：中华书局，1989年，第10页。

④ 梁启超：《论民族竞争之大势》，《饮冰室合集》文集之十，北京：中华书局，1989年，第35页。

国家的想法。

进而，梁启超在 1902 年发表的《中国学术思想变迁之大势》中，率先运用"中华民族"一词。他写道："齐，海国也。上古时代，我中华民族之有海权思想者，厥惟齐。故于其间产出两种观念焉：一曰国家观，二曰世界观。"这是"中华民族"一词第一次出现在历史记载中。不过，这里的"中华民族"，指的是从古华夏族发展而来的汉民族。梁启超解释说："中华建国，实始夏后。古代称黄族为华夏，为诸夏，皆纪念禹之功德，而用其名以代表国民也"。可见，这里的"中华民族"，和梁启超在其他文章中多次使用的"黄族"、"华族"一样，是对汉民族的专指，和具有共同体性质的"中华民族"称谓内涵并不等同。同时，在《中国学术思想变迁之大势》中，梁启超对"中华"一词进行了解释："立于五洲中之最大洲而为其洲中之最大国者，谁乎？我中华也；人口居全地球三分之一者，谁乎？我中华也；四千余年之历史未尝一中断者，谁乎？我中华也。"[1] 可以看出，这里"中华"一词，不仅可以用来指称地理国度，也同时可以概括居住其间的人民与一脉相承的历史文化。

此后，梁启超又进一步对"中华民族"一词的内涵进行了明确的界定。他特别指出："地与血统二者，就初时言之。如美国民族，不同地、不同血统，而不得不谓之一族也。伯氏原书论之颇详。"[2] 此段文字中的"伯氏"即指瑞士政治学家伯伦知理（Bluntchli Johann Caspar）。戊戌变法失败后，梁启超东渡日本，并较早接触到日本人翻译的伯伦知理的《国法泛论》，受到很大影响。其中，伯伦知理关于"美国民族，不同地、不同血统，而不得不谓之一族"的说法给了梁启超极大的启发。梁启超据此认为，对"中华民族"的界定，也应该像美国民族一样，尽管来自不同的地域，具有不同的血统，但是只要具有共同的历史文化背景，即属于一个共同的民族范畴。正是在这种民族认同观的基础上，梁启超提出了大民族主义的

① 梁启超：《中国学术思想变迁之大势》，载《新民丛报》第 22 号，1902 年。
② 梁启超：《政治学大家伯伦知理之学说》，《饮冰室合集》文集之十三，北京：中华书局，1989 年，第 75 页。

观点。他说："吾中国言民族者，当于小民族主义之外，更提倡大民族主义。小民族主义者何？汉族对于国内他族是也。大民族主义者何？合国内本部属部之诸族以对于国外之诸族是也。"随后，他进一步提出："自今以往，中国而亡则已，中国而不亡则此后所对于世界者，势不得不取帝国政略，合汉、合满、合回、合苗、合藏，组成一大民族，提全球三分有一之人类，以高掌远跖于五大陆之上，此有志之士所同心醉也。"① 显然，这个时候的梁启超，已经较早地意识到在新的世界范围和时代背景下，中国域内的各个民族必须抛弃传统的"狭隘的民族复仇主义"，在共同的历史文化背景下集结成一个以"小民族"有机联合为基础的"大民族"，才能够独立自强于世界之林。

之后，在 1905 年发表的《中国历史上民族之观察》一文中，梁启超进一步断言："中华民族自始本非一族，实由多民族混合而成"，并从历史演变的角度分析了中国民族的多元一体形成。此后，梁启超更是致力于"史学革命"，希望通过"新史学"传达的历史文化精神，促进中国的民族认同。他在随后发表的《新史学》一文中，创造性地提出用族群竞争的进化理论来阐释历史，并且提出了三条思路："第一，历史者，叙述进化之现象也"；"第二，历史者，叙述人群进化之现象也"；"第三，历史者，叙述人群进化之现象而求得其公理公例者也"。② 当代学者李喜所认为："这里所谓的人群进化，实质上也就是民族进化。"③ 而梁启超这种不依地域、血统为标准，强调共同历史文化因素的民族认同观，其实已经非常接近此后的中华民族共同体意识。

此后，中华民族共同体意识逐渐为国人所接受。在随后掀起的立宪运动中，一些有识之士已经认识到片面强调民族文化差异的弊

① 梁启超：《政治学大家伯伦知理之学说》，《饮冰室合集》文集之十三，北京：中华书局，1989 年，第 76 页。

② 梁启超：《新史学》，《饮冰室合集》文集之九，北京：中华书局，1989 年，第 7－10页。

③ 李喜所：《中国现代民族观念初步确立的历史考察——以梁启超为中心的文本梳理》，载《学术月刊》2006 年第 2 期。

端所在，因此，他们更强调中国各民族共同的历史文化背景。立宪运动刻意消除以满汉畛域为代表的国内各民族间的不平等，强调"满汉融和"、"五族大同"，希望国内各民族合群保种，并将民族问题与立宪紧密结合起来。立宪运动的民族思想和政治实践，对现代中华民族意识在文化观念上的进一步形成，产生了巨大的影响。

1907 年 7 月 31 日，曾出国考察宪政的两江总督端方代奏李鸿才"条陈化除满汉畛域办法八条折"，认为"宪政之基在弭隐患，满汉之界宜归大同"，强调"欲弭此患，莫若令满汉大同，消弭名称，浑融畛域。明示天下无重满轻汉之意，并无以满防汉之心，见诸事实，而不托诸空言。"并提出了"满汉刑律宜归一致"、"满汉通婚宜切实推行"、"满汉分缺宜行删除"、"满洲人士宜姓名并列"、"驻防与征兵办法宜归一律"等具体办法。① 同年 8 月 10 日，清廷特谕"内外各衙门妥议化除满汉畛域切实办法"。此后，强调国内各民族融和与各民族之间内在联系的奏折不断上达朝廷。如满人御史贵秀就奏称："时至今日，竞言合群保种矣，中国之利害满与汉共焉者也。夫同舟共济，吴越尚且一家，况满汉共戴一君主，共为此国民，衣服同制，文字同形，言语同声，所异者不过满人有旗分无省分，汉人有省分无旗分耳。"② 在这里，贵秀以满人御史的身份指出了满汉的差异不过是"有旗分无省分"和"有省分无旗分"的差异，而二者皆拥戴同一君主，且为同一国民，在衣服、语言文字等诸多方面都保持一致，因此就像吴越一家一样，在文化上并无区别。另外，举人董芳三则在其奏折中将满汉的关系比喻成同山诸峰、同水异流的关系。他认为："盖亚洲之有黄种，若满洲，若蒙古，若汉人，洪荒虽难记载，族类殖等本支。如山之一系列峰也，水之同源异派也，禾之连根歧穗也，本之合株散枝也。一而数，数而一，既由分而合，

---

① 《两江总督端方代奏李鸿才条陈化除满汉畛域办法八条折》，见故宫博物院明清档案部编《清末筹备立宪档案史料》下册，北京：中华书局，1979 年，第 915 页。
② 《御史贵秀奏化除满汉畛域办法六条折》，见故宫博物院明清档案部编《清末筹备立宪档案史料》下册，北京：中华书局，1979 年，第 922 页。

讵能合而为分也。"① 这种在承认差别发展的基础上更强调共同根源的观点，说明了时人在中华民族共同体问题上已经具备了比较自觉和成熟的文化思想观念。

与此同时，一批满族留日学生还在日本东京和北京分别创办了《大同报》和《北京大同日报》，宣传"满汉人民平等，统合满、汉、蒙、回、藏为一大国民"，提倡"五族大同"、"满汉融和"。他们认为："国兴则同受其福，国亡则俱蒙其祸，利害相共，祸福相倚，断无利于此而害于彼之理……又岂独满汉为然也。凡居于我中国之土地，为我中国之国民者，无论蒙、藏、回、苗，亦莫不然。我有同一之利害，即亦不可放弃救国之责任也。惟独满汉风俗相浸染，文化相熏浴，言语相糅合，人种相混合程度较各族为高，关系较各族为切，则负救国之责任，尽国之义务，亦不得不较各族为重。"② 一些受到日本民族学说影响的人还进一步区别了民族与种族的概念，认为民族以"文明同一"为主要认定尺度，"种族则以统一之血系为根据。"在这个基础上，他们大胆指出，满汉并非为两个民族，而是属于同一个民族，因为民族与种族不同，它是"历史的产物也，随时而变化，因世而进化……故民族以文明同一而团结，而种族则以统一之血系为根据，此民族与种族又不可不分也。"所以，他们认定不仅"满汉至今日则成同民族异种族之国民矣"，甚至整个"中国之人民，皆同民族异种族之国民也"。③ 可以说，立宪运动中体现出来的中华民族共同体意识，更强调中国各民族"文明同一"，在文化认同上的一致性，这比起当时那些只看重民族间的差异，却忽略共同的历史文化根源的观点，已经是十足的进步。

---

① 《举人董芳三条陈为辟排满说并陈和种三策以弥离间呈》，见故宫博物院明清档案部编《清末筹备立宪档案史料》下册，北京：中华书局，1979 年，第 931 页。
② 乌泽声：《论开国会之利》，载《大同报》第 4 号。
③ 乌泽声：《满汉问题》，载《大同报》第 1 号。

第三节 辛亥革命时期的中华民族认同

在辛亥革命的发展过程中，以孙中山三民主义思想的形成为标志，民族平等、民族融合和"五族合一"的民族主义思想，逐渐取代了"革命排满"的民族主义思想。这一过程，是近代民族主义思想取代传统民族主义思想的过程，也是广义的民族主义思想取代狭义民族主义思想的过程，同时还是文化民族主义与政治民族主义结合，国家认同与民族认同结合的产物。这种民族主义思想与实践，极大地推动了中华民族从"一个自在的民族实体"向"一个自觉的民族实体"转变，对中华民国初期中华民族的认同发挥了至关重要的影响。

一、从"革命排满"到三民主义

辛亥革命时期，梁启超的建立民族国家和"中华民族"认同思想，以及杨度的"五族合一"、"国民统一"主张，都深刻影响了革命派的民族观念。实际上，对于建立现代民族国家的中国，无论是以孙中山、章太炎为首的革命党人还是以梁启超、杨度为代表的君主立宪党人，已经达成了基本共识。例如，当时发表在《浙江潮》上的一篇文章《民族主义论》就宣扬："惟民族的国家，乃能发挥其本族之特性；惟民族的国家，乃能合其权以为权，合其志以为志，合其力以为力，盖国与种相济者也。"[①] 但是对于在中国建立的民族国家应该隶属于什么民族，是单一民族（汉族）的，还是多民族共同的（民族共同体），不同的政党和个人却一直存在异议。以梁启超和杨度为代表的君主立宪党人，在"中华民族"和"五族合一"、"国民统一"的思路下，都主张建立多民族共同组建的现代国家。而在"革命排满"思潮的影响下，许多革命党人认为应该建立单一的汉族民族国家，如柳亚子在《复报》发表文章，认为："人种的起源，各各不同，就有种族的分别，凡是血裔风俗言语同的，是同民

---

① 余一：《民族主义论》，载《浙江潮》1903 年第 1 期。

族，血裔风俗言语不同的，就不是同民族。一个民族当中，应该建设一个国家，自立自治，不能让第二个民族占据一步"，否则"就要做人家的奴隶，子子孙孙不能见天日了"。① 发表于《浙江潮》上的《民族主义论》一文更是激烈地宣称："一国之内而容二族，则舍奴隶以外，无以容其一，否则灭之，否则融之化之而已。"② 不过，即使在革命派内部，对狭隘的民族观念的态度也一直存在分歧。章太炎等人主张革命就是"排满"，将革命简单地理解为狭隘的民族革命。而陈天华等人则主张民族革命与政治革命并行，否认革命就是单纯的"排满光复"，认为应该在推进民族文化认同的基础上，以建立共和制度的民族国家为革命的最终政治目标。正如陈天华在《绝命辞》中所强调的"鄙人之排满也，非如倡复仇论者所云，仍为政治问题也"，所以，对于满洲民族，应"许为同等之国民"。③ 随着革命的深入，革命派日渐认识到，单纯强调"排满"与"光复"的宣传已经无法适应辛亥革命在政治革命和社会革命上的目标，反而会激发国内少数民族的对抗情绪，并且无法得到改良派和立宪派的认同和支持。例如，1905 年到 1907 年间，代表君主立宪派和资产阶级改良派主张的《新民丛报》与革命派的宣传阵地《民报》曾经就在中国如何建立民族国家等问题爆发激烈的论战。在论战中，梁启超旗帜鲜明的主张"大民族主义思想"，对孙中山等革命派产生了很大的影响。在此情况下，以孙中山为代表的革命派体现了自己的远见卓识，他们不仅撰文批评狭隘的大汉族主义，明确指出"革命排满"并不是排斥所有满族，而是"满族中爱新觉罗之一姓"④，并且接受了梁启超等改良派提出的"大民族主义思想"，以及立宪派杨度倡导的"五族合一"、"国民统一"思想，并在此基础上，最终提出了"五族共和"和三民主义的民族主义思想。

作为辛亥革命时期中国民族主义的重要倡导者和实践者，孙中

---

① 柳亚子：《民权主义！民族主义！》，载《复报》1907 年第 9 期。
② 余一：《民族主义论》，载《浙江潮》1903 年第 1 期。
③ 陈天华：《绝命辞》，《陈天华集》，长沙：湖南人民出版社，1958 年，第 236 页。
④ 阕民：《仇一姓不仇一族论》，载《民报》1908 年第 19 期。

山的民族主义思想，始终是多种观念综合的结果，而且在一系列建立近代民族国家的社会实践中，他所倡导的民族主义的内容也在不断转变。孙中山早期主张"种族之辨"与民族同化，是受到了传统民族主义中"夷夏之辨"观念和西方狭义民族主义思想的影响；后来主张"五族共和"与"民族融合"，是在广义的民族主义思想支配下，将文化民族主义与政治民族主义融合在一起的产物；晚年的孙中山还提出了民族自决、民族平等等主张，试图为实现中华民族的多元一体进行进一步的探索，其主张更加倾向于将国家认同和民族认同结合起来的国族主义思想。可以说，孙中山在民族主义发展方面的思想与实践，极大地推动了中华民族从"一个自在的民族实体"向"一个自觉的民族实体"转变，并从文化与政治层面，对中国现代民族国家的构建及中华民族的形成发挥了至关重要的影响。

在孙中山民族主义观念的衍变过程中，除了对中国固有的传统民族主义的继承之外，也一直受到西方近代民族主义思想的影响。孙中山认为，"恢复了我们固有的道德、知识和能力，在今日之世，仍未能进中国于世界一等的地位，如我们祖宗之当时世界之独强的。恢复我一切国粹之后，还要去学欧美之所长，然后才可以和欧美并驾齐驱。如果不学外国的长处，我们仍要退后。"[1] 他在 1896 年给英国汉学家翟理斯（H. A. Giles）的信中也说："夫仆也，半世无成，壮怀未已。生于晚世，目不得睹尧舜之风，先王之化，心伤鞑虏苛残，生民憔悴，遂甘赴汤火，不让当仁，纠合英雄，建旗倡义。拟驱除残贼，再造中华，以复三代之规，而步泰西之法，使万姓超甦，庶物昌运，此则应天顺人之作也。"[2] 在这里，孙中山表示，要将"复三代之规"与"步泰西之法"结合起来，来实现"再造中华"的政治目标。

从孙中山个人经历来看，长期在海外漂泊的孙中山一直受西方

---

① 孙中山：《民族主义》，《孙中山选集》，北京：人民出版社，1981 年，第 688 – 689 页。

② 孙中山：《复翟理斯函》，《孙中山全集》第 1 卷，北京：中华书局，1981 年，第 46 页。

近代文明的影响，并且早在 1890 年的《致郑藻如书》和 1894 年的《上李鸿章书》中就提出应该效法西方国家进行资产阶级改良。在上述改良建议没有被清廷采纳之后，孙中山感觉到"和平方法无可复施"，"不得不稍易以强迫"①，于是思想也从和平改良转向武力革命。此后，孙中山长期在日本、美国、英国等旅居，钻研西方文明理论，而这些理论也成为孙中山革命思想的重要来源。孙中山认为，对于西方的长处，"如果能够迎头去学，十年之后，虽然不能超过外国，一定可以和他们并驾齐驱。"② 其中，近代日本的发展对孙中山的影响最大。孙中山认为："日本从前的文化是从中国学去的，比较中国低得多。但是日本近来专学欧美的文化，不过几十年便成世界中列强之一。"③ 所以，孙中山认为："如果中国能够学到日本，只要用一国便变成十个强国。到那个时候，中国便可以恢复到头一个地位。"④

孙中山在西方文明的影响之下，逐渐认识到未来中国要想作为一个民族国家实现复兴，必须实现主权在民，并且以共和制度为国家的政治体制。所以他 1903 年在檀香山演讲时明确提出："我们一定要在非满族的中国人之间发扬民族主义精神；这是我毕生的职责。这种精神一经唤起，中华民族必将使其四亿人民的力量奋起并永远推翻满清王朝。然后建立共和政体"。⑤ 并且一再表示："观于昏昧之清朝，断难行其君主立宪政体，故非实行革命、建立共和国家不可也。"⑥ 上述言论都说明了在西方近代民族主义思想的影响下，孙中山的民族主义思想已由单独的"排满革命"发展成推翻专制帝制，建立共和制度的民族国家。

---

① 孙中山：《伦敦被难记》，《孙中山全集》第 1 卷，北京：中华书局，1981 年，第 52 页。

② 孙中山：《民族主义》，《孙中山选集》，北京：人民出版社，1981 年，第 690 页。

③ 孙中山：《民族主义》，《孙中山选集》，北京：人民出版社，1981 年，第 690 页。

④ 孙中山：《民族主义》，《孙中山选集》，北京：人民出版社，1981 年，第 690 页。

⑤ 孙中山：《在檀香山正埠的演说》，《孙中山全集》第 1 卷，北京：中华书局，1981 年，第 227 页。

⑥ 孙中山：《在檀香山正埠的演说》，《孙中山全集》第 1 卷，北京：中华书局，1981 年，第 227 页。

1905 年，孙中山领导的中国同盟会在《军政府宣言》中再次明确宣称："惟前代革命如有明及太平天国，只以驱除光复自任，此外无所转移。我等今日与前代殊，于驱除鞑虏、恢复中华之外，国体民生尚当与民变革。虽经纬万端，要其一贯之精神，则为自由、平等、博爱。"[①] 明确提出今日的革命和"只以驱除光复自任"的"前代革命"不同，在"驱除鞑虏、恢复中华之外"，"尚当与民变革"。

《军政府宣言》中提出的"自由、平等、博爱"，来源于欧美自由、平等、博爱的思想，并且构成了孙中山民族观中民族平等的思想基础。孙中山认为中国革命的思想，是受到欧美自由、平等、博爱的新思想的影响才发生的，因此应该在中国传播这些欧美新思想。他说："中国革命思想，本来是由欧美的新思想发生的……欧美的革命思想是什么呢？就是大家所知道的自由、平等。自由平等是欧美近一百多年来最大的两个革命思想。在法国革命的时候，另外加了一个口号，叫做博爱。"[②] 在欧美资产阶级革命的自由、平等、博爱的思想基础之上，孙中山还进一步结合中国国情，提出民族主义、民权主义和民生主义的三民主义思想，并作为中国资产阶级的民族革命和民主革命的指导思想。他指出："吾党之三民主义，即民族、民权、民生三种。此三种主义之内容，亦可谓之民有、民治、民享，与自由、平等、博爱无异"。[③] 对此，孙中山解释说："三民主义就是救国主义"，"因为三民主义系促进中国之国际地位平等、政治地位平等、经济地位平等，使中国永久适存于世界。所以说三民主义就是救国主义。"[④] 按照孙中山的说法，"这三民主义，都是一贯的。一贯的道理，便是在打不平。民族主义，是对外打不平的；民权主义，是对内打不平的；民生主义是对谁打不平呢？是对富人打不平

---

　① 孙中山：《军政府宣言》，《孙中山选集》，北京：人民出版社，1981 年，第 77 页。

　② 孙中山：《孙中山全集》第 11 卷，北京：中华书局，1986 年，第 267 页。

　③ 孙中山：《在梧州对国民党员的演说》，《孙中山全集》第 5 卷，北京：中华书局，1985 年，第 628 页。

　④ 孙中山：《民族主义》，《孙中山选集》，北京：人民出版社，1981 年，第 616 页。

的"①。因此，从本质上说"三民主义就是平等和自由的主义"②。其中，三民主义中的民族主义思想，已经取代了辛亥革命早期的"种族之辨"思想，并且蕴涵了民族平等的内容。

对于孙中山三民主义中民族主义的内容，孙中山解释说："什么是民族主义呢？按中国历史上社会习惯诸情形讲，我们可以用一句简单话说，民族主义就是国族主义"，中国"因为一般人民只有家族主义和宗族主义，没有国族主义"，所以"中国人的团结力，只能及于宗族而止，还没有扩张到国族。"③ 因此，"我们要挽救这种危亡，便要提倡民族主义，用民族精神来救国。"④

而如何恢复民族的精神呢？孙中山认为，"我们今天要恢复民族的地位，便先要恢复民族的精神。我们想要恢复民族的精神，要有两个条件：第一个条件是要我们知道现在处于极危险的地位；第二个条件是我们既然知道了处于很危险的地位，便要善于用中国固有的团体，像家族团体和宗族团体，大家联合起来，成一个大国族团体……有了四万万人的大力量，共同去奋斗，无论我们民族是处于什么地位，都可以恢复起来。所以，能知与合群，便是恢复民族主义的方法。"⑤ 孙中山提出的"能知与合群"，便是民族的自觉认同与凝聚力，也就是民族精神的恢复。孙中山认为，只有"四万万人"都能够"能知与合群"，从而形成一个"中国固有的团体"，也就是"大家联合起来，成一个大国族团体"，"共同去奋斗"，民族主义才可以恢复。

在这里，孙中山特别将民族主义与国族主义等同起来，其目的就是要将民族认同与国家认同联系起来，并且与西方狭义的民族国家思想（单一民族，单一国家）相区别。所以孙中山在三民主义演

---

① 孙中山：《在广州对东路讨贼军的演说》，《孙中山全集》第9卷，北京：中华书局，1986年，第572页。

② 孙中山：《在桂林军政学七十六团体欢迎会的演说》，《孙中山全集》第6卷，北京：中华书局，1985年，第3页。

③ 孙中山：《民族主义》，《孙中山选集》，北京：人民出版社，1981年，第617页。

④ 孙中山：《民族主义》，《孙中山选集》，北京：人民出版社，1981年，第621页。

⑤ 孙中山：《民族主义》，《孙中山选集》，北京：人民出版社，1981年，第679页。

讲中指出：所谓的民族主义，"在中国可讲为国族主义，外国则不能也。民族主义外国人名称，以民族与国家混而为一……民族以自然力量造成者也；国家以政治力量（即武力）造成者也。"① 而如何让中国民众从家族主义和宗族主义发展到国族主义，孙中山提出了具体的办法，概括起来，就是从对共同的传统文化的继承和发扬，实现民族精神的复兴，进而达到民族主义的觉醒。也就是通过民族文化、民族精神和民族主义的三位一体的递进，在政治上实现大家对中国这个民族国家的认同，在文化上实现对中华民族的整体认同，从而形成强大的"国族"凝聚力。

因此，孙中山特别强调对中国固有道德与固有智能等中国传统文化精华的继承和发扬。他说："有了固有的道德，然后固有的民族地位才可以图恢复。"这个固有的道德，"首是忠孝，次是仁爱，其次是信义，其次是和平。"② 并且认为，"我们旧有的道德应该恢复以外，还有固有的智能也应该恢复起来。"所谓"固有的智能"，可分为"固有的知识"和"固有的能力"。孙中山说："我们现在要能够齐家、治国，不受外国的压迫，根本上便要从修身起，把中国固有知识一贯的道理先恢复起来，然后我们民族的精神和民族的地位才都可以恢复。"③ 除了恢复固有的知识，"还有固有的能力"。孙中山认为，中国人民在历史上有着很强大的创新和团结能力，但"因为后来失了那种能力，所以我们民族的地位也逐渐退化。现在要恢复固有的地位，便先要把我们固有的能力一齐都恢复起来。"④ 只有这样，才能够恢复中华民族的民族主义精神和民族地位。

孙中山从共同和固有的传统文化入手来激发中国人的国族主义，实质上也就是一种将文化民族主义与政治民族主义相结合的民族主义实践策略。而孙中山的三民主义思想，也就是将民族革命、政治革命与民主革命结合为一体的政治思想。

---

① 陈锡祺主编：《孙中山年谱长编》下册，北京：中华书局，1991年，第1793 – 1794页。
② 孙中山：《民族主义》，《孙中山选集》，北京：人民出版社，1981年，第680页。
③ 孙中山：《民族主义》，《孙中山选集》，北京：人民出版社，1981年，第687页。
④ 孙中山：《民族主义》，《孙中山选集》，北京：人民出版社，1981年，第688页。

对此，孙中山有着明确的认识。他在《在东京〈民报〉创刊周年庆祝大会的演说》中指出："我们推倒满洲政府，从驱除满人那一面说是民族革命，从颠覆君主政体那一面说是政治革命，并不是把来分作两次去做。"① 强调了民族革命与政治革命的两面一体。另外，在实行民族革命、政治革命的时候，"须同时想法子改良社会经济组织，防止后来的社会革命，这真是最大的责任。"② 由此可见三民主义思想中民生主义与民族主义、民权主义的高度关联。因此，孙中山曾从这一角度对三民主义进行总结。他说："民族主义，就是从国际上立平等地位；民权主义，就是要拿本国的政治，弄成到大家在政治上有一个平等地位，以民为主，拿民来治国家；民生主义，就是弄到人人生计上、经济上平等。那末这个样的三民主义，如果我们能实行，中国也可以跟到列强来进步，不久也可以变成一个富强的国家"。③

从坚持"革命排满"思想，发展为主张民族平等的三民主义思想，孙中山这种民族主义思想观念的变化，实际上是近代民族主义思想逐渐取代中国传统民族主义思想的结果。这从孙中山对民族和国家的理解上可以反映出来。孙中山认为，"民族是由天然力造成的，国家是用武力造成的"④，而所谓的天然力，则包括血统、生活、语言、宗教和风俗习惯，"这五种力，是天然进化而成的，不是用武力征服得来的。所以用这五种力和武力比较，便可以分别民族和国家"⑤。孙中山这种对民族形成的认识，显然是受到西方近代民族思想的影响。

可以说，由于受到西方民族主义运动的影响，孙中山的革命思

① 孙中山：《在东京〈民报〉创刊周年庆祝大会的演说》，《孙中山全集》第 1 卷，北京：中华书局，1981 年，第 325 页。

② 孙中山：《在东京〈民报〉创刊周年庆祝大会的演说》，《孙中山全集》第 1 卷，北京：中华书局，1981 年，第 326 页。

③ 陈锡祺主编：《孙中山年谱长编》下册，北京：中华书局，1991 年，第 1916 页。

④ 孙中山：《民族主义》，《孙中山选集》，北京：人民出版社，1981 年，第 618 页。

⑤ 孙中山：《民族主义》，《孙中山选集》，北京：人民出版社，1981 年，第 620 - 621 页。

想发生了变化。简单地说，就是从一味提倡"排满"和"光复"，变为强调民主和共和。在这个过程中，孙中山的民族主义观念也发生了变化。1906 年 12 月，孙中山在《民报》创刊周年庆祝大会上发表演说，重新阐述了"革命排满"的内在含义。他说："民族主义并非是遇着不同种族的人便要排斥他"，"惟是兄弟曾听见人说，民族革命是要尽灭满洲民族，这话大错"，"我们并不是恨满洲人，是恨害汉人的满洲人。假如我们实行革命的时候，那满洲人不来阻害我们，决无寻仇之理。"他还说："中国数千年来都是君主专制政体，这种政体，不是平等自由的国民所堪受的，要去这政体，不是专靠民族革命可以成功……我们推倒满洲政府，从驱除满人那一面说是民族革命，从颠覆君主政体那一面说是政治革命，并不是把来分作两次去做。讲到那政治革命的结果，是建立民主立宪政体。照现在的政治论起来，就算汉人为君主，也不能不革命。"[①] 显然，在孙中山看来，"排满"的民族革命仅仅是实现"民主立宪政体"的政治革命的一部分。是否进行革命的标准，在于政治制度的优劣与否，而不在于是以汉族为统治者的"正统"统治，还是以少数民族为统治者的"异族"统治。正因为此，当辛亥革命成功后，袁世凯窃取了革命政权，企图推翻民主立宪的制度，孙中山才不屈不挠地发动了二次革命。

　　孙中山等革命派知识分子民族主义思想的转变与当时的时代背景有着密切的联系。19 世纪末 20 世纪初，中国面临着日益严峻的边疆危机。由于中国边疆几乎都是少数民族居住区，因此如果革命党人还坚持"驱除鞑虏"、"革命排满"的立场，建立单一的汉族民族国家，一定会引发边疆地区的敌对与分裂，甚至会导致整个中国陷入战争和动乱的状态。这也是促使以孙中山为领袖的革命党人放弃之前的狭隘民族主义立场，提出"五族共和"思想并且认同中华民族这一概念的现实原因。而从历史实践的影响来看，"五族共和"和中华民族共同体思想的提出，在促进国人加强中华民族认同的同时，

① 孙中山：《在东京〈民报〉创刊周年庆祝大会的演说》，《孙中山全集》第 1 卷，北京：中华书局，1981 年，第 324 – 325 页。

也促进了边疆地区的稳定与发展，并且进一步保证了在推翻清朝政府统治后中国新生政权的稳固与国家领土的统一。

二、中华民国初期的中华民族认同

1912 年元旦，孙中山在《临时大总统宣言书》中郑重宣告："合汉、满、蒙、回、藏诸地为一国，则合汉、满、蒙、回、藏诸族为一人。是曰民族之统一。"[①] 这一宣言不仅在政治制度上确立了"五族共和"的合法性，也宣告了一个由中国多民族组成的共和制民族国家的确立。五族平等、五族共和被写入《中华民国临时约法》，成为根本大法："中华民国由中华人民组织之"，"中华民国领土为二十二行省、内外蒙古、西藏、青海"，"中华民国人民一律平等，无种族、阶级、宗教之区别"。[②] 这也是"五族共和"思想在政治上的正式表达。3 月 19 日，革命党领袖黄兴、刘揆一等领衔发起成立了"中华民国民族大同会"，后改称"中华民族大同会"，成为在当时影响最大的以民族平等融和为宗旨的社会组织。一些少数民族人士也参加了此会，并成为重要的发起人。5 月 12 日，"五族国民合进会"成立，选举总统府边事顾问姚锡光为会长，汉人赵秉钧、满人志钧、蒙人熙凌阿、回人王宽、藏人萨伦为副会长，黄兴、蔡元培等革命党元老和黎元洪、梁士诒、段祺瑞、袁克定等民国要员，以及满、蒙、藏、回等族数十名人参与其事。该会成立以后，在《申报》上连载"会启"，从历史文化渊源以及血统、宗教和地域的分析入手，论证了五族"同源共祖"的历史，指出"满、蒙、回、藏、汉五族国民，固同一血脉，同一枝派，同是父子兄弟之俦，无可疑者"。该会因此呼吁，在民国建立后，"万民齐等"，五族国民正好"各以其所有余，交补其所不足，举满、蒙、回、藏、汉五族国民合一炉以冶之，成为一大民族。"同时，在该会的"简章"中，

---

① 孙中山：《临时大总统宣言书》，《孙中山全集》第 2 卷，北京：中华书局，1982 年，第 2 页。

② 孙中山：《中华民国临时约法》，《孙中山全集》第 2 卷，北京：中华书局，1982 年，第 220 页。

还特别强调："我五族国民以外，西北尚有哈萨克一族，西南尚有苗瑶各族，俟求得其重要人员，随时延入本会"。① 这也表明，这一时期的"大民族"和"五族"的称谓不过是一种泛称，其实际的内涵，已经包括了中国各民族。

"五族共和"思想得到了少数民族知识分子的呼应与支持。1912年7月，回族教育革新家王宽发起成立中国回教俱进会。在《〈中国回教俱进会本部通告〉序》中，王宽写道："回汉相处，千载有余，而乃交哄时闻，感情恶劣，殊非五族一家之道。汉、满、蒙、回、藏，譬犹兄弟，操戈同室，贻笑外人。总宜相亲相近，且勿疑忌疑猜。"② 中国回教俱进会的分会遍及全国各地，成为中国穆斯林第一个全国性宗教团体，主张"兴教育、固团体、回汉亲睦"，体现了少数民族知识分子对中华民族的高度认同。

"五族共和"思想的出现，不仅对辛亥革命后新政权协调民族关系、消弭民族冲突和稳定边疆局势、维护国家统一方面起了重要作用，同时也标志着革命者的民族革命宗旨从"排满"到建立多民族统一国家的转变。在一些政治领袖和团体组织致力于"五族共和"的社会实践之时，当时的文化阶层也纷纷撰文考察，从历史文化方面证明中华各民族共同体的必然性。例如，1913年初，进步党人吴贯因在《庸言》上刊载了洋洋数万言的《五族同化论》一文，逐一论析了五族在历史文化上的混合性质，进而说明了各族之间互相渗透融合的历史。在进行了细致的历史文化考察之后，吴贯因进一步提出："今后全国之人民，不应有五族之称，而当通称为中国民族 Chinese nation，而nation 之义即有二：一曰民族，一曰国民，然则今后我四万万同胞，称为中国民族也可，称为中国国民也亦可。"③ 应该说，尽管没有使用"中华民族"一词，但是吴贯因的这种认识，仍然说明了当时国人对民族共同体的文化认同已经提升到了一个比较成熟的境界。

① 《姚锡光等发起五族国民合进会启》，《申报》1912年6月11日。
② 王宽：《〈中国回教俱进会本部通告〉序》，见白寿彝：《中国伊斯兰史存稿》，银川：宁夏人民出版社，1983年，第383－384页。
③ 吴贯因：《五族同化论》，载《庸言》1913年第1卷。

但是，这一时期，虽然国人对形成民族共同体的认同意识已经基本形成，不过仍然缺少一个普遍认可的民族称谓来对其进行统一性表达。当时，"中国民族"、"大民族"和"五族"的称谓并用，虽然内涵基本一致，但是也充分说明了国人在对这个民族共同体在表述符号上的混乱。而真正将"中华民族"一词，在涵盖中国境内所有民族的概念上进行正式使用的，则是在对蒙古问题的处理上。"大蒙古帝国"宣布成立后，其一系列分裂行径随即遭到所有中国人包括蒙古族人的强烈反对。1912 年末至 1913 年初，哲里木盟 10 旗王公和内蒙古西部 22 部 34 旗王公，分别在长春和旧绥城（今呼和浩特）举行了东、西蒙古王公会议，赞成五族共和，反对外蒙"独立"。经过民国政府的大力争取，在 1913 年初召开的西蒙古王公会议上，王公们还一致决议发表通电，声明："蒙古疆域与中国腹地唇齿相依，数百年来，汉蒙久为一家。我蒙同系中华民族，自宜一体出力，维持民国"。① 这则通电声明，不仅是"中华民族"一词在政治文告中第一次作为代表中国各民族共同体的称谓符号出现，它同时也反映了国内少数民族本身对同属中华民族一部分的确认。同时，声明强调"同系中华民族，自宜一体出力，维持民国"，也意味着中国各族人民对建立中华民国这一民族国家的认同。至此，中华民族在文化观念的认同和称谓符号上都已经渐趋一致，这也标志着近代自觉的中华民族的基本形成。

此后，"中华民族"一词逐渐替代了"中国民族"、"大民族"和"五族"等词语，成为国人指涉这一民族共同体的共同称谓。

需要说明的是，在辛亥革命时期，知识分子的民族观念在发展衍变中不可避免存在矛盾和混乱的地方。仅以孙中山的狭义民族主义思想为例，其大汉族主义思想即使在辛亥革命胜利和"五族共和"思想提出后仍然没有完全消亡。例如 1919 年，孙中山在《三民主义》中说："何为民族主义？即民族之正义之精神也。惟其无正义，无精神，故一亡于胡元，再亡于满清，而不以为耻，反谓他人父、

---

① 内蒙古图书馆编：《西盟会议始末记》，呼和浩特：远方出版社，2007 年，第71 页。

谓他人君，承命惟谨，争事之恐不及，此有民族而无民族主义者之所谓也"①，仍然将元朝政权和清朝政权看做异族统治。1924 年 1月，孙中山又在《民族主义》讲演中说："要提倡民族主义，必要先把这种主义完全了解，然后才能发扬光大，去救国家……所以就大多数说，四万万中国人可以说完全是汉人。同一血统、同一语言文字、同一宗教、同一习惯，完全是一个民族。"② 显然，孙中山的以上主张，仍然是以汉族为中心"融合"、"同化"其他少数民族的大汉族主义主张，表达的仍然是以种族为中心的狭义民族主义思想。

从辩证的历史观来看，孙中山的这种将少数民族"融合"、"同化"的大汉族主义主张，忽视了中国境内各个少数民族已经在漫长的历史发展过程中逐渐形成的各自比较稳固的社会经济、政治制度、文化信仰和生活习俗，并且也抹杀了各个少数民族以及汉族之间历史和现实存在的区别和差异，因此是对辛亥革命时期逐渐从"自在"到"自觉"的中华民族多元一体的民族主义思想的背离。

不过，作为辛亥革命时期民族主义思想的集大成者，孙中山毕生都在进行着对民族问题的探究与思考。从孙中山晚年的民族主义论述来看，他已经逐渐放弃了先前将少数民族"融合"、"同化"的大汉族主义思想，并且创新性地提出了"民族平等"与"民族自决"的主张。

在《中国国民党第一次全国代表大会宣言》中，孙中山强调："国民党之民族主义，有两方面之意义：一则中国民族自求解放；二则中国境内各民族一律平等"，"其目的在使中国民族得自由独立于世界。"③ 因此，孙中山表示："国民党敢郑重宣言，承认中国以内各民族之自决权，于反对帝国主义及军阀之革命获得胜利以后，当

---

① 孙中山：《三民主义》，《孙中山全集》第 5 卷，北京：中华书局，1985 年，第186 页。
② 孙中山：《民族主义》，《孙中山选集》，北京：人民出版社，1981 年，第 621 页。
③ 孙中山：《中国国民党第一次全国代表大会宣言》，《孙中山全集》第 9 卷，北京：中华书局，1986 年，第 118 页。

组织自由统一的（各民族自由联合的）中华民国。"① 孙中山的以上宣言，标志着"民族平等"、"民族自决"已经成为建构一个中国境内各个民族多元一体的中华民族国家的民族主义纲领。

20世纪80年代，费孝通提出了"中华民族多元一体"的著名论断，认为："中华民族作为一个自觉的民族实体，是近百年来中国和西方列强对抗中出现的，但作为一个自在的民族实体则是在几千年的历史过程所形成的。"② 这一论断也成为此后研究"中华民族"问题的一个出发点。直到今天，关于"民族"的概念在世界上仍然没有统一的认识，但是大多数人都承认，民族是一个历史的范畴，是在历史上长期形成的具有共同文化背景和共同心理认同的稳定的共同体，并且有其产生、发展、变化和消亡的过程。同时，民族也有广义和狭义的区分。狭义的民族指各个具体的民族，如汉族、蒙古族、满族、回族、藏族等。而广义的民族则可以指同一国家和地区内具有共同文化自觉和认同特征的涵盖所有具体民族的民族共同体，如中华民族、阿拉伯民族等。同样，在西方民族主义理论中所阐述的民族国家范式（nation - state）中，民族国家既可以是狭义的民族所组成的单一民族国家，也可以是由具有文化同质性的民族共同体组成的多民族国家，其形成的一个重要前提则是国民对其所在国家的国族认同。而回顾辛亥革命时期的民族主义话语衍变，我们发现，在"种族"、"国民"与"民族"之间，存在着一个民族观念从狭义到广义的逐步递进过程，而"中华民族"观念的提出与广泛传播，不仅是近代中国民族主义话语递进发展的结晶，而且从民族认同上完成了对一个由民族共同体组成的民族国家之中国的确认。

---

① 孙中山：《中国国民党第一次全国代表大会宣言》，《孙中山全集》第9卷，北京：中华书局，1986年，第119页。

② 费孝通编：《中华民族多元一体格局》（修订本），北京：中央民族大学出版社，1999年，第3页。

第三章　五四时期知识分子的教育文化
变革与民族国家建设

在近代中国的早期现代化（近代化）过程中，建立一个独立自强的现代民族国家，始终是其中的一个重要目标，但是完成这个目标需要依靠具有现代思想和知识素养的国民，而要培养这样的国民，则必须通过思想启蒙和教育文化变革来进行。因此，无论是推行的新式教育和派遣留学生运动清政府，还是康有为、梁启超、严复等维新派领袖，都将教育看做是实现国家和民族现代化的必然路径。但是，清末的教育改革并不彻底，其目标也侧重"学以致用"而忽视思想启蒙，同样，维新派的思想也因为变法的失败而没有得到有效的贯彻，其思想的影响仅仅停留在少数知识精英的层面。

五四时期，随着新文化运动的广泛开展，思想启蒙和教育文化变革开始为更多的知识分子所接受，并且日益面向普通大众。蔡元培、胡适、鲁迅等新文化的精英积极介入其中，其目的是通过教育和启蒙来改变国民性，进一步实现"保国强种"的民族主义目标。这一时期，知识分子的民族主义思想及其实践方式也日趋多元化，而通过思想启蒙和教育文化变革来重铸民族精神，进而促进民族变革，推动中国的现代化民族国家建设，成为许多知识分子民族主义思想的中心内容，并且衍生出"新民"、"改造国民性"、"教育救国"、"文化救国"、"尚武"、"立人"等各种民族主义主张。而这一时期出现的新文化运动、平民教育和乡村教育运动以及反帝运动，在一定程度上都可以看做是知识分子通过教育文化变革来推进民族国家建设的结果。

第一节　近代教育变革与现代民族国家建设

在近代文化的发展过程中，中国人的教育观念也在不断发展变化。从推崇程朱理学和纲常名教到主张"经世致用"，从强调"中体西用"到提出"鼓民力"、"开民智"、"新民德"，从宣传德智体全面发展到主张"思想自由，兼容并包"，近代中国的教育观念日益多元和开放。与此同时，随着现代教育理念的逐渐普及，在近代中国也掀起了各种教育革新思潮与教育改革运动。今天看来，近代中国的教育变革实际上是当时知识分子民族主义思想的重要组成部分，他们试图通过对民众现代思想观念与文化知识的启蒙，来实现中国作为一个现代民族国家的建设与发展。

一、"教育救国"与近代知识界的民族主义思想

鸦片战争之后，面对民族危机，中国知识界开始认真思考究竟如何才能走上独立、富强的民族解放与振兴之路，而"教育救国"成为许多知识精英民族主义思想中的重要主张。

面对日益衰败的社会现实，晚清政府推崇"以学术正人心"、"化民导俗"的教育理念，将程朱理学作为教育的主要内容。在悬为功令的科举考试中，理学位居核心，是书院和私塾教育中的主要内容和引导士子修身的规条。但八股取士日趋僵化，遭到以龚自珍、魏源为代表的一批"睁眼看世界"者和强调经世实践的宗理学者如唐鉴、罗泽南、方宗诚、刘蓉等人的批评，他们在人才选取方面主张"不拘一格降人才"，在学习内容方面主张"师夷长技以制夷"，在学习态度上主张"经世致用"，并促进了晚清新式教育的出现。

洋务运动期间，清政府在教育活动方面：一是整顿传统教育；二是兴办洋务教育；三是制定和推行新教育制度。在此期间，洋务派建立了30余所洋务学堂，如京师同文馆、广州同文馆、新疆俄文馆等。洋务学堂主要培养翻译、外交、工程技术、水陆军事等多方面的专门人才，教学内容也增加了"西文"与"西艺"等多方面的

内容。在洋务运动期间，洋务派与守旧派就如何处理"西学"（"新学"）与"中学"（"旧学"）的关系问题展开了论争。为了应付守旧派的攻击，洋务派采取的典型方案就是"中体西用"，认为在突出"中学"的主导地位的前提下，应该肯定"西学"的辅助作用和器用价值。[①] 这一时期，洋务派的代表人物张之洞的教育观念最具有代表性。张之洞在将中国与西方列强进行比较后认为："国势之强弱在人才，人才之消长在学校，环球各国竞长争雄，莫不以教育为兴邦之急务。"[②] 因此，他强调把兴学育才放在自强求富的首位。显然，洋务派的新式教育主张是建立在其民族主义思想的基础之上，希望通过教育"立国"、"兴邦"，从而可以与"环球各国竞长之争雄"。

洋务运动期间建立的学堂中最有名的是京师同文馆。1862 年，京师同文馆正式开学。它是第一所洋务学堂，也是中国最早的官办新式学校。初创时只有英文馆，1866 年增加天文算学馆，讲习天文、算学。自此，同文馆变为综合性学校，学习年限为八年。在同文馆的课程中，外语居于首位，经学则贯穿始终。同文馆的教育理念是新旧杂糅的产物，也是新式知识和科学教育正式列入中国教育的开端。

在洋务运动期间，中国的留学教育也开始起步。这其中就包括幼童留美计划和派遣留欧学生计划。1871 年，在毕业于美国耶鲁大学的中国学者容闳的建议下，曾国藩、李鸿章等上奏选派幼童赴美，拟选送幼童，每年 30 名，4 年计划 120 名赴美留学，15 年后每年回华 30 名。经清政府批准，1872 年 8 月 11 日，第一期 30 名幼童经上海预备学校培训后，在容闳、陈兰彬的带领下赴美。1873 年 6 月、1874 年 11 月、1875 年 10 月，第二、第三、第四期各 30 名幼童也按

---

①　1898 年，张之洞撰成《劝学篇》，全面阐述了"中体西用"的思想观念和教育观点。《劝学篇》分内篇和外篇，"内篇务本，以正人心，外篇务通，以开风气"。通篇主旨归于"中学为体，西学为用"。其中，"四书五经，中国史事、政书、地图为旧学"，"西政、西艺、西史为新学"。中西学的关系则为："旧学为体，新学为用"，"中学治身心，西学应世事"。

②　张之洞：《筹定学堂规模次第兴办折》，《张之洞全集》第 2 册，石家庄：河北人民出版社，1998 年，第 1488 页。

计划出发。然而，由于清政府担心这些留美幼童西化，这些幼童除首批少数学生外，大部分没有按计划完成学业，而是在1881年下半年分三批被撤回。尽管如此，这批留学生如詹天佑、唐绍仪等还是在不同的领域发挥了重要的作用。

1877年，李鸿章等又奏请派遣福建船政学堂学生留欧，并将议定的《选派船政生徒出洋肄业章程》附呈朝廷照准执行。依据此章程，1877年3月31日，中国近代第一批正式派遣的留欧学生出发赴欧。1881年底，第二批留欧学生由香港出发分赴英、法、德三国。1886年，清政府又派遣了第三批留欧学生。这三批学生从1879年陆续回国，代表人物有刘步蟾、邓世昌、严复、马建忠等。上述海外留学生不仅接触了西方资产阶级文明，也学到了近代自然科学和生产技术知识，他们中的很多人归国后，都成为中国最早的一批新型知识分子。

维新运动期间，中国知识界再次把教育革新置于其民族主义思想与民族国家建设主张的重要位置，他们认为只有教育革新才可以"新民"，而只有"新民"才可以强国。光绪皇帝于1898年6月下诏改革科举制度，废除八股，促使知识界寻求新的学问，进一步促进了西学的传播。不久，光绪皇帝再次下诏催立经济特科，以选拔维新人才。与此同时，在康有为等人的多次奏请下，光绪皇帝批准建立京师大学堂，总理衙门委托梁启超参考日本和西方的学制，起草了《京师大学堂章程》，以"培养非常之才，以备他日特达之用"为宗旨，课程分普通学和专门学两类，由美国传教士丁韪良担任总教习。京师大学堂不仅是全国最高的学府，而且还有统辖各省学堂的大权。1902年，同文馆并入京师大学堂。

这一时期，维新派领袖康有为、梁启超、严复等人都积极阐述自己的教育思想。康有为撰写了代表其维新思想的《大同书》，提出废除私有制和等级制，倡导"公养"、"公教"，设立包括人本院、育婴院、小学院、中学院、大学院等在内的社会福利和学制体系，让每个社会成员都有权享受公费教育。他还特别强调应该关注学龄前教育，对儿童应实行德、智、体、美诸方面的综合性教育，并且主张男女教育平等。在维新运动中，康有为主张教育改革，认为僵化和教条的八股取士制度导致了读书人脱离现实社会和对真正的问题研究，对世界历史和现实发展完全无知，这也导致了中国在和西方军事对抗上的失利。因此，他提出首先废八股考试，改试策论等学校普遍开设后，再废科举制度；同时，政府应该大力兴办学校，改变传统的教育内容，传授科学技术，培养新型人才。此外，康有为还建议，为了增强学习西学的效果，政府应该组织派遣留学生、翻译西书等教育活动。

梁启超则从教育的作用入手，认为国势的强弱随着人民的受教育程度而转移，他因此明确地提出"开民智"、"伸民权"、"养新民"等教育思想。梁启超认为："然则苟有新民，何患无新制度？无新政府？无新国家？非尔者，则虽今日变一法，明日易一人，东涂西抹，学步效颦，吾未见其能济也。夫吾国言新法数十年而效不睹者，何也？则于'新民'之道未有留意焉者也。"①

梁启超的"新民"思想实际上是他民族主义思想的一个重要组成部分。早在《新民丛报》告白中，梁启超就明确解释了"新民"和强国的关系，他指出："本报取《大学》新民之义，以为欲维新吾国，当先维新吾民，中国所以不振，由于国民公德缺乏，智慧不开，故本报专对此病药治之，务采合中西道德以为德育之方针，广罗政学理论，以为智育之原本。"② 在《新民说》中，梁启超进一步强调："今日故欲抵当列强之民族帝国主义，以挽浩劫而拯生灵，惟有我行我民族主义之一策。而欲实行民族主义于中国，舍新民末由。"③ 显然，梁启超"新民"思想的目标，是为建立"新制度、新政府、新国家"的民族主义思想提供实践的路径。

另外一位维新派的代表人物严复也将民众教育和民族国家的富强联系起来。作为近代中国最有影响的学者之一，严复在近代中国

---

① 梁启超：《新民说》，《饮冰室合集》专集之四，北京：中华书局，1989 年，第 2 页。

② 丁文江、赵丰田编：《梁启超年谱长编》，上海：上海人民出版社，1983 年，第 272 页。

③ 梁启超：《新民说》，《饮冰室合集》专集之四，北京：中华书局，1989 年，第 4 – 5页。

教育事业上有许多杰出的贡献。他曾经担任过京师大学堂译局总办，1905 年，他又协助马相伯（马良）创办复旦公学，并且自己担任校长。严复还担任过安庆高等师范学堂校长、清朝学部名辞馆总编辑、北京大学校长等职。而他的学生张伯苓则创办了著名的南开学校。在近代学科建设方面，严复的译著涉及哲学、政治学、经济学、教育学、法学、伦理学、逻辑学等诸多近代学科，为后来大学文科各系的建立奠定了理论根基。可以说，中国大学现在所设立的人文社会科学领域的许多学科，追根溯源，都和严复的影响有一定的关系。

在近代学者中，严复首倡从德、智、体三要素出发来构建教育目标，他在《原强》中首次阐发了"鼓民力"、"开民智"、"新民德"的教育观，鼓吹"今日要政，统于三端：一曰鼓民力，二曰开民智，三曰新民德"。① 所谓"鼓民力"就是提倡体育，使人民具有强健的身体。严复指出："今者论一国之富强之效，而以民之手足体力为之基"②。"开民智"就是要全面开发人民的智慧，因为"民智者，富强之源"，而要实现"开民智"，就要改革科举制度，废除八股取士和训诂辞章之学，普及西学知识。"新民德"主要是从改变传统德育内容，从培养国民的自由精神入手，并且将个人的自由与国家的独立自主联系起来。严复的上述主张实际上是其富国强民的民族主义思想的重要体现，其目标是通过民众在德、智、体等方面的进步来实现国家的强大和民族的复兴。正是基于这样的民族主义思想，严复才翻译了《天演论》等著作，希望将西方自由、民主、平等精神引入中国的教育和思想领域。对此，就连吴汝纶这样的桐城派古文家也给予了肯定。在给《天演论》写的序中，吴汝纶指出："严子之译是书，不惟自传其文而已，盖谓赫胥黎氏以人持天，以人治之日新，卫其种族之说，其义富，其辞危，使读焉者怵焉知变，于国论殆有助乎"③，高度评价了严复希望通过翻译来促成国家变革

---

① 严复：《原强修订稿》，《严复集》第 1 册，北京：中华书局，1986 年，第 27 页。
② 严复：《与学部书》，《严复集》第 3 册，北京：中华书局，1986 年，第 593 页。
③ 吴汝纶：《〈天演论〉吴序》，见《严复集》第 5 册，北京：中华书局，1986 年，第 1318 页。

和种族强盛的民族主义思想。

蔡元培也是近代中国杰出的教育家之一。他在"教育救国"思想的主导下，首先提出"五育并举"的教育方针。五育包括军国民主义教育、实利主义教育、德育主义教育、世界观教育和美育主义教育。蔡元培认为："五者，皆今日之教育所不可偏废者也。军国民主义，实利主义，德育主义者，为隶属于政治之教育（吾国古代之道德教育，则间有兼涉世界观者，当分别论之）。世界观、美育主义二者，为超轶政治之教育。"① 在就任北京大学校长期间，蔡元培主张"学术兴国"，坚持"思想自由，兼容并包"的办学原则，推崇教育独立、教授治校的理念，其教育思想至今仍然具有很大的启迪作用。

蔡元培的"教育救国"和"学术兴国"思想，是其民族主义思想的重要组成部分。正如蔡元培在《致汪兆铭函》中说的那样："在弟观察，吾人苟切实从教育着手，未尝不可使吾国转危为安。"② 他因此强调："一个民族或国家要在世界上立得住脚，——而且要光荣的立住，——是要以学术为基础的。尤其是，在这竞争剧烈的二十世纪，更要依靠学术。所以学术昌明的国家，没有不强盛的；反之，学术幼稚和知识蒙昧的民族，没有不贫弱的。"③ 为了说明"教育救国"思想的重要性，蔡元培还特别举了德意志的例子，他说："德意志便是一个好例证：德人在欧战时力抗群强，能力固已可惊；打败以后，曾不十年而又重列于第一等国之林，这岂不是由于他们的科学程度特别优越而建设力强所致么？"④ 因此，中国"以后要想雪去被人轻视的耻辱，恢复我们固有的光荣，只有从学术方面努力，

---

① 蔡元培：《对于新教育之意见》，《蔡元培全集》第 2 卷，北京：中华书局，1984年，第 135 页。

② 蔡元培：《致汪兆铭函》，《蔡元培全集》第 3 卷，北京：中华书局，1984 年，第26 页。

③ 蔡元培：《怎样才配做一个现代学生》，《蔡元培全集》第 5 卷，北京：中华书局，1988 年，第 479 页。

④ 蔡元培：《怎样才配做一个现代学生》，《蔡元培全集》第 5 卷，北京：中华书局，1988 年，第 479 页。

提高我们的科学知识，更进一步对世界为一种新的贡献，这些都是不能不首先属望于一般青年学生的。"[1] 显然，蔡元培希望自己能够通过对"教育救国"和"学术兴国"思想的宣传，实现"保国强种"的民族主义目标。

二、教育运动的发展与五四时期知识分子的民族主义实践

在"教育救国"思想的主导下，越来越多的中国知识分子认识到只有通过教育启蒙来改变国民性，才能实现民族国家的强盛。因此鲁迅在谈及中国如何生存发展及"角逐列国是务"的时候，提出中国的出路"其首在立人，人立而后凡事举"。[2] 面对民族危机，李大钊也强调"时至今日"，挽救之道，只有"昌学而已"。[3] 正是在"教育救国"思想的影响下，在 20 世纪上半期的中国，掀起了各种教育革新思潮与教育改革运动。

五四时期，一部分青年知识分子在"教育救国"思想的指引下，为解救中国的民族危机而开展了一场平民教育运动。他们认为，教育落后造成中国的衰败和人民的苦痛，因此，要拯救中国必须从教育革新开始，让全体人民尤其是占中国人口绝大多数的农民和工人都能受到教育。于是，很多知识分子发表文章宣传平民教育思想，成立推广平民教育的社团，并在全国各地开办业余学校，为工人和农民补习文化。不过，由于政治立场、思想倾向等方面的不同，平民教育运动在具体实践过程中也有很大的差别。

其中，以李大钊、邓中夏、毛泽东等为代表的信仰共产主义的知识分子认为，平民教育必须符合劳动人民谋求自身解放的根本利益，应该与推翻阶级统治的革命斗争同时进行。1917 年 11 月，毛泽东等人在湖南长沙第一师范学校创建工人夜校，被认为是当时最早的全国平民教育实践之一。1919 年 2 月，李大钊在北京《晨报》发

---

① 蔡元培：《怎样才配做一个现代学生》，《蔡元培全集》第 5 卷，北京：中华书局，1988 年，第 479 页。

② 鲁迅：《坟·文化偏至论》，《鲁迅全集》第 1 卷，北京：人民文学出版社，1981年，第 57 页。

③ 李大钊：《风俗》，《李大钊文集》上册，北京：人民出版社，1984 年，第 93 页。

表《劳动与教育问题》一文，呼吁给普通劳工大众均等的机会去读书看报，补习技能和修养精神。同年 3 月，邓中夏等发起组织"平民教育讲演团"，通过"以学就人"的露天讲演和刊发出版物等形式，在城市、乡村和工厂开展平民教育活动，以"增进平民知识，唤起平民自觉心"。这些都是平民教育运动的早期实践。1920 年，各地共产主义小组以及社会主义青年团成立后，为了配合工人运动和思想启蒙的开展，纷纷采取办报刊、办劳动补习学校和工人俱乐部的形式，如在上海创建《劳动界》、在广州创建《劳动者》、在北京创建《劳动音》等平民教育刊物，创建长辛店劳动补习学校和沪西小沙渡劳动补习学校等，使平民教育运动得到进一步的发展。

　　此外，一些宣传"教育救国"的资产阶级和小资产阶级知识分子在杜威的民主主义教育思想影响下，也把平民教育视为救国和改良社会的主要手段，希望通过平民教育来实现国家的强大和民族的振兴。1916 年 10 月，全国教育会联合会通过《注意贫民教育案》的决议，1919 年 10 月又通过《失学人民补习教育办法》的决议，最早将下层民众的教育纳入关注对象。随后，北京高等师范学校创办《平民教育》周刊，南京高等师范学校创办《少年社会》杂志，积极宣传平民教育思想。1923 年 6 月，陶行知等发起成立南京平民教育促进会，并且在北京清华学校召开第一次全国平民教育大会。此后，全国各地纷纷成立平民教育促进会，开办平民学校、平民读书处和平民问字处，还编印《平民千字课》等平民学校读本，促进平民教育的发展。

　　在平民教育运动中，最有代表性的人物是晏阳初。晏阳初早年考入美国耶鲁大学，研习政治学。1922 年，他发起全国识字运动，号召"除文盲，做新民"，当时在长沙招聘的 100 多个义务教员中，就有毛泽东。1923 年，晏阳初、朱其慧、陶行知等发起成立中华平民教育促进会，晏阳初任总干事长。此后，晏阳初以"民为邦本，本固邦宁"为信条，一生致力于平民教育。1926 年至 1936 年，他在河北定县进行了长达 11 年的乡村平民教育实验，为平民教育的发展做出了突出的贡献。

　　作为"乡土中国"，在向现代化民族国家发展的过程中，必须解决农村的现代转型问题。因此，一些知识分子将自己的民族主义实践的重心放在乡村的现代化建设方面来。20 世纪 20 至 30 年代，一批知识分子在城市推广平民教育的同时，又发起了乡村建设和乡村教育运动。他们希望通过对农民的文化教育、农业技术的传播以及对地方自治的实验，为破败的中国农村寻找一条现代化的发展道路。代表人物除了晏阳初之外，还包括梁漱溟、陶行知等。

梁漱溟，近代著名学者和社会活动家，新儒家的代表人物，有"中国最后一位儒家"之称。1917 年，梁漱溟被蔡元培聘任，在北京大学讲授印度哲学，出版《东西文化及其哲学》一书，阐发其"东方精神文明论"和新儒家思想，在学术界颇有影响。但是，心系乡村建设事业的梁漱溟在 1924 年毅然辞去北京大学的教职，到山东菏泽办高中，又创办了山东乡村建设研究院，并且发表《中国民族自救运动之最后觉悟》、《乡村建设大意》、《乡村建设理论》等著述。在 1931 年出版的《乡村建设理论》一书中，梁漱溟将乡村建设运动的思想进行了理论化的阐释，他希望以儒家文化中的精义来改良中国农村，并希望通过乡村建设来拯救整个中国。

陶行知，平民教育运动和乡村教育运动的代表人物之一。1926年起草并发表了《中华教育改进社改造全国乡村教育宣言》。此后致力于平民教育和乡村教育运动，先后创办晓庄学校、生活教育社及山海工学团。提倡教学做合一，希望教育与实际相结合，为人民大众服务，改善人民的生活。受到杜威教育思想的启发，陶行知提出"生活教育"理论，强调"没有生活做中心的教育是死教育。没有生活做中心的学校是死学校。没有生活做中心的书本是死书本。"①

可以说，民族解放与现代化发展是近代民族主义思想的两个基本内容。从这个层面上来看，近代不断发展的平民教育运动和乡村教育运动都可以看做是中国知识分子探索现代化民族国家建设的积极实践，同时也是其民族主义思想的重要组成部分。

---

① 陶行知：《生活即教育》，《陶行知文集》，南京：江苏人民出版社，1981 年，第250 页。

三、留学运动与近代知识分子民族主义思想的转型

在知识分子"教育救国"的民族主义思想影响下，除了国内平民教育运动得到发展之外，还出现了留学运动的热潮。中国近代留学运动始于 1872 年。最早提出这项建议的是容闳。在曾国藩、李鸿章等大员的支持下，从 1872 年起的 4 年间，120 名幼童赴美留学。可惜最后因为清政府担心学生西化，大部分学生都没有完成学业就在 1881 年被召回国内。不过，这次留美毕竟开启了中国近代留学运动。此后，中国留学运动先后掀起留日、留美、留法的高潮。

留日高潮形成于甲午战争中国战败后，其目的仍然是通过学习外来文化实现中国的强大。1896 年开始派遣首批留日学生，由当时驻日公使裕庚负责。1901 年又开始出现女子留日。最初的女留日学生，多半是随父兄或夫婿一同前往的。之所以会在甲午战争后出现留日高潮，一个原因在于中国战败后，对日本的看法发生变化，不再把日本看做落后的小国；另外，去日本留学费用便宜，根据当时的汇兑行情，在国内新式学校就读的费用，与留日费用大体相同。对此，早在 1898 年张之洞就撰文指出："至游学之国，西洋不如东洋：一路近省费，可多遣；一去华近，易考察；一东文近于中文，易通晓；一西书甚繁，凡西学不切要者，东人已删节而酌改之。中东情势风俗相近，易仿行，事半功倍，无过于此。若自欲求精求备，再赴西洋，有何不可？"[①]

在留日学生的民族主义思想中，尚武精神是一个重要的内容。近代日本的崛起，极大刺激了当时的中国知识精英。在当时许多中国人看来，日本的强大，很大程度上得益于对"大和魂"（日本魂）的铸造，而"大和魂"的核心，就是日本民族的尚武精神。曾经东渡日本的梁启超因此感言："日本魂者何？武士道是也。日本之所以能立国维新，果以是也。吾因之以求我所谓中国魂者，皇皇然大索之于四百余州，而杳不可得。吁嗟乎伤哉。天下岂有无魂之国哉？

---

① 张之洞：《劝学篇》，《张之洞全集》第 12 册，石家庄：河北人民出版社，1998年，第 9738 页。

吾为此惧。"①

　　留日学生对于"大和魂"的推崇，其目的是铸造"中国魂"，而其核心，仍然是呼唤中国人的尚武精神。梁启超因此指出："今日所最要者，则制造中国魂是也。中国魂者何？兵魂是也。有有魂之兵，斯为有魂之国。"② 同样曾经东渡日本的杨度更是将尚武精神视做民族复兴的利器，在为梁启超的《中国之武士道》一书撰写的序言中，杨度提出："国民乎，其有以武士道之精神……而发大光明于世界，使已死之中国变而为更生之中国，与日本武士道同彪炳与地球之上。"③ 受到日本武士道精神的影响，这一时期的许多知识精英都推崇尚武精神，并且将其和中国传统文化中的"杀身以成仁"、"舍生而取义"等"士"和"侠"的精神联系起来，希望通过尚武精神重新铸造中国人的民族魂，从而实现国家和民族的强大。受到尚武精神的影响，当时的很多中国留学生都进入日本陆军学校学习，希望通过武力来报效祖国。在日本，这些学生一面学习，一面创办报刊、组织团体、宣传革命。1905 年同盟会在东京成立后，这些留日学生更是成为革命运动的核心力量。

　　留美高潮则与庚子退款密切相关。1900 年，八国联军侵华，胁迫清政府签订了《辛丑条约》，勒索中国 9.8 亿元赔款，这就是庚子赔款。美国分得赔款后，在罗斯福总统当政时，自称索取过多，提出将部分赔款退还给中国，专门用做派遣中国学生留学美国。第一批利用庚子退款留美的学生于 1909 年赴美，其中包括梅贻琦、王世杰等。次年，又派出了第二批留美学生，有赵元任、竺可桢、胡适等。而 1911 年成立的清华学堂，主要就是为了培养品学兼优的学生以备送到美国深造。虽然清政府由于武昌起义的爆发挪用了这一年退还的庚子退款去镇压革命导致清华学堂于 11 月停课，不过第二年

---

　　① 梁启超：《自由书·中国魂安在乎》，《饮冰室合集》专集之二，北京：中华书局，1989 年，第 38 页。

　　② 梁启超：《自由书·中国魂安在乎》，《饮冰室合集》专集之二，北京：中华书局，1989 年，第 38 页。

　　③ 杨度：《中国之武士道·杨叙》，见《梁启超全集》第 3 册，北京：北京出版社，1999 年，第 1383 页。

清华还是得以重新开学，并改名为清华学校，高等科毕业生最后都送到美国留学。1914年还招收了一次女生，后来也送到美国留学。

同留日学生推崇尚武精神不同，留美学生更多认同"知识救国"、"科学救国"的民族主义思想。如蒋梦麟就认为中国教育应"注重科学以养成真实正当之知识"①。受到"知识救国"、"科学救国"的民族主义思想影响，留美学生到美国一般学习的专业以理工农医为主，大多数学生成绩优异，90%以上获得学士学位，很多学生如赵元任、竺可桢、胡适、马寅初、蒋梦麟等还获得了博士学位。他们回国后在中国文化教育事业的发展上都做出了突出的贡献。留美学生的"科学救国"思想也推动了民国时期教育部门对理科教育的重视，如1919年的全国中学校长会议就达成如下意见，认为："理科教育，为致国家富强之基础。吾国虽地大物博，而理化一科，缺乏研究，学生对此亦颇少兴味，遂致无从应用……现欧战将和，欧洲各国，财尽力疲，势必以其科学上之智识，经营东亚，吾国若不急起直追，注重理科，则国将不国。"② 表达了对这一时期"知识救国"、"科学救国"民族主义思想的高度认同。

留法高潮始于1912年。当时民国初建，为了给一些家境贫寒的学生提供求学、升学的机会，吴稚晖、汪精卫等人发起成立了留法俭学会，在北京成立留法预备学校。教育总长蔡元培大力支持，教育部还拨给了校舍，5月开学，11月就派出了第一批学生赴法俭学。但是因为没有得到袁世凯的支持，次年停办。

1915年，蔡元培、吴稚晖又发起成立了留法勤工俭学会，由单纯的俭学变为勤工俭学。当时正值"一战"时期，法国很多工厂都缺乏劳力，所以从中国招募了大批华工。"一战"结束时，在法华工约有15万人，为蔡元培、汪精卫、吴稚晖等人发起在法开办华工学校提供了良好的基础。五四运动后，留法勤工俭学得到进一步发展，

---

① 蒋梦麟：《世界大战后吾国教育之注重点》，见陈学恂主编《中国近代教育史教学参考资料》中册，北京：人民教育出版社，1987年，第326页。

② 《全国中学校校长会议有关议决案》，见陈元晖主编《中国近代教育史资料汇编——普通教育》，上海：上海教育出版社，2007年，第851页。

成为群众运动。留法勤工俭学会人数最多时达 1700 余人，先后参与者有蔡和森、周恩来、赵世炎、李富春、聂荣臻、王若飞、徐特立、陈延年、陈乔年、邓小平、陈毅、蔡畅、李维汉等。

最初，许多留法学生都怀抱"实业救国"的理想，希望通过学习西方的科学技术，然后回国搞实业使祖国富强起来，不过日益严峻的中国民族危机让他们的思想逐渐发生了改变。一位留法勤工俭学学生回忆说："在那个时期，在青年知识分子中，实业救国的思想是很流行的。我参加勤工俭学，就是想到西方学点科学技术，回国也搞实业，以便使祖国富强起来。所以，走实业救国的道路，出发点并不是坏的。但经过了五四运动的斗争实践，再看看我们自己的遭遇，生活的极度艰难，特别是巴黎'二二八运动'和'进占里昂中法大学的斗争'，都在向我们说明，想学习一些搞实业的本领，都不允许，在这样的世道里，要靠实业救国，不是纯粹的幻想吗？我到法国之后，亲身感到回国以后，给资本家去当技术人员或是自己集资办小工厂，驱使工人去劳动，那是不堪设想的事情。这样，就使我逐步认识到了，走实业救国这条路子是走不通的。"[1]

由于"实业救国"理想的破灭，许多留学生开始认为以"发展实业、振兴教育"为宗旨的勤工俭学运动是"空泛不切实际的办法"，决不可能救中国，因此转而投入到通过政治斗争来建设现代中国的民族革命中来。这一时期许多留学生纷纷加入共产党，认为海外爱国学生救国的唯一方法是"走入民众，纠合民众底革命的势力，打倒军阀，推翻国际帝国主义，组织国民政府，由国民政府来发展实业，振兴教育，整理财政"。[2] 上述观念的产生，意味着"教育救国"、"实业救国"的思想已经日渐被"政治救国"和"革命救国"的思想取代，这也标志着近代中国知识分子在民族主义思想上的一次重大转变。

---

① 江泽民：《留法、比勤工俭学的回忆》，清华大学编《赴法勤工俭学运动史料》第 3 卷，北京：北京出版社，1981 年，第 457 页。

② 《国际共管与国民运动》，清华大学编《赴法勤工俭学运动史料》第 2 卷下，北京：北京出版社，1981 年，第 788 页。

四、"整理国故"与近代知识分子民族文化复兴的理想

"整理国故"是 1919 年《新潮》杂志针对国故、国粹研究提出的主张。"整理国故"中的所谓"国故",是对中国过去历史文化的总称,而对于这些历史文化的研究,即国故学,简称国学。对此,毛子水在发表于 1919 年的《国故和科学的精神》一文中指出:"国故就是中国古代的学术思想和中国民族过去的历史","古人的学术思想是国故,我们现在研究故人的学术思想,这个学问应该叫做国故学"。① 1923 年 1 月,北京大学研究所国学门《国学季刊》创刊的时候,胡适在他撰写的"发刊宣言"里也解释说:"国学在我们的心里,只是国故学的缩写。中国的一切过去的文化历史,都是我们的国故;研究这一切过去的历史文化的学问,就是国故学,省称为国学。国故这个名词,最为妥当,因为他是一个中立的名词,不含褒贬的意义。"② 就"国学"一词的来源来说,胡适将其理解为国故学的简称,这一说法并不符合历史实际。根据当代学者郑师渠的研究,"国学"一词,最早见于古籍《礼记》中的"家有塾,党有庠,术有序,国有学",不过,其含义是指国家办的学校,与近代国学的意义不同。③ 近代意义的国学一词,则是 19 世纪末 20 世纪初传自日本。④ 而对于何谓近代国学,当代学者陈来明确指出:"国学一词在近代有两种基本的使用,一是就学问的对象而言,即中国固有的学术文化;一是就学问体系而言,即研究中国历史文化的学问系统。"⑤ 陈来认为,胡适的国学概念属于后者。

近代中国学者对于国学的重视,蕴涵了一种以文化保守主义为中心的民族主义思想。特别是在西学盛行之际,一部分学者担心新

---

① 毛子水:《国故和科学的精神》,载《新潮》1919 年 1 卷 5 号。
② 胡适:《发刊宣言》,载《国学季刊》1923 年创刊号。
③ 郑师渠:《晚清国粹派的文化观》,载《历史研究》1992 年第 6 期。
④ 曹聚仁:《中国学术思想史随笔》,北京:生活·读书·新知三联书店,1986 年,第 3 页。
⑤ 陈来:《启蒙批判与学术研究的双重变奏——整理国故运动中的胡适》,载《清华大学学报》(哲学社会科学版)2010 年第 4 期。

学完全取代旧学会导致传统文化的断裂，在他们看来，国学的衰微，就是中国在民族文化上的衰微，而只有从学术的立场上，用新的方法整理国故，才能有效传承民族文化，不至于为西方的异质文化同化。这一思想的代表，前有以章太炎、刘师培、邓实、黄节诸人为代表，强调以复兴民族文化为己任的国粹派，后有胡适等人的"整理国故"主张及清华大学国学院导师王国维等学者的学术实践。

对于国粹派而言，国粹、国学、国魂三位一体，构成其学术主张的核心。所谓国粹，章太炎解释为："就广义说的，其中可以分为三项：一是语言文字，二是典章制度，三是人物事迹。"① 而关于国粹的学问，自然就是国学，其目标则是构筑中华民族的民族精神，即"国魂"，所谓："夫国学即国魂所在，保存国学诚为最重要之事矣"。② 国粹派因此提出了国学爱国论，认为"夫一国之立必有其所以自立之精神焉，以为一国之粹，精神不灭，则国亦不灭"。③ 他们发文强调："国粹者，一国精神之所寄也，其为学，本之历史，因乎政俗，齐乎人心之所同，而实为立国之根本源泉也"，因此，"国有学，则虽亡而复兴，国无学，则一亡而永亡"。④ 显然，国粹派对国粹、国学的重视，并非简单的学术追求，而是蕴涵了"学术救国"、"文化救国"的民族主义思想。

这一思想在新文化运动的主将胡适身上也得到充分体现。早在1915 年留学美国时，胡适就表示："我所遇欧洲学生，无论其为德人、法人、俄人、巴而干诸国人，皆深知其国之历史政治，通晓其国之文学。其为学生而憬然于其祖国之文明历史政治者，独有二国之学生耳，中国与美国是已……吾国之学子，有几人能道李杜之诗、左迁之史、韩柳欧苏之文乎？可耻也已。"⑤ 正是在这一认识的基础

---

① 章太炎：《东京留学生欢迎会演说辞》，《章太炎政论选集》上册，北京：中华书局，1977 年，第 276 页。

② 许守微：《读〈国粹学报〉感言》，载《国粹学报》1905 年第 6 期。

③ 邓实：《鸡鸣风雨楼独立书·语言文字独立》，载《政艺通报》1903 年第 24 号。

④ 许守微：《论国粹无阻于欧化》，载《国粹学报》1905 年第 7 期。

⑤ 胡适：《留学日记》，《胡适全集》第 28 卷，合肥：安徽教育出版社，2006 年，第 195 页。

之上，胡适提倡整理国故，他说："我们有了几千年的历史、思想、宗教、美术、政治、法制、经济的材料；这些材料都在那里等候我们的整理，这个无尽宝藏正在等候我们去开掘。我们不可错过这种好机会；我们不可不认清我们'最易为力而又最有效果'的努力方向。"①

在胡适等人的推动下，北京大学国学门于 1922 年初创建，这是近代最早建立的大学人文学术研究机构。当时的北京大学校长蔡元培兼任所长，主任是章太炎弟子、研究文字训诂的沈兼士，委员包括胡适、李大钊、鲁迅、周作人、钱玄同、朱希祖、蒋梦麟、马衡、陈垣、沈尹默等。国学门宣布"以科学方法整理国故"，下设歌谣研究会、明清史料整理会、考古学会、民俗调查会、方言研究会等分支机构。此外，国内外一些学术名流和汉学家也被聘为国学门导师和通信员，如夏曾佑、陈寅恪、俄国梵文专家钢和泰、法国汉学家伯希和、德国汉学家卫礼贤等。不过，北京大学国学门在学术上的实际影响并不大，到国学门从事研究的研究生，人数也并不很多。到 1927 年，因为经费和人事等原因，北大国学门陷于停顿。

北京大学国学门成立后，国内许多高校纷纷效仿。如厦门大学筹建国学研究院，并得到了沈兼士、林语堂、鲁迅、顾颉刚等文化名流的加盟。1928 年，中山大学语言历史研究所正式成立，其负责人顾颉刚等也都具有国学门背景。在当时纷纷成立的国学研究机构中，最有名的和对近代中国学术贡献最大的，当属清华大学国学院。

清华大学在创立之初，不过是一所普通的留美预备学校，教学也以英文与欧美文化知识为主，对中国传统文化相对忽视，这也引起了社会上对清华教育过于洋化的批评。时任北京大学研究所国学门委员的胡适，向当时的清华校长曹云祥灌输国学研究的重要性，说："中国办大学，国学是主要的"，并表示如果清华创办国学研究机构，自己可以推荐优秀的人选。胡适的建议最终为曹云祥采纳。

1925 年 4 月，清华国学研究院正式创立。在第一期学生开学典

---

①　胡适：《北京大学第二十五周年纪念日的演说》，《胡适全集》第 20 卷，合肥：安徽教育出版社，2006 年，第 107 页。

礼上，曹云祥在讲话中吸纳了胡适以科学方法"整理国故"的建议，表示："现在中国所谓新教育，大都抄袭欧美各国之教育，预谋自动，必须本中国文化精神，悉心研究。所以本校同时组织研究院，研究中国高深之经史哲学。其研究方法可以利用科学方法，并参加中国考据之法，希望从研究中寻出中国之国魂。"①

将"整理国故"和"寻出中国之国魂"联系起来，反映了当时一些知识分子希望通过学术救国的民族主义思想。而这一思想，在清华国学研究院的四大导师之一王国维身上得到了最为充分的体现。王国维，字静安，又字伯隅，号礼堂，晚年改号永观、观堂，浙江海宁人。堪称集史学家、文学家、美学家、考古学家、词学家、金石学家和翻译理论家于一身的学术巨子，在诸多学术领域具有集大成者和开拓者的地位。但就是这样一位国学大师，却在武昌起义爆发后不久，就与他的学术伯乐与知己——金石学家、文物收藏家罗振玉携带各自家眷，东渡日本，从此以清遗民处世，侨居达 5 年之久，直到 1916 年才回国。

在日本，王国维开始了他学术上的又一次转向，"尽弃前学，专治经史"②。他希望通过自己"专研国学"的努力，挽救正在衰败的中国文化精神。1914 年夏，《学术丛刊》在日本京都创刊。王国维以"代罗叔言参事"的名义写了复刊序。在序言中，王国维议论辛亥革命后的学术趋势，感叹道："自顷孟陬失纪，海水横流，大道多歧，小雅尽废。番番良士，劣免儒硎。莘莘胄子，翻从城阙。或乃舍我熊掌，食彼马肝。"③ 曾经主张学问"无中西，无新旧，无有用无用"的王国维，此时却强调中学为"熊掌"，而视自己曾经热情研究过的西学为"马肝"，其学术立场发生了明显的变化。而在王国维强调中学的背后，则寄托了一份宏大的社会理想，即以国学的振兴实现中国的复兴。

---

① 曹云祥：《开学词》，载《清华周刊》总第 350 期。

② 罗振玉：《观堂集林序一》，《观堂集林》，上海书店，1992 年，第 1 页。

③ 王国维：《国学丛刊序·代罗叔言参事》，《观堂集林》卷二十三，上海书店，1992 年，第 16 - 17 页。

由于历史原因，清华国学研究院创建后只存在了短短四年。但就在这短暂的历史中，清华国学研究院却以不足 10 人的教师队伍，共招收 4 届 70 余名学生，在完成学业的 68 人中，除 11 人出国深造外，其余 50 多人均为中国各著名大学的学术带头人，其中不乏姚明达、吴其昌、王力、姜亮夫等一大批海内外知名学者，成为 20 世纪中国学术最重要的一环。

今天看来，在新旧交替、西风东渐的社会转型期间，"整理国故"的提出及诸多国学研究机构的设立，是近代知识分子希望通过国学振兴实现民族复兴的有益尝试，同时也是其"学术救国"、"文化救国"的民族主义思想的具体实践。

第二节 近代启蒙运动与知识分子的民族主义思想

在近代中国知识分子的民族主义思想和社会实践中，一直有着"启蒙与救国"的双重任务。他们希望通过文化启蒙来培养现代的国民，进而通过现代的国民构建现代的国家。从这个意义上说，五四运动前后的文化思想启蒙运动也是近代中国知识分子民族主义思想的具体实践之一。

一、白话文运动与近代知识精英的民族主义实践

近代以来，随着科举制度的废除，传统的士人逐渐丧失了通过"学而优则仕"的路径进入社会中心的可能，而日益沦落为边缘的现代知识分子。这种边缘性不仅体现在知识分子与代表国家话语和权力中心的庙堂的距离，也体现在知识分子与普通大众在思想和话语上的疏远。同时，这种边缘性还体现在知识群体内部，海归学人与国内思想论说的疏离和隔膜。对此，梁启超在《清代学术概论》中已经有清晰的认识："晚清西洋思想之运动，最大不幸者一事焉，盖西洋留学生殆全体未尝参加于此运动。运动之原动力及其中坚，乃在不通西洋语言文字之人。"在梁启超看来，因为西洋留学生对于"晚清西洋思想之运动"的疏离，导致了运动的成效甚微："故运动

垂二十年，卒不能得一健实之基础，旋起旋落，为社会所轻。"梁启超因此得出结论，晚清的西洋留学生"深有负于国家也"。①

梁启超笔下的"晚清西洋思想之运动"就是他一直提倡的"新民"运动。那么为什么晚清西化知识精英对国内"新民"运动出力甚微，导致运动"为社会所轻"呢？个中原因，不仅在于其思想内容与民众理解力的隔阂，更在于其表达思想之形式与民众接受思想之形式的隔阂，即文言文与白话文之间的隔阂。正是由于这种语言载体的差异对现代思想在中国社会传播的影响，造成知识精英与普通民众在思想沟通上的困境，新文化运动的倡导者们才对之前启蒙运动的方式进行了深刻的反思。1916 年，胡适发表言论说："文学在今日不当为少数文人之私产，而当以能普及最大数之国人为一大能事。"② 陈独秀也在同年发表文章宣称："吾国年来政象，惟有党派运动，而无国民运动也……不出于多数国民之运动，其事每不易成就；即成就矣，而亦无与于国民根本之进步。"③ 而正是意识到民众在语言接受上的问题，以胡适为代表的五四知识精英提出了以推广白话文为目标的文学革命，希望通过"国语的文学"生发出"文学的国语"，从而打破社会各个阶层之间在语言上的隔阂，进而带动整个新文化运动的广泛传播。

不过，推广白话文的文学运动也并非完全是五四时期的创新，早在晚清时期，中国也曾经出现过一次白话文运动。中日甲午战争之后，中国的民族主义思潮日益高涨。康有为、梁启超、唐才常等新派知识精英创办了《中外纪闻》、《强学报》、《时务报》、《湘报》等宣传变法革新的刊物，希望通过对变革思想的宣传来开启民智，达到救亡图存的目标。但遗憾的是，因为这些报刊的内容都是由文言文表达出来，结果导致读者中只有置身社会中上层的士人群体能够理解，而真正需要开启民智的普通民众则与之隔阂。于是，在一

---

① 梁启超：《清代学术概论》，上海：上海古籍出版社，1998 年，第 98 页。
② 参见周明之：《胡适与中国现代知识分子的选择》，雷颐译，桂林：广西师范大学出版社，2005 年，第 166 页。
③ 陈独秀：《一九一六年》，载《青年杂志》1916 年第 1 卷第 5 号。

些思想敏锐的新派知识精英看来，中国要想救亡图存，就必须开启民智，而要开启民智，就必须进行文体变革，将高深晦涩的文言文改变成为民众能够接受的白话文。当时的新派学者马建忠对此有过详细的解释，他认为文言文在开启民智方面的传播作用非常有限："计吾国童年能读书者固少，读书而能文者又加少焉，能及时为文而以其余年讲道明理以备他日之用者，盖万无一焉。"[①] 1901 年 9 月，新创刊的白话文报纸《京话报》在发刊词中也公开表示："中国所以不能自强、受人欺负的缘故，不过两端：一是民智不开，一是人心不齐"，"这个人心不齐的缘故，大半就在言语不通的上头"，"所以要望中国自强，必先齐人心。要想齐人心，必先通言语"。[②] 晚清白话文运动因此兴起。由于晚清以来知识精英把白话文看做开启民智的必要路径，而白话文运动的展开，也就成为近代中国民族主义思想和社会实践的重要部分。

此后，黄遵宪和梁启超等人发起"诗界革命"，宣传"我手写我口"的新诗写作，希望通过白话诗歌的改良运动，冲击长期统治诗坛的文言体诗歌观念。但是因为这种新派诗在主题思想和写作形式上都非常单一，很快就丧失了生命力。于是，一些新派知识精英，希望通过创办白话文报刊的方式，来向乡村民众进行更加广泛深入的文化启蒙宣传。当时的白话文报刊创办者之一包天笑在谈及《苏州白话报》的创办经历时就表示："我们不愿意销到大都市里去，我们向乡村城镇间进攻。曾派人到乡村间去贴招纸。第一期出版，居然也销到七八百份。"[③] 不过，白话报的繁荣最终只是昙花一现，因为财力、精力和兴趣等原因的限制，贫苦大众并没有成为坚持购阅白话报的主力军，迫不得已，一些白话文报刊最终放弃知识精英启蒙大众的立场，转而刊登庸俗甚至低俗的市井文化作品，其主要读者也变为城市里的有闲阶层和小市民。

晚清白话文运动之所以没有成功达到提倡者最初设想的启蒙效

---

① 马建忠：《马氏文通·后序》，北京：商务印书馆，2010 年，第 8 页。
② 《论看京话报的好处》，载《京话报》1901 年第 1 期。
③ 包天笑：《钏影楼回忆录》，香港：大华出版社，1971 年，第 169 页。

果，一方面是因为当时中国还处于"乡土中国"近代化转变的初期，产业经济并不发达，能够接受现代思想启蒙的读者严重匮乏；另一方面，也是源于当时的启蒙者自身仍然坚持白话、文言并行不悖的二元性语言观，并没有放下身段，完全站到普通民众的立场上来。例如，晚清白话文运动的倡导者裘廷梁1898年在《论白话为维新之本》中曾经指出："愚天下之具，莫文言若；智天下之具，莫白话若"①，因此主张"崇白话而废文言"②。但当有人向他提出疑问，认为"白话兴，文言废，文学必亡"的时候，裘廷梁则回答说："余安能废文言哉。文言特号为士者嗜之，余不忍全民受困于不易解之文字，故欲以白话代之耳。"③裘廷梁的上述言论真实地反映了晚清知识精英在文言文和白话文之间游移不定难以取舍的矛盾性。而正是看到了晚清白话文运动的不彻底性，新文化运动的主将周作人认为晚清的白话文只不过是"由八股翻白话"④，并不是真正的白话文，并且倡导者们的"态度则是二元的：不是凡文字都用白话写，只是为一般没有学识的平民和工人才写白话的"⑤。这其实就是说，晚清的白话文即使在形式上是给普通民众看的，在内容上却仍然是曲高和寡的精英思想，这也是导致晚清的白话文运动从者寥寥的主要原因。前车之鉴，胡适、周作人等人对晚清白话文运动的批判，自然是从中汲取了教训，而在五四时期提出文学革命的激烈主张，也显然是不愿像晚清文学那样只是一种有限的改良，因为只有这样，才能够打破中国人在语言文字上的双重标准，建构适合整个中国的"国语的文学"，并且进而达到合"他们"与"我们"为统一之中国"全国人民"的民族主义目的。

为了让白话文运动能够更加顺利、广泛和深入的发展，五四运

---

① 裘廷梁：《论白话为维新之本》，见舒芜等编选：《近代文论选》上卷，北京：人民文学出版社，1999年，第180页。

② 裘廷梁：《论白话为维新之本》，见舒芜等编选：《近代文论选》上卷，北京：人民文学出版社，1999年，第177页。

③ 裘可桴（裘廷梁）：《可桴文存》第1卷，无锡：裘翼经堂，1946年。

④ 周作人：《中国新文学的源流》，北平人文书店，1932年，第96－97页。

⑤ 周作人：《中国新文学的源流》，北平人文书店，1932年，第98页。

动的参与者们积极组建平民教育演讲团、北京工读互助团等文化启蒙组织，让更多的普通民众参与到新文化运动的历史变革中来。

从晚清到五四的两次白话文运动，不仅是文体的变革，还负有启蒙国民的时代使命。但是，由于晚清白话文运动的倡导者存在根深蒂固的二元性语言观，导致了运动的不彻底性，因而社会影响较小；而五四时期的白话文运动汲取了之前的教训，提出通过"国语的文学"来建构"文学的国语"，从而抛弃了传统的二元性语言观，因而运动更为彻底，影响也更加深远。

今天看来，新文化运动的目的是通过文化对国人进行现代启蒙，并且在这一基础上建设现代中国。从这个意义上说，新文化运动也是近代中国知识分子民族主义思潮的具体实践之一。实际上，这种通过文化启蒙来改造国民性，进而通过现代的国民构建现代民族中国的民族主义策略，早在梁启超的"新民"思想中已经出现。在《新民说》中，梁启超提出："国也者，积民而成，国之有民，犹身之有四肢、五脏、筋脉、血轮也。未有四肢已断，五脏已瘵，筋脉已伤，血轮已涸，而身犹能存者；则亦未有其民愚陋、怯弱、涣散、混浊，而国犹能立者。故欲其身之长生久视，则摄生之术不可不明。欲其国之安富尊荣，则新民之道不可不讲。"[1] 明确将现代民族主义的确立和培养具有现代社会之特质的国民联系在一起。

受西方政治学家伯伦知理的影响，梁启超还将现代国民看做现代国家的人格体现，并且详细论述了具有现代社会素质的国民和作为国家政治体制的共和制度建设的关系。梁启超因此指出："国民之界说为二：一曰国民者人格也。拥有有机之国家以为其体，而能发表其意想，制定其权利者也；二曰国民者法团也。生存于国家中之一法律体也，国家为完全统一永生之公同体，而此体也，必赖有国民活动之精神以充之，而全体乃成。故有国民即有国家，无国家亦

---

① 梁启超：《新民说》，《饮冰室合集》专集之四，北京：中华书局，1989 年，第 1 页。

无国民。二者实同物而异名耳。"① "以故苟为国民者，能于共和不可缺之诸德，具足圆满，则行此政体，实足以培养爱国心，奖励民智，训至下等社会之众民，其政治思想，亦日发达以进于高尚。美哉共和！"②

　　和梁启超的"新民"思想一样，新文化运动时期的文化启蒙，也希望通过文化改造国民性，将传统的臣民启蒙为具有现代素质的国民，并进而影响中国社会的政治走向和现代化进程。1920年8月，胡适、蒋梦麟、陶孟和、李大钊等人联名发表《争自由的宣言》，详细表述了个人思想和国家政治的关系："政治逼迫我们到这样无路可走的时候，我们便不得不起一种彻底觉悟：认定政治如果不由人民发动，断不会有真共和的实现。但是，如果想使政治由人民发动，不得不先有养成国人自由思想、自由评判的真精神的空气。"③ 与此同时，罗家伦在《答张溥泉》中也明确提出"中国现在的政治社会的不良，就是人民的思想不曾变化"。④ 不过，和辛亥革命时期同时拥有政治精英和知识精英双重身份于一身的梁启超相比，新文化运动时期的知识精英在政治立场上则呈现出分化的状态。以胡适为代表的一批知识精英认为，启蒙应该以文化思想和国民教育为核心，并且尽量与政治保持距离；而以陈独秀、李大钊为代表的知识精英则在文化启蒙的同时，保持着对政治参与的热情。

　　如果说梁启超的"新民"思想还主要停留在中国内部社会发展的革新上，在现代和传统的转变关系中，通过文化启蒙民众的目标主要是培养具有共和思想的现代国民，从而为辛亥革命推翻君主专制政治制度后的中国现代化提供可能，那么，新文化运动时期的文学革命，则主要关注中国和西方列强的外部关系，希望通过个人启蒙的方式激发民众现代意识的觉醒，进而在西方列强不断侵略中国

---

① 梁启超：《政治学大家伯伦知理之学说》，《饮冰室合集》文集之十三，北京：中华书局，1989年，第72页。

② 梁启超：《政治学大家伯伦知理之学说》，《饮冰室合集》文集之十三，北京：中华书局，1989年，第79页。

③ 胡适等：《争自由的宣言》，载《晨报》增刊1920年8月1日。

④ 罗家伦：《答张溥泉》，载《新潮》1919年2卷2号。

的现实语境下达到"救国"的目的。而因为中国在巴黎和会上外交和谈的失败促发的五四运动，无疑是这一启蒙结果的典型体现。从这个意义上说，新文化运动时期的白话文运动和晚清时期的白话文运动一样，实际上都包含了近代知识精英希望通过"新民"救国的民族主义思想。

二、个人主义与近代知识分子的民族主义思想

在新文化运动的开始，胡适等知识分子把文化启蒙的中心放在对年轻学生的教育上，因此，这一时期，新文化运动的主要启蒙对象是学生。美国学者阿理夫·德利克（Arif Didik）因此指出："新文化运动是一场旨在知识分子中间传播新思想、新价值和限于教育与出版方面的知识分子运动。其活动范围仅限于教育机构。"[①] 这一启蒙思路的主要代表人物胡适认为，文化启蒙应该尽量避免政治干扰，以保持自己在思想观念和学术研究上的独立性。胡适本人则公开宣布"二十年不谈政治"，提出"要想在思想文艺上替中国政治建筑一个革新的基础"，[②] 并且发表了《多研究些问题，少谈些"主义"》一文，强调学术研究应该多进行学理输入，反对空谈口号。胡适认为："研究问题是极困难的事，高谈主义是极容易的事"，"凡是有价值的思想，都是从这个那个具体的问题下手的"，"种种学说和主义，我们都应该研究。有了许多学理做材料，见了具体的问题，方才能寻出一个解决的方法。但是……不要挂在嘴上做招牌，不要叫一知半解的人拾了这些半生不熟的主义去做口头禅。'主义'的大危险，就是能使人心满意足，自以为寻着包医百病的'根本解决'，从此用不着费心力去研究这个那个具体问题的解决法了。"[③] 此后，胡适在《三论问题与主义》中进一步论证，抽象的主义往往会拥有

---

① 阿理夫·德利克：《五四运动中的意识与组织：五四思想史新探》，见王跃、高力克编：《五四：文化的阐释与评价——西方学者论五四》，太原：山西人民出版社，1989年，第59页。

② 胡适：《我的歧路》，载《努力周报》第7号，1922年6月18日。

③ 胡适：《多研究些问题，少谈些"主义"》，载《每周评论》第31号，1919年7月20日。

缺乏理性思考的党徒，"因为愚昧不明，故容易被人用几个抽象名词骗去赴汤蹈火，牵去为牛为马，为鱼为肉"，"试看现今世界上多少黑暗无人道的制度，那一件不是全靠几个抽象名词，在那里替他做护法门神的？"① 胡适的上述文章发表后，引起了广泛的争论。这就是近代中国历史上著名的"问题与主义"之争。胡适的主张得到了一些知识分子的支持。梁启超声称："我近来极厌闻所谓什么主义什么主义，因为无论何种主义一到中国人手里，都变成挂羊头卖狗肉的勾当。"② 张东荪也表示赞同胡适的观点，认为："变化的招牌最可利用者，却莫若这个'主义'。"③ 鲁迅也断言："中国本不是发生新主义的地方，也没有容纳新主义的处所，即使偶然有些外来思想，也立刻变了颜色，而且许多论者反要以此自豪"，因此，"抗拒这'来了'的便是有主义的人民。他们因为所信的主义，牺牲了别的一切"。④ 美国学者舒衡哲（Vera Schwarcz）因此总结说，胡适及其支持者的主张其实是一种充满知识分子理想特征的民族主义思想。持有这种民族主义思想的近代中国知识精英认为，面对西方列强的压迫和不断加深的国族危机，中国知识分子应该"坚持把注意力放在国内问题上，继续完成在国内实现'人道与公正'的未竟事业"，只有坚持"以启蒙为中心"，才能够培养具有独立、民主与自由精神的现代国民，而只有拥有这样的国民，才可以最终打败帝国主义的侵略，建立独立自主的现代民族国家。⑤

因为主张通过解决具体问题，改造国民思想的方式建设中国，反对空谈主义和激烈的政治革命，胡适的思想启蒙被普遍认为是一种改良主义方式，并且与五四之后在中国逐渐兴起的政治革命思想

① 胡适：《三论问题与主义》，载《每周评论》第 36 号，1919 年 8 月 24 日。
② 梁启超：《无产阶级与无业阶级》，《饮冰室合集》文集之四十二，北京：中华书局，1989 年，第 1 页。
③ 张东荪：《现在与将来》，载《改造》3 卷 4 号，1920 年 12 月 15 日。
④ 鲁迅：《随感录五十九·"圣武"》，《鲁迅全集》第 1 卷，北京：人民文学出版社，1981 年，第 356 页。
⑤ 舒衡哲：《中国的启蒙运动：知识分子与五四遗产》，刘京建译，北京：新星出版社，2007 年，第 195 页。

相区别。而在胡适提出"多研究些问题，少谈些'主义'"的主张之后，李大钊、陈独秀等人则纷纷发表文章，提出不同的看法，并且与胡适及其支持者进行了持续的争论。胡适认为：中国社会问题无法一下子根本解决，只能够"一点一滴的改造"，"随时随地解决具体问题"，"具体的问题多解决了一个，便是社会的改造进了那么多一步"①，中国所有问题可以"根本解决"的看法"是中国社会改良的死刑宣告!"② 但是李大钊则旗帜鲜明地指出：中国问题"恐怕必须有一个根本解决，才有把一个一个的具体问题都解决了的希望"③，因此，"遇着时机，因着情形，或须取一个根本解决的方法，而在根本解决以前，还须有相当的准备活动才是"④。陈独秀也认为："我敢说最进步的政治，必是把社会问题放在重要地位，别的都是闲文。"⑤ "问题与主义"之争由于双方各执一词，坚持己见，最终不了了之。而对于这场著名的论争，晚年胡适在其口述自传中进行了总结。他认为："所有的主义和学理都是应该研究的，但是我们应当把它们当成一种假设的观念来研究，而不应该把它们当成绝对的真理，或终极的教条。所有的主义和学理都应被当作参考或比较研究的资料，而不应该把它们当成宗教信条一样来奉行来顶礼膜拜。我们应该利用它们来做帮助我们思想的工具，而绝对不能把他们当成绝对真理来终止我们的思考和僵化我们的智慧。只有这样，我们才能培植我们自己有创造性的智慧，训练我们对解决当前团体和社会里实际问题的能力。也只有这样，人类才能从含有迷信的抽象名词或学理中解放出来。"⑥

---

① 胡适：《非个人主义的新生活》，载《时事新报》1920 年 1 月 15 日。

② 胡适：《多研究些问题，少谈些"主义"》，载《每周评论》第 31 号，1919 年 7 月 20 日。

③ 李大钊：《再论问题与主义》，《李大钊文集》下册，北京：人民出版社，1984 年，第 37 页。

④ 李大钊：《再论问题与主义》，《李大钊文集》下册，北京：人民出版社，1984 年，第 38 页。

⑤ 陈独秀：《实行民治的基础——"地方自治与同业联合两种小组织"》，《陈独秀著作选》第 2 卷，上海：上海人民出版社，1993 年，第 29 页。

⑥ 唐德刚编译：《胡适口述自传》，合肥：安徽教育出版社，2005 年，第 209 页。

美国学者舒衡哲在《中国的启蒙运动：知识分子与五四遗产》一书中指出，近代中国的民族主义思想和社会实践有着"启蒙与救国"的双重任务，而以胡适为代表的一派和以陈独秀、李大钊等为代表的另一派在思想和态度上的差异正好体现了这双重目标的两个方面。历史的发展证明，上述两个层面的启蒙之间存在着共识，也同时存在着矛盾之处。最终，正如舒衡哲指出的，爱国主义和政治革命的国家话语最终压倒了个人思想解放的温和要求，知识分子想要启蒙国民性的理想最终破产。[①]

五四之后，胡适等人的这种"以启蒙为中心"的民族主义思想日益边缘化。一方面是因为改造国民思想需要一个漫长的启蒙过程，其效果也无法在短时期内得到显现；另一方面，在五四之后日益加剧的民族危机和国家动荡中，大多数中国人都迫切希望早日摆脱贫穷、苦难和外国的侵略，以实现国家的富强、稳定和独立，因此激进主义思潮和带有社会巨变功能的政治革命更容易为民众所接受，而与政治变革保持距离、追求自身独立的思想启蒙则难以为民众所理解。但是，在激烈的社会变革中，胡适仍然坚持以改造国民思想来救国的启蒙策略，并且对于学生罢课的政治功效以及通过暴力革命的方式推翻一切的"危险的激情"表示出深深的怀疑，特别是对一些政党利用学生达到政治目的，并打着民族主义的旗号对学生进行党化教育的方式感到担忧。因此，胡适虽然在五四运动后高度评价了学生的爱国激情，认为"凡一国的政治没有上正轨，没有和平改换政权的制度，又没有合法的代表民意的机关，那么，鼓动政治改革的责任总落在青年智识分子的肩膀上……因为青年人容易受刺激，又没有家眷儿女的顾虑，敢于跟着个人的信仰去冒险奋斗，所以他们的政治活动往往是由于很纯洁的冲动，至少我们可以说是由于很自然的冲动。"[②] 但仍然强调自己更希望做一个"战斗的思想家"，通过超然独立的方式对政治进行批判。

---

① 舒衡哲：《中国的启蒙运动：知识分子与五四遗产》，刘京建译，北京：新星出版社，2007 年，第 314 页。

② 胡适：《论学潮》，《独立评论》9 号。

1922 年，胡适告别了《新青年》杂志，创办《努力》周报，宣布《努力》周报的办刊方针"是实行我那'多研究问题，少谈主义'的主张"。[①] 而在"好人政府"[②] 垮台之后，胡适更是认为"此时谈政治已经到了向壁的地步"，并且表示："我们今后的事业，在于扩充《努力》，使它直接《新青年》三年前未竟的使命，再下二十年不绝的努力，在思想文艺上给中国政治建筑一个可靠的基础。"[③] 显然，胡适仍然坚持通过独立的思想革命来建设现代中国的民族主义策略。因此，当 1933 年汪精卫邀请胡适加入政府的时候，胡适婉言谢绝，并解释说："我终自信我在政府外边能为国家效力之处，似比参加政府为更多。我所以想保存这点独立的地位，决不是图一点虚名，也决不是爱惜羽毛，实在是想要养成一个无偏无党之身，有时当紧要的关头，或可为国家说几句有力的公道话。一个国家不应该没有这种人。"[④]

对于个人与国家的关系，胡适明确反对狭隘的民族主义和偏激的爱国主义思想。他认为："争你们个人的自由，便是为国家争自由！争你们自己的人格，便是为国家争人格！自由平等的国家不是一群奴才建造得起来的！"公开推崇"健全的个人主义精神"。[⑤]

今天看来，胡适等人对于个人主义的理解是五四时期启蒙运动与改造国民性思想的延续与深化，其核心观点是通过个人的现代化来促进国家和民族的现代化发展。正如鲁迅在提出改造国民性主张

---

① 胡适：《我的歧路》，载《努力周报》第 7 号，1922 年 6 月 18 日。

② 1922 年 5 月，蔡元培、胡适、梁漱溟、王宠惠、汤尔和、罗文干等人在《努力》周报上发表《我们的政治主张》一文，提出由知识分子中的"好人"组成"好人政府"，努力改变政府腐败的现实。这实际上是现代中国自由知识分子干涉政治的一次尝试，随后，在直系军阀吴佩孚的支持下，王宠惠、汤尔和、罗文干等人于 1922 年 9 月入阁，组成所谓的"好人政府"，然而仅存在 3 个多月就在军阀的干预下垮台。

③ 胡适：《与一涵等四位的信》，《胡适全集》第 2 卷，合肥：安徽教育出版社，2006 年，第 513 页。

④ 《胡适致汪精卫》，见耿云志、欧阳哲生编：《胡适通信集（1907 – 1933）》，北京：北京大学出版社，1995 年，第 589 页。

⑤ 胡适：《介绍我自己的思想》，《胡适全集》第 4 卷，合肥：安徽教育出版社，2006 年，第 663 页。

时所言："凡是愚弱的国民，即使体格如何健全，如何茁壮，也只能
做毫无意义的示众的材料和看客，病死多少是不必以为不幸的。所
以我们的第一要着，是在改变他们的精神。"① 对于五四时期的这种
个人主义观点，后世学者评价认为，其"最终的目标是要将中国变
为由具备个人主义精神的个人所组成的民族，这也是鲁迅通过精英
论个人主义所表述的人道主义的具体所在。这是一种建立在个人基
础上的人道主义，这种个人主义不仅要将中国人民从帝国主义的压
迫中解救出来，而且更是要重铸中国的国民性，以使其包含人的尊
严和价值，最终创造出一个人国来"。② 从这个意义上来说，五四时
期的个人主义主张虽然为后来的革命话语、阶级话语、国家话语及
党化教育所批判，但其本身并非一味强调以自我为中心的极端利己
主义，而是民族主义思想与现代国家建设主张的一部分，其中积极
的一面仍然有待后来者挖掘与阐释。

三、女权主义与近代知识女性的民族主义思想

近代以来，随着西学东渐和中国知识界"新民"思想的传播，
女权主义开始在中国不断兴起。20 世纪初期，有近 30 种妇女报刊先
后在国内外创办。其中较有影响的有：1902 年陈撷芬创办的《女学
报》、1904 年丁初我创办的《女子世界》、1906 年燕斌创办的《中
国新女界杂志》以及 1907 年秋瑾创办的《中国女报》等。这些报刊
积极宣传女权思想，鼓吹男女平等，对妇女解放运动的发展产生了
深远影响。这一时期，随着西方女权思想的输入，中国出现了第一
批妇女解放主义者，她们鼓动广大妇女，发扬民族气节，自觉以推
进"女界革命"为己任，不仅积极投身于女性解放运动，也和广大
男性同胞一起，勇敢地参与到推翻清朝统治，建立现代民族国家的
革命活动中来。例如，当时出版的《女子世界》等妇女刊物，就积

---

① 鲁迅：《呐喊·自序》，《鲁迅全集》第 1 卷，北京：人民文学出版社，1981 年，
第 417 页。

② 史书美：《现代的诱惑：书写半殖民地中国的现代主义（1917－1937）》，何恬译，
南京：江苏人民出版社，2007 年，第 90 页。

极宣传"天下兴亡，匹妇亦有责"，"不尽义务，焉得权利"，号召广大妇女以法国的民族主义女英雄贞德为榜样，"为国舍身，撞独立之警钟，张自由之旗鼓"。①《留日女学会杂志发刊辞》也宣称："瓜分之祸，身受之者不仅男子，则排除瓜分之祸之责，亦不能仅恃诸男子"，"女界同胞，正宜当此国家多难危急存亡厄在眉睫之秋，与男子奋袂争先，共担义务，同尽天职。"② 陈撷芬撰文认为："国既为公共，宁能让彼男子独尽义务，而我女界漠不问耶？非但彼男子欲始终鄙我，不能平等，即彼男子以平等与我，我辈自由，问能无愧乎？"进而提出"须先争尽我辈之义务，则权利自平矣！"③ 何香凝也发文号召女性同胞"其勿以玩物自待，急宜破女子数千年之黑暗地狱，共谋社会之幸福，以光复我古国声名"。④ 上述主张将女性的解放与国家民族的解放联系在一起，号召女性积极参与到推翻专制统治的民族革命中来，不仅体现了"只有现代的国民，才有现代的中国"这一近代民族主义的内在逻辑，也从另一方面印证了梁启超"新民"思想的合理性。

　　在妇女解放思想的影响下，一些受到新式思想教育的年轻女性更是以身作则，率先参与到对内推翻专制制度、对外反对帝国主义侵略的民族革命中来。在这一时期的诸多爱国运动中，也都有进步知识女性的参与。例如，在1903年拒俄运动中，一批留日女学生响应共爱会"出其所学所能，奋发以救祖国，以救同胞"的号召，"欲以螳臂之微，为国尽力"，并且慷慨表示"愿从义勇队行，任军中看护死亡事"，"即至捐躯殒命，誓无所惜！"⑤ 这一时期的进步知识女性或者积极策划、组织起义，或者成立"女子北伐队"、"女国民军"、"女子敢死队"、"女子经武练习队"以及"赤十字会"等爱国组织，积极投身民族革命之中，共赴国难。这其中，秋瑾是影响最大的一个。

　　秋瑾原名秋闺瑾，别号竞雄，别署鉴湖女侠、汉侠女儿。祖籍

---

① 莫雄飞：《女中华》，载《女子世界》1904年第5期。
② 《留日女学会杂志发刊辞》，载《留日女学会杂志》1911年第1期。
③ 陈撷芬：《女男之可危》，载《中国日报》1904年4月26日。
④ 何香凝：《敬告我同胞姊妹》，载《江苏》1903年第4期。
⑤ 《拒俄运动》，载《浙江潮》1903年第4期。

浙江绍兴。江浙一带，一直具有反清光复的传统，讲究民族气节的不限于男子，也包括女子。例如，在江浙一带的民间，就广泛流传着一种"十从十不从（十降十不降）"的说法。[①] 20 世纪初期，随着西方女权思想的输入，"男降女不降"又被妇女解放主义者引用，鼓动广大妇女，发扬民族气节，自觉以推进"女界革命"为己任。1904 年，秋瑾在女权主义的影响下，毅然摆脱传统婚姻的束缚东渡日本留学，并逐渐接受了通过革命推翻中国专制制度的思想。

1905 年，秋瑾到上海拜谒了光复会会长蔡元培，又在绍兴见到了刚刚加入光复会的徐锡麟，并经其介绍加入光复会。此外，秋瑾还创办了《中国女报》，为争取妇女解放而大声疾呼。不过，和其他宣传男女平等和妇女解放的女权先驱相比，秋瑾虽然也呼吁女权，但是她更关心的是，妇女应该和男性一样，积极参与国家大事和民族革命斗争。因此，在《精卫石》中，秋瑾写道："余也处此过渡时代，趁文明一线之曙光，摆脱范围。稍具智识，每痛我女同胞处此黑暗之世界，如醉如梦，不识不知，虽有学堂而能入校者、求学者，寥寥无几。"[②]于是"谱以弹词，写以俗语，欲使人人能解，由黑暗而登文明"，"祝女子之脱奴隶之范围，作自由舞台之女杰、女英雄、女豪杰，其速继罗兰、马尼他、苏菲亚、批茶、如安而兴起焉。"[③] 显然，秋瑾希望中国女子能够和外国女界先驱一样为民族革命效力。1907 年 5 月，秋瑾召集浙江各地会党首领成立光复军，并联络徐锡麟商议起义事宜。但这次起义最终失败，徐锡麟和秋瑾先后遇害。

秋瑾就义后，在全国引起了巨大的反响，更多的女性受到她的影响，将女权运动和国家民族的独立解放联系起来，从而前赴后继

---

① "十从十不从"包括：男从女不从，生从死不从，官从隶不从，老从少不从，阳从阴不从，儒从而释道不从，娼从而优伶不从，国号从官号不从，仕宦从婚姻不从，役税从文字语言不从。1903 年，蔡元培在《苏报》发表的《释仇满》一文中就提及此事，并且说："所谓'生降死不降'、'老降少不降'、'男降女不降'者，吾自幼均习闻之。"参见《释仇满》，载《苏报》1903 年 4 月 11 日。

② 秋瑾：《秋瑾集》，上海：上海古籍出版社，1979 年，第 121 页。

③ 秋瑾：《秋瑾集》，上海：上海古籍出版社，1979 年，第 122 页。

地加入到辛亥革命的运动中来。1911 年 10 月，武昌起义爆发后，湖北的女学生吴淑卿闻讯后立即投书湖北军政府都督黎元洪，请求参军。她在《投军文》中这样写道："观今之世界，当要人人努力自强，当要应尽国民之责任，若想热心爱国，非立起当兵之志不可"，并且表白自己"并非图日下之荣耀，只求其同军士去北地，吾愿舍身而赴敌地也，杀尽国奴"。① 接到来信，黎元洪起初婉拒，但最终为其爱国热情所感动，于是授权吴淑卿招募女兵。吴淑卿不久就招募了一支约两百人的娘子军，而各地闻讯赶来参军的女子仍然络绎不绝。

吴淑卿和她的娘子军仅仅是辛亥革命时期女子积极参与国家政治和社会事务的一个缩影。实际上，在辛亥革命时期，已经有越来越多的知识女性将投笔从戎报效国家作为追求女性进步解放和男女平等的重要途径。

除了组建军事武装，这个时期的女性还组建了各种革命后援团体。武昌起义爆发后，黄兴夫妇立即从香港北上奔赴武汉，希望能尽快投入战斗。但由于清朝关卡检查严密，黄兴夫妇在长江一带徘徊许久，却无法到达武汉。后来，上海医院院长张竹君女士组成"红十字会救伤队"，一行二十余人，由张竹君领队，黄兴夫妇混迹其中，乘坐英商怡和公司的江轮顺利躲过沿途的检查，平安抵达汉口。这时武汉的局势一片混乱，北洋精锐部队大举南下，形势对革命军十分不利，黄兴当即出任了战时总司令，在黄兴的指挥下，革命军队打退了北洋军队对武昌的进攻，使岌岌可危的形势稳定下来。而张竹君率领"红十字会救伤队"在湖北前线两个月，也发挥了重大的作用，救护伤员达两千人。此后，各省纷纷独立，清政府垮台。

对于这段妇女与男子一样积极投身革命的爱国历史，孙中山后来给予了高度的评价。他说："女界多才，其入同盟会奔走国事百折不回者，已与各省志士媲美。至若勇往从戎，同仇北伐，或投身赤十字会，不辞艰险；或慷慨助饷，鼓吹舆论，振起国民精神，更彰

---

① 转引自罗苏文：《女性与近代中国社会》，上海：上海人民出版社，1996 年，第479 页。

彰在人耳目。"①

可以说，辛亥革命时期，越来越多的中国妇女在女权运动的号召下走出私人生活，登上了建设现代民族国家的大舞台。这一社会发展趋势在五四时期得到了更明显的体现。

1919 年 5 月 4 日，巴黎和会谈判失败的消息传来，中国人民愤怒不已，从而爆发了一场反对帝国主义的爱国主义运动。这就是著名的五四运动。在这场声势浩大的群众运动中，走上街头的年轻学生成为主力军。5 月 6 日，北京学生成立"北京学生联合会"，号召广大学生联合起来通过罢课和游行等形式进行抗议，保卫国家利益。号召也得到了北京女子高等师范学校学生的积极响应。随着运动影响的不断扩大，各地妇女救国组织也应运而生。5 月 7 日，北京女学界联合会率先发出了《告全国女界书》，号召全国妇女团结起来保卫领土。其后，天津、上海、济南、湖南等省市的妇女爱国组织，纷纷致电政府或通电全国，表达全国二万万妇女"誓与青岛共存亡"的决心。1919 年 6 月 4 日，北京 15 所中等女校的 100 余名女生联合起来集会游行、沿途演讲。次日，参与运动的女学生扩大到 1000 余人，闻讯赶来的天津女生代表也参与其中。女学生们在天安门集合后，选派钱中慧、吴学恒、陶斌、赵翠兰四名女学生代表去新华门求见总统徐世昌，表达了要求政府不要苛待学生、要言论自由、不要干涉学生的爱国演讲和不要把大学当做监狱等意见。在得到总统府工作人员代为转达的许诺后，女学生们才整队回校。

随后，全国许多地方的女学生也都积极响应，在各地举行爱国游行和抵制日货运动。女学生们纷纷走上街头，宣传和劝说民众抵制日货，联合起来一致反抗帝国主义入侵。可以说，广大女性的积极参与，对于五四运动的发展和胜利发挥了重要的作用。这也标志着随着女权运动的不断深入，近代中国女性在自己的社会地位和独立意识不断提高的同时，也越来越多地参与到国家独立和民族解放的国家事务中来。

---

① 孙中山：《复女界共和协济会函》，《孙中山全集》第 2 卷，北京：中华书局，1982 年，第 52 - 53 页。

第三节　五四文学中的国族想象与文化焦虑

民族文学是知识分子民族主义思想的重要体现形式之一。五四运动时期，以鲁迅为代表的中国作家通过文学作品的形式，表达了自己对"乡土中国"和民族传统文化的深入思考。在这些思考中，不仅蕴涵了他们对传统中国向现代民族国家转变的想象与态度，同时也包含了他们在民族文化认同上的困惑与焦虑。

一、晚清到五四的文化论争

民族文化，是一个民族国家的基本构成之一，而民族国家则是现代性叙事的应有之义。美国学者本尼迪克特·安德森（Benedict R. O'Gorman Anderson）指出：民族国家并非一个不言自明的概念，在其形成和认同过程中，文化特别是文学发挥了巨大的作用。或者说，"民族"这个"想象的共同体"最初是通过文字（阅读）来完成想象的。而18世纪兴起的两种想象方式——小说和报纸——为作为共同体的民族想象提供了有效的技术手段。[1] 这一理论此后被不同国家学者的研究所论证，如日本学者柄谷行人就曾经在《日本现代文学的起源》中，将日本现代文学的起源与"现代民族国家"的确立紧密联系在一起进行考察。[2] 本尼迪克特·安德森的说法同样适用于现代中国，在从"乡土中国"向现代民族国家转变的过程中，以文学为代表的近代以来的中国民族文化，发挥了重要的认同功能。

近代以来，伴随着西方入侵以及自身的空前危机，以儒家文化为主体的中国传统文化受到极大的冲击，传统民族主义认同体系趋于瓦解，并逐渐产生了近代民族主义的思想萌芽，中国也由一个

---

① 参见本尼迪克特·安德森：《想象的共同体：民族主义的起源与散布》，吴叡人译，上海：上海人民出版社，2003年。
② 参见柄谷行人：《日本现代文学的起源》，赵京华译，北京：生活·读书·新知三联书店，2006年。

"帝国"开始转化为一个现代意义上的民族国家。不过，在这一转化过程中，也充满了种种复杂的矛盾、反复和张力。这种复杂性体现在：一方面，近代中国民族主义作为世界现代性叙事的一部分，必须改变传统民族主义华夏中心观的视角，接受现代文明思想，向现代民族国家的观念转化；另一方面，在现代民族观念刺激下逐渐苏醒的民族意识，又本能地要求中国维护作为一个民族国家的整体性、完整性和独立性，并保有对自身文化的本土经验和独立品格的强烈诉求，因此，对西方强势文化的入侵始终充满警惕和反抗。

在中国步入近代之初，由于中国传统民族主义具备的超稳定性和封闭性，中国传统文化并没有立即失去其原有的优越感，只是由原来强势文化支撑的"以夏变夷"思想变成了弱势文化背景下的盲目排外。但是，一些有识之士也已经开始认识到要从民族文化的内部进行革新，来适应时代变化的需要。例如，郑观应的《盛世危言》、王韬的《变法》和《变法自强》，都曾经提出文化革新的设想。不过，这一时期的文化论争虽然也可以概括为"新"、"旧"之争，但争论主要是在中国文化内部进行的，"旧"是指旧有的中国文化传统，"新"则是指在肯定和保留中国传统文化整体的基础上，进行局部的思想和形式革新。

五四前后，目睹当时中国严重的重重危机，一批受到西方思想熏陶的知识分子开始认为：要想实现民族的复兴和强大，就必须彻底与传统文化划清界限，接受西方的现代思想，因此提出更为激进的文学革命思想。以胡适、陈独秀、鲁迅等为代表的五四新文化运动主将激烈地抨击传统文化，将反对传统文化看作民族文化新生的必由之路。这其中以陈独秀最为激进，他以《新青年》杂志为阵地猛烈抨击孔子，掀起了"打倒孔家店"的狂潮。而奉行"遵命文学"的鲁迅，也在中国第一篇白话小说《狂人日记》中将中国传统文化定义为"吃人"的文化。另外一位新文化运动的主将胡适虽然在五四初期对传统文化的态度温和，但之后却在自己的英文文章《文化的冲突》（The Cultural Conflict in China）中明确提出"全盘西化"（Wholesale Westernization），从而激起了1935年"全盘西化"和"中国本位文化"的激烈论战。

在这里，如果我们仍然将五四新文化运动时期的文化论争概括为"新"、"旧"之争，那么争论显然已经突破中国文化的内部范畴，而与中西文化的冲突相伴相生，其中的"新"、"旧"几乎可以和西方文明与中国文化对应，并且成为"现代"与"传统"、"文明"与"愚昧"、"进步"与"落后"、"开放"与"封闭"、"发展"与"停滞"的代名词。正如华裔学者林毓生指出的那样："20世纪中国思想史的最显著特征之一，是对中国传统文化遗产坚决地全盘否定的态度的出现与持续"，它的"直接历史根源，可以追溯到本世纪初中国现代知识分子起源的特定性质，尤其可以追溯到1915 - 1927年五四运动时代所具有的特殊知识倾向"。① 晚清到五四的文化论争，实质上是对近代中国民族文化的一次再认识与再构建过程，同时也是古老的"乡土中国"向现代民族国家转化的过程。在这个过程中，具有强势文化背景的西方成为东方实现国族认同和现代民族国家构建的他者，并且深刻地影响了中国民族文化的重构与新生。

二、五四文学的国族想象

当代学者王德威在《想象中国的方法》中写道："小说是现代中国文学最重要的一种文类。过去一个世纪以来，小说记录了中国现代化历程中种种可涕可笑的现象，而小说本身的质变，也成为中国现代化的表征之一。"因此，"比起历史政治论述中的中国，小说所反映的中国或许更真切实在些。"于是，王德威进一步提出"小说中国"的概念。他说："但由小说看中国这样的观念，毕竟还嫌保守。我更是借此书强调小说之类的虚构模式，往往是我们想象、叙述'中国'的开端。"② 王德威的观点，至少表明了以下两层意思。其一，现代小说始终是和中国现代化的历程相联系的，小说的发展脉络，"也成为中国现代化的表征"。其二，也许更重要的是，小说

① 林毓生：《中国意识的危机——五四时期激烈的反传统主义》，贵阳：贵州人民出版社，1988年，第2页。
② 王德威：《想象中国的方法》，北京：生活·读书·新知三联书店，1998年，第1页。

不仅是现代性叙事的表征——或者，按照伊格尔顿的说法——是社会政治和思想意识的反映，它同时也是在通过"想象、叙述"来引导我们对国家、民族以及现代性叙事的认同，并且使之内在化。

回顾近代中国的现代性叙事，其主题无疑是从"乡土中国"向现代民族国家的转变，因此王德威的"小说中国"概念显然可以精确地说明乡土小说与现代中国的关系。实际上，以鲁迅作品为代表的五四乡土文学在中国文学史上一直具有崇高的地位。在评论家笔下，这些作品和国民性批判相联系，是美国文学评论家杰姆逊（Fredric Jameson）笔下的第三世界民族寓言，正如当代学者张旭东所指出的："历史在鲁迅那里是以寓言的面目出现的……在鲁迅这里，历史的停滞通过寓言变成了历史运动的革命性前提。"[1]

在鼓吹民主与科学的五四时期，最先兴起的并非乡土文学，而是问题小说。问题小说涉及青年、恋爱、婚姻、家庭、教育、伦理等诸多当时中国的现实问题，而其实质却在于表达自由、平等、博爱等西方的启蒙观念。可以说，问题小说正是以西方现代思想这个他者为镜像，通过文学的形象化叙事，对中国形象进行重构和确认，并且试图将这种重构的形象内在化和普遍化。也正是在这个层面上，问题小说超越了小说本身，被赋予崭新的文化史意义。但是，需要强调的是，呈现在西方视阈中的东方古国同时是一个费孝通意义上的"乡土中国"，而问题小说在关注个人解放和自由平等问题的同时却忽视了对决定中国未来的乡土问题的书写。因此，当代学者严家炎在叙述乡土小说的"发生"时说道："1923 年以后，当问题小说之风渐次衰歇的时候，一种新的风尚——乡土文学，却正在小说创作领域内兴起。"[2] 这句充满文学意味的表述道出了问题小说与乡土文学的转承关系。实际上，如果我们将这种变化和当时的具体历史背景——现代性叙事在中国的标志性实践"五四运动"联系起来的话，就会轻易发现这种转承发生的内在逻辑。问题小说是中国现代

---

① 张旭东：《批评的踪迹》，北京：生活·读书·新知三联书店，2003 年，第 260 - 261 页。

② 严家炎：《中国现代小说流派史》，北京：人民文学出版社，1995 年，第 42 页。

小说的一个开始。它的书写范围相当广泛，但是，几乎所有这些主题内涵都可以被精确地和西方的启蒙观念诸如自由、平等、博爱一一对应，从而可以被确认为是对于西方现代思想在中国的全面移植。但是，问题小说尽管全面移植了西方的启蒙思想，其关注的中心却是自由主义式的个人解放和对于主体意识的"自我"认同。因此，问题小说的出现在当时虽然不乏积极意义，但是，对于一个正处于国家民族危机和面临"三千年未有之变局"的农业大国来说却是远远不够的，这也正是问题小说在五四时期昙花一现之后，就向土壤更深厚、影响更深远的乡土文学转换的根本原因。

　　由于特定的历史语境，乡土文学从一开始就和中国的现代民族国家叙事密切相关。在传统中国，民族主义思想的核心天下主义具有以儒家文化为核心的强大的文化支撑体系，并且以一种自足、封闭和排外的形式表现出来。费孝通在《乡土中国》中指出，这种文化和生存上的自足、封闭和排外特征，即使在传统民族主义日益式微之际，仍然在广大的中国乡村根深蒂固。和天下主义不同，近代中国民族主义形成的背景是一种弱势文化。伴随着"三千年未有之变局"，传统文化在近代中国受到极大的冲击，使传统民族主义认同体系产生了强烈的危机，并逐步产生了近代民族主义的思想萌芽，中国也由一个古老的"帝国"转化为一个现代意义上的民族国家。近代中国的这种变化也是后发的东方国家向现代民族国家转换的代表模式。法国思想家拉康（Jacques Lacan）的镜像学说认为，自我是在他者的观看中形成的。随后，美国后殖民批评理论的代表人物赛义德（Edward Said）在此基础上又提出了东方学，意在说明东西方在现代性叙事中的不平等关系，在这种不平等关系中，西方想象东方的方式成为东方确认自我的唯一方式。也就是说，在现代民族国家的建构中，西方成为东方实现国族认同的一面镜子。不过，需要强调的是，乡土小说的这种叙事，是在一种双重的他者视阈中进行的。在外部，是呈现在现代西方视阈中保守、停滞和正在衰亡的"乡土中国"；在内部，是从西方归来的中国知识精英对于"故乡"的再"发现"和再认识，而归来的游子对于"故乡"的回看，同时也是从传统民族主义向近代民族主义思想转换的过程。这种回看的过程并不是对于西方视阈的简单重复或者照单全收，而是蕴涵了复杂的文化政治与主体意识。可以说，特定的历史语境和时代精神决定了中国乡土小说自从诞生之日起，就义不容辞地参与到"现代民族国家"认同的大叙事中来。而中国乡土小说正是通过对中国这个"想象的共同体"的叙述，真正完成对于中国形象的重新构造和确认。正是在这个意义上，以鲁迅的《故乡》为代表的乡土文学作品，完全可以解读为五四时期中国知识精英对于"乡土中国"这个封闭、落后的民族共同体的文学想象、历史寓言和文化隐喻。

1921 年，鲁迅在小说《故乡》的开头写道："我冒了严寒，回到相隔二千余里，别了二十余年的故乡去。时候既然是深冬；渐近故乡时，天气又阴晦了，冷风吹进船舱中，呜呜的响，从篷隙向外一望，苍黄的天底下，远近横着几个萧索的荒村，没有一些活气。我的心禁不住悲凉起来了。阿！这不是我二十年来时时记得的故乡？"①

这是一段著名的风景描写，而观看者和发现者是以离家的游子面目出现的归来者。这种归来不仅是地理意义上的，也是文化和象征意义上的。它是侨居城市的儿子对于乡土母亲的归来，也是曾经留洋海外、受到西方现代思想熏陶的中国知识精英对于祖国家园的归来。这种以现代和城市为出发点的乡土书写，直接导致了"城乡"实际上也就是"现代与传统"二元对立的思维模式，并进一步产生了一系列贯穿 20 世纪中国乡土书写的话语实践。而隐含其中的，是一个复杂的现代性认识机制，包括现代性的时间观、空间观，而贯彻其中的则是所谓"进化论"的历史观。这种"直接前进"的时间观念也就是"线性时间"观念，它认为社会是在不断进步的，历史是在不断前进的。这种起源于《圣经》的时间观念最终被表述成所谓的"历史哲学"，用来解释世界的发展和历史的内在规律。按照巴赫金的论述，一直到 18 世纪，主宰欧洲人的时间意识仍然是一种"循环"时间，人们在文学作品里阅读的也只是一些空间场景的单纯连接和切换。而以歌德为代表的欧洲作家率先在作品里表达了对于

---

① 鲁迅：《鲁迅小说集》，北京：人民文学出版社，1952 年，第 78 页。

时间意识的觉醒。在歌德创作的"成长小说"里，体现出了从时间的角度去观察世界，从而揭示出空间生成和发展的过程。这种通过时间来揭示空间的转换，也被认为是传统小说向现代小说的转换——同样也是传统向现代、文明与落后的转换。因此，在19世纪以后，随着西方世界化的进程东移，通过进化史观来看问题的意识在中国逐步深入人心。比如，梁启超在《五十年中国进化概论》中就曾按照进化史观列举了中国从器物到制度再到文化的向西方学习的过程。而当此后以鲁迅为代表的中国作家在作品中引入时间意识的时候，也意味着强调进化史观的现代小说已经取代了以循环史观主导的"历史演义"等传统文学的写作。

　　因此，当"相隔二千余里，别了二十多年"之后，出现在归来者鲁迅视野里的"故乡"却是那样的让人失望，"苍黄的天底下，远近横着几个萧索的荒村，没有一丝活气"。而回忆中的"故乡"则是另外一幅样子，"深蓝的天空中挂着一轮金黄的圆月，下面是海边的沙地，都种着一望无际的碧绿的西瓜"。这种时空切换造成明显的反差和对比，其中流露的是作为他者的鲁迅强烈的现代时间观。只不过这里的"时间"和"空间"的反差已经不是象征着进步与发展的"西方"与代表着停滞与落后的"中国"的反差，而是转化为被"西学"内化，并且自觉成为"西方"代言人的中国现代知识分子理想与"乡土中国"的反差。但是，反差承载的内在意蕴却是完全一致的，都可以被表述为"现代"与"传统"、"文明"与"愚昧"的文化矛盾与冲突。而在以《故乡》为代表的早期乡土小说里，这种矛盾与冲突正是通过现代时间对循环时间的批判来呈现的。

　　"水生—闰土—闰土父亲"的演变正是"未来—现在—过去"的发展逻辑，其实质是一种周而复始的生命循环：无论是充满活力的水生，还是伶俐的少年闰土，最终都会"成长"为一个麻木的成人闰土——一个对于闰土父亲生命的复制和再版。这种"历史的连续统一体"在德国思想家本亚明（Walter Benjamin）看来，只不过是另外一种被同化了的"同质和空无的时间"，"历史的统一"等同于历史的停滞。显然，要想在近代中国实现民族国家的建构，首先要打破这种历史的停滞，而启蒙的合法性也由此而生。

同《故乡》对于历史停滞的批判一样，《阿Q正传》也将批判的锋芒指向一成不变的"乡土中国"现实：阿Q所面临的不是一次又一次的历史考验或历史冲突，而是一成不变的现实打击。"阿Q精神"便是数千年不断遭受这种打击的结果，而它又反过来成为无条件接受这种打击的最好的媒质。阿Q同所有未庄场景中的人物一样站在原地，而故事成为以这个原地为中心的走马灯式的转换，这是典型的中国历史的时空秩序。和《故乡》以他者的回看对于"故乡"进行有距离的同时也是总体性的历史考察不同，《阿Q正传》更多的是以一种零距离的触摸，对于生存在历史停滞之中的农民进行细部的心理呈现。但是，这种呈现仍然是在现代意识这种他者的注视下进行的，尽管这种现代意识在文本里并未出现，但却不言自明蕴涵其中。而其注视并批判的对象，便是作为其对立面存在的乡土传统。

这种在"现代与传统"二元对立的思维模式下不言自明的进化史观，贯穿五四时期的整个乡土叙事。而当近代中国作家在作品中引入时间意识的时候，不仅意味着现代小说已经取代了"历史演义"等传统文学的主流地位，也同时标志着天下主义思想的瓦解和近代民族国家建构在文学叙事中的开始。

三、五四文学的文化焦虑

英国学者伊格尔顿（Terry Eagleton）认为，文学的任务在于代表体现在艺术中的能量和价值准则对社会进行改造，具有深刻的社会含义、政治含义和哲学含义。这个判断同样适用于近代中国文学。在近代中国，文学一直被看做实现民族认同的有效路径。为了增强国民在历史文化上对民族国家的认同，梁启超曾经写下《新民说》，提出国民国家之所以能立于世界，"必有其国民独具之特质，上自道德法律，下至风俗习惯、文学美术，皆有一种独立之精神，祖父传之，子孙继之，然后群乃结，国乃成。斯实民族主义之根柢源泉也"。① 此后，梁启超更是致力于"三界革命"，希望通过新文学的兴起促进中国的民族认同。而"中华民国"称号的发明者章太炎也将民族文化作为构成民族的重要因素之一。近代中国知识精英力图通过文学革命对民族文化的召唤，激发起国人的民族认同，充分说明了他们的民族文化自觉。不过，由于历史的局限，当时的知识精英们对民族主义这一概念的理解也不无偏颇。如章太炎就曾经将民族主义与"排满"革命等同起来，反映了狭隘的汉民族主义倾向。更为严重的是，辛亥时期的民族主义思想，仅仅为当时少数知识精英所宣传与倡导，而对大多数普通民众影响甚微。

可以说，一直到五四新文化运动时期，知识分子的民族主义思想，才通过文学作品的形式，在五四文学的创作上得到了广泛的实践。而这一时期的文学主题，则是作为他者的现代知识分子对于"乡土中国"的重新审视与发现。例如闻一多在《发现》中就曾经以留学归来者的身份大声呼喊："我来了，我喊一声，迸着血泪，'这不是我的中华，不对不对！'"② 此后，诗人又用"空喜"、"噩梦"、"恐怖"等来强调这种巨大的反差，并再一次呼喊"那不是你，那不是我的心爱！" 1918 年，新文学的开拓者鲁迅发表了他的成名之作《狂人日记》。在这部现代文学的奠基作品里，鲁迅毫不掩饰地表达了自己对作为看客的麻木民众的不满。例如，徐锡麟事败后，被清兵剖心食肉一事，就成为他文思的直接引子，而吃人行为也就成为作品最基础的结构间架。在短篇小说《药》里，秋瑾被写做坟墓中的主人公，只不过名字变成夏瑜。在鲁迅笔下，夏瑜的形象不是由正面描写，而是通过刽子手康大叔与茶客们的闲谈展现出来的。透过人们的闲聊，我们看到那封闭在铁屋子里的中国和在其中麻木昏睡的国民。徐锡麟和秋瑾都是"排满"的革命先行者，他们的民族主义思想尽管在今天看来有失狭隘，在当时却无疑是进步和符合历史发展潮流的，但他们的振臂高呼却并没有激发起民众的

---

① 梁启超：《新民说》，《饮冰室合集》专集之四，北京：中华书局，1989 年，第 6 页。

② 闻一多：《发现》，《死水》，北京：人民文学出版社，1980 年，第 29 页。

广泛回应。正是因为发现在积弱已久的中国，问题的解决绝不仅是依靠简单的暴力革命手段就可以完成，而必须要回到复杂的文化和精神层面，鲁迅才选择了以笔为投枪的战斗方式。

进一步说，从辛亥革命到五四时期，中国的知识精英们已经达成共识：改造国民性，实现从"乡土中国"到现代民族国家的转变，必须从一个国家的文化启蒙开始。这也是当时诸多知识精英不约而同投身写作的一个重要原因。于是，自新文化运动以来，在现代性叙事这个他者的"注视"下，中国的知识精英开始了对"乡土中国"的重新关注。不过，正如《狂人日记》、《药》所反映的，在新文学作家的笔下，"乡土中国"以农民为代表的普通民众一直是文化启蒙的客体和需要拯救的对象，缺少民族的主体意识和现代国民的自觉性。他们是民族危机的受害者，却看似对此无动于衷，以致成为民族危机的看客。民众生活在内外交困的时代，却缺少民族意识的自觉与对国族身份的认同。可以说，近代"乡土中国"自"遭遇"现代文明的那一刻起，就在一种他者的视野中重新审视自己，并且试图重新确立自我的文化定位和民族认同感。

在这个问题上，以鲁迅为代表的五四知识分子，更强调历史停滞的"乡土中国"必须被一个"现代中国"所取代，而这需要在文化上输入更多的新鲜血液。在他们看来，中国只有先成为"世界的"，或者说是"现代的"，才有可能成为"民族的"，也就是"传统的"。因此，鲁迅虽然"用了种种法，来麻醉自己的灵魂，使我沉于国民中，使我回到古代去"[1]，但是对于国家与民族的深重忧患让他无可逃避，最终选择在"铁屋子"里"呐喊"来惊醒沉睡的国民，并寄希望用"拿来"的文化来拯救尚存希望的青年。鲁迅的思想，其实代表了五四时期一大批进步的知识分子。他们多从海外留学归来，希望用现代的西方启蒙思想来拯救传统的乡土中国。

实际上，随着时代的变迁，今天的学者们已经发现，一味地模仿西方文化并不能造就东方文化的现代化，而只能被西方的文化霸

---

① 鲁迅：《〈呐喊〉自序》，《鲁迅全集》第 1 卷，北京：人民文学出版社，1981 年，第 419 页。

权机制同化和规训，其结果不仅无法完成民族文化的整合，而且最终会迷失自己。近年来，萨义德（Edward Said）的东方主义研究、米歇尔·哈尔特（Michael Hardt）和安东尼奥·耐格里（Antonio Negri）的帝国说都从不同的角度指出了这一点。也正是在这个意义上，20 世纪后期，一些学者们开始反思"五四"，认为"五四"激烈的反传统思潮导致了"价值失落的危机"，正因为如此，我们今天才要"超越'五四'"。①

但是，并不能因此就否定五四一代在文化政治上的积极意义。尽管以鲁迅为代表的五四作家对传统文化的批判严厉乃至偏激，不过，如果我们回到具体的历史语境，就会发现他们是有意用这种激烈的批判去警醒人们，挣脱被传统习惯所牢牢捆绑的思维定式，正视传统文化中不适于时代发展的糟粕，即所谓"有意的偏激"和"矫枉必须过正"。"因为他们担忧的不仅是军阀的反对，还有他们自身与儒家传统的内在联系。因此他们向比他们略为年轻的学生发出呼吁。"② 这其实是五四启蒙主义的一种常用的表述策略，也是文化转型期的一种较为普遍的现象。对于这种激进主义的文化主张，陈独秀曾经解释过：胡适说我是一个"终身反对派"，实是如此，然非我故意如此，"乃事实迫我不得不如此也"。③ 而当代学者余英时对这一时期中国文化界的剧烈变化则解释为："因为现实没有一个秩序可供立足，大家就不断要变，思想停不下来。"④

当然，这种夹杂在中西文化冲突中的认识矛盾，让五四知识分子在面对传统文化的时候，也陷入了自身无法排解的矛盾。他们一方面视传统文化为束缚中华民族的锁链，决绝地斥其为"吃人"，激烈地号召青年不要读中国书；另一方面，他们自身又始终没有放弃

---

① 陈来：《人文主义的视界》，南宁：广西教育出版社，1997 年，第 80 页。

② 舒衡哲：《中国的启蒙运动：知识分子与五四遗产》，刘京建译，北京：新星出版社，2007 年，第 72 页。

③ 陈独秀：《致 S 和 H 的信》，《陈独秀著作选》第 3 卷，上海：上海人民出版社，1993 年，第 567 页。

④ 余英时：《钱穆与现代中国学术》，桂林：广西师范大学出版社，2006 年，第 177 页。

对传统文化的研究，并且对西方的现代文明在中国的影响充满怀疑。其实，和鲁迅同时代的人，如陈独秀、钱玄同、刘半农等，对传统批判都曾经表现得相当激进，甚至是全盘否定，以求冲破旧文化的惰性，但他们毫无例外又都在研究、整理、评判传统文化方面做出了开拓性的巨大成绩。这样的矛盾在五四一代的知识分子身上普遍存在。傅斯年曾对胡适说过的一句话可以反映五四一代的这种矛盾处境："我们的思想新，信仰新；我们在思想方面完全是西洋化了，但在安身立命之处，我们仍旧是传统的中国人。"① 可以说，以鲁迅为代表的五四知识分子一方面和时代同步，希望用西方的启蒙思想来拯救传统的乡土中国，另一方面，却对于这服"现代西药"保持着审慎和深深的怀疑，并且因为这种怀疑陷入了更深的痛苦与迷惘。

因此短篇小说《药》就具有耐人寻味的象征意义。对作品结尾乌鸦的最后一飞，历来都有争论。按传统迷信，乌鸦当然是恶兆，但也有很多人把乌鸦"直向着远处的天空"的一飞当做胜利的暗喻，认为乌鸦的离去象征着黑暗的消失。笔者以为，乌鸦的举动恰恰更多地表达了鲁迅深刻的怀疑精神，它"箭也似的飞去了"，是一种决绝的姿态，并不顾及迷信人的祈求，当然也不会给人们开"药方"，不管是迷信的人祈求的"药"，还是启蒙者寄以希望的"药"。

在后期的作品中，鲁迅不断流露出孤独、抑郁的情绪。在《好的故事》里，写到很美的景色，但终究是梦里看花。梦的"美丽"和现实的"昏沉的夜"之间的反差让鲁迅心绪难宁，而"梦的破灭"更让他产生一种虚无和迷惘感。与其说这种迷惘是以个人主体意识为本位的存在主义使然，毋宁说是对于"乡土中国"在文化政治上的焦虑所致。他批判传统文化的同时却又寄希望于它复兴，在引进西方文明的同时却又深深的怀疑。

今天看来，五四知识分子绝非历史虚无主义者，他们对传统文化的"价值重估"，其目的仍然是为了中国在文化上恢复活力。不过，因为时代的原因，以鲁迅为代表的五四知识分子虽然"拿来"

---

① 胡适：《胡适日记全编》（1928－1930），合肥：安徽教育出版社，2001年，第404页。

了西方的现代思想，却并没有找到民族文化复兴的良方。这也折射出在从"乡土中国"向现代民族国家转化的初期，近代中国在民族文化认同上的焦虑与矛盾。

第四节　国族认同中的文化危机与价值重建

在近代中国，传统中国文化和近代西方文化这两种异质文化系统发生的冲突和交融，造成了中国知识分子在民族文化上的认同危机。这一危机，不仅包含了民族文化与外来文化的矛盾，也同时彰显了中国在从传统社会向现代社会转变过程中价值重建的艰难。面对危机，一部分中国知识分子选择了文化保守主义的立场，作为西风东渐下中国传统文化面对近代西方文化冲击所作出的应对与回应。另一部分中国知识分子，选择了通过文化革新的方式来重新构建现代中国的民族文化与价值评判标准。

一、中西文化交融下的文化保守主义

文化保守主义是人类文明发展过程中长期存在的一种思想流派。"保守"一词最早见于《史记·鲁仲连邹阳列传》中的"燕将俱诛，因保守聊城"[1]，其本意为保护、坚守，使之免于丢失，后衍变为文化思想上的守旧和复古的观念，一般具有贬义和批判色彩；而英语中的 conservative（保守）一词则指对既有社会和生活秩序、方式的坚持，为中性词。在西方，保守主义的兴起以近代化的历史进程为背景，主要包括政治保守主义和文化保守主义，一般与政治激进主义和文化激进主义相对应，代表人物有德国的谢林（Friedrich Wilhelm Joseph von Schelling）、费希特（Johann Gottlieb Fichte），法国的托克维尔（Alexis de Tocqueville）等人。此后，随着现代化在全球的蔓延，保守主义思想也在受到现代化冲击的后发国家不断出现。按照一些西方学者的说法，保守主义是对于非保守和非传统的现代化

---

① 司马迁：《史记》卷83，北京：中华书局，1959年，第2465页。

所发生的一种全球性反应，旨在维护传统文化的地位和价值。①

近代以来，随着民族危机的空前严重和西方文化的不断东渐，越来越多的中国人认为，只有反省中国传统文化的问题与缺陷，向西方的现代文明学习，中国才能够救亡图存。但是，也有一些人持有不同的观点。他们认为，只有从自己的社会文化传统中汲取力量，中国才能生存和繁荣，相反，如果中国人脱离和背弃了自己的文化传统，就不会赢得世界其他民族的尊重。持有这种观点的人被称做中国的文化保守主义者。在近代中国，文化保守主义是传统中国文化和近代西方文化这两种异质文化系统发生冲突和交融时发生的文化现象，是西风东渐下中国传统文化面对近代西方文化冲击所作出的应对与回应。一些学者认为，西方的文化保守主义是反映传统与现代这一矛盾关系的结果，属于自身文化的内部思想。而包括中国在内的后发国家出现的文化保守主义则不同，在本土传统文化与西方现代文化的冲突与交融之中，文化保守主义的出现，不仅包含传统与现代之间的矛盾，也同时包含了民族文化与外来文化的对立，因此具有传统主义与民族主义的双重因素，故主张用"文化守成主义"来代替"文化保守主义"。②

对于近代中国的文化保守主义肇始于何时，长期以来观点不一。如郑师渠和胡逢祥以"国粹派"为中国近代第一个保守主义的文化团体；欧阳哲生认为近代文化保守主义可以上推至以康有为为首的"今文经学"派；何晓明则认为中国最早的文化保守主义思想应以1861年冯桂芬刊发《校邠庐抗议》为开始的标志。③ 笔者认为，上述的学术分歧实际上是源于近代中国文化保守主义内部思想观念和

① 参见史华慈：《论保守主义》，见《近代中国思想人物论：保守主义》，台北：时报文化出版公司，1980年，第19页。

② 参见艾恺：《前言》，《世界范围内的反现代化思潮——论文化守成主义》，贵阳：贵州人民出版社，1991年，第4－5页。

③ 参见郑师渠：《晚清国粹派文化思想研究》，北京：北京师范大学出版社，1997年；胡逢祥：《社会变革与文化传统：中国近代文化保守主义思潮研究》，上海：上海人民出版社，2000年；欧阳哲生：《中国近代文化流派之比较》，载《中州学刊》1991年第6期；何晓明：《返本与开新——近代中国文化保守主义新论》，北京：商务印书馆，2006年。

追求目标的不同。简单地说，近代保守主义从思想观念和追求目标上主要分为两种类型：一种类型是在洋务运动时期逐渐形成的"中体西用论"，持有这种观点者以冯桂芬、张之洞等具有儒家思想的社会改革家为代表，其追求目标在于为中国现实的社会发展方式提供理论基础；另一种类型是以近代在西学冲击下仍然固守中国传统文化道德和学术精神的知识分子为代表，这一群体内部的代表人物和思想观念也比较繁杂，包括以章炳麟、黄侃、刘师培等为代表的国粹派，在五四时期与《新青年》杂志论战的东方文化派，以梅光迪、吴宓、胡先骕等为代表的学衡派，20 世纪 20 年代兴起的新儒家以及林纾、辜鸿铭和王国维等近代文化名流。他们虽然都立足于复兴中国固有文化，从传统文化中发掘中国近代化所需要的东西，但在具体思想上则有所差异。例如，以章炳麟为代表的"国粹派"宣扬"用国粹激动种性，增进爱国热肠"，提出"国学、君学对立论"，颂扬"国学"，批判"君学"，希望借助国粹宣传"排满革命"、救亡图存和反对帝制、实行民主共和的思想。"国粹派"思潮在辛亥革命时期影响颇大。它在配合推翻清朝君主专制制度、抵制盲目西化、改变学术风气等方面，起了一定的积极作用。但它鼓吹发扬国粹，在客观上又配合了守旧派和君主立宪派的需要，因而在辛亥革命后，逐渐蜕化为复古保守势力。而林纾、辜鸿铭和王国维等近代学者，则从自身的思想立场出发，从不同的角度，表达了中国传统文化对于近代中国发展的重要意义。

郑师渠在对近代中国文化保守主义的研究中曾经提出一种文化民族主义的观点。之前，在费正清的《美国与中国》一书中也有类似的论述。费正清认为：进入 20 世纪后，中国人"对自身文化或'文化素养'的世代相传的自豪感已经激起了一股新的'文化民族主义'，这在将来很可能会胜过那发生在欧洲的单纯政治上的民族主义"。① 郑师渠据此认为，近代中国的民族主义发展进程实际上是政治民族主义和文化民族主义共同作用的结果，"是以共同文化为背景，要求在政治与文化合一的基础上实现民族认同与发展的一种心

---

① 费正清：《美国与中国》，张理京译，北京：商务印书馆，1987 年，第 74 页。

理状态与行为取向。其信仰的核心是本民族的优越性及缘此而生的忠诚与挚爱。"①

笔者以为，通过文化民族主义的概念来研究近代中国的文化保守主义思想是一种有效的路径。而在"西风东渐"和列强侵略的历史语境中，希望通过对传统文化的固守和弘扬，来证明中华文化的优越性，以此激励近代中国人的爱国主义热情和民族自信心、自豪感，也成为近代中国文化保守主义者的共同主张。这其中的具有极端代表性人物，则首推辜鸿铭。

辜鸿铭，名汤生。1857 年生于南洋马来半岛。父亲辜紫云是福建惠安的移民后代，母亲则是金发碧眼的葡萄牙人。1883 年，辜鸿铭在新加坡邂逅了中国学者马建忠，在其劝说下，辜鸿铭决定回到他陌生的祖国进行文化寻根。1885 年，辜鸿铭到张之洞幕府中任职，从此一过就是 20 年。

辜鸿铭认为中国文化是"建立在一个依赖于人的平静的理性基础之上的道德文化"，"是个极其博大的文明。这一文明人们更难达到，而一旦实现，就将永恒持久，不衰不灭"。② 这番论述深得以倡导"中学为体，西学为用"而名扬海内外的张之洞的赏识，因此他对辜鸿铭颇为看重，赞其"经纶满腹，确是杰出之才"。张之洞不但帮辜鸿铭物色一流学者教他国学，而且还亲自教他查《康熙字典》，而辜鸿铭也时常感怀张之洞的知遇之恩。

1907 年，张之洞奉旨进京出任体仁阁大学士兼军机大臣，辜鸿铭随同北上，任外务部员外郎，后升任郎中。不过，清廷将倾，辜鸿铭的仕途不过是一场短暂的插曲。而当中国最后一个王朝曲终人散之际，古怪狷狂的辜鸿铭却以一个拖着辫子、戴着一顶瓜皮小帽、身穿长袍马褂的遗老形象固执地出现在北京街头。不过，与其说辜鸿铭一生忠于清王朝，不如说他忠于中国的传统文化。辜鸿铭曾说："许多外人笑我痴心忠于清室。但我之忠于清室非仅忠于吾家世受皇

---

① 郑师渠：《近代中国的文化民族主义》，载《历史研究》1995 年第 5 期。
② 辜鸿铭：《辜鸿铭文集》，黄兴涛译，海口：海南出版社，1996 年，第 177 页。

恩之王室——乃忠于中国之政教，即系忠于中国之文明。"① 看到许多中国知识分子片面地否定传统文化，希望通过全盘西化来改造中国落后的现状，辜鸿铭深感痛惜，因此他不惜用偏执的态度来表达自己对中华文化的热爱。

辜鸿铭的文化保守主义态度，招致了陈独秀、鲁迅、胡适等新文化运动旗手的嘲笑与批评，甚至一度成为众矢之的。他们把辜鸿铭看做"很可笑"、"复古向后退"的怪物，并且给他起了很多并不恭敬的绰号，如"老顽固"、"老古董"、"腐儒"。而在新文化运动不断高涨、批判传统文化的声音此起彼伏之际，辜鸿铭捍卫传统的行为也显得那么滑稽且不合时宜，他近乎单枪匹马的抗争更显得无望而悲壮。这也让辜鸿铭在注定失败的战斗中变得怪戾起来，他不断地以特立独行的怪异行为挑战人们的观念，并且用更加极端的言论为中国传统文化辩护。到了后来，辜鸿铭甚至把纳妾、缠足、贞节牌坊等中国传统文化的糟粕，都拿来当做宝贝。

关于对这位文化怪杰的评价，多年来国人始终褒贬不一，充满争论。而在西方，即使在生前，辜鸿铭也已经获得了近乎神化的一致赞美，甚至一度成为中国文化和中华文明的代名词。

辜鸿铭是第一个将《论语》、《中庸》用英文和德文翻译到西方的人。1898 年，辜鸿铭在上海出版了他的第一本译著《论语》。1910 年，辜鸿铭的英文著作《中国的牛津运动》（The Story of a Chinese Oxford Movement）② 出版，在欧洲尤其是德国（德文译本名《为中国反对欧洲观念而辩护：批判论文》）产生很大的影响，一些大学哲学系纷纷将其列为必读参考书。1915 年，辜鸿铭在北京出版了《中国人的精神》（Spirit of Chinese People）一书，汉语题名"春秋大义"。《中国人的精神》出版不久即被译成德、法、日等多种文字出版，在"一战"时期的西方引起了巨大的共鸣，他们把辜鸿铭

① 辜鸿铭：《辜鸿铭文集》，黄兴涛译，海口：海南出版社，1996 年，第 291 页。
② 《中国的牛津运动》为纪念张之洞而作。书中将张之洞比做英国 19 世纪的红衣主教纽曼（Cardinat Newman），认为张之洞的清流运动和纽曼的牛津运动都是对现代欧洲物质文明的反抗。

视为"把欧洲文明从毁灭中拯救出来"的"希望的使者",纷纷组织"辜鸿铭研究会",成立"辜鸿铭俱乐部",从此在西方掀起了持续十几年的"辜鸿铭热"。

今天看来,辜鸿铭对于中国传统文化的由衷热爱不仅扩大了中国文明在西方的影响,同时也是对在西风东渐之下一味贬低中国文明的偏激态度的一种矫正,但因为对于中国传统文化的过于坚持和强调,也造成了辜鸿铭文化观念中的保守性和偏激性。这其实也是近代中国文化保守主义者的共同问题。在中西文化的交融与冲突之中,近代中国文化保守主义者希望以中国固有文化为根本来对抗西方异质文化的输入,虽然在某种程度上具有抵制全盘西化,继承传统学术精神的积极作用,但因为无法找到中国传统文化近代化的合理路径,其文化观念和思想主张难以满足近代中国向现代化民族国家转型的文化诉求和价值转化的需要,因此在辛亥革命后日趋复古保守而最终走向社会进步和历史发展的反面。

需要说明的是,20世纪90年代,在当代学术界又掀起了文化保守主义的思潮。这次思潮的生成是从对五四文化激进主义的反思和批判开始,并且肇始于海外,以林毓生、余英时等为代表的当代学者认为五四时期宣扬"全盘西化",是一种"全盘否定传统主义"。这种声音得到了王元化、陈来等大陆学者的回应,于是五四被看做"激进主义",并且导致了之后中国"价值失落的危机",因而成为清理、批判和超越的对象。笔者以为,当代中国的文化保守主义思潮实际上是近代中国文化保守主义的继续,其批判的对象虽指向五四文化激进主义,但是其更深层的目的则在于对中国传统文化进行合理的挖掘、重估和创新,在全球化进程中实现中国文化的当代转化与文化自觉,从文化政治的角度为当代中国社会的国族认同和个体身份提供核心的文化价值观。

二、"文学革命"与现代中国的文化建构

1915年,随着《青年》杂志(后改名《新青年》)的创刊,一场以陈独秀、胡适、鲁迅等为代表人物,以提倡科学与民主,反对专制、愚昧和迷信;提倡新道德,反对旧道德;提倡新文学,反对

旧文学为核心内容的新文化运动就此展开。新文化运动提出"打倒孔家店",目标指向中国传统文化和道德观念。随后,陈独秀等人又发动"文学革命",提倡白话文,反对文言文,从内容到形式对旧文学持批判否定态度。新文化运动的开展,受到了许多追求思想革新者的欢迎,也遭到了一些固守传统文化立场者的抨击,最具有代表性的事件则是那场新派诸干将与古文大师林纾之间的"文白之争"。今天看来,新文化运动不仅引导了中国文学后来的走向,也体现了通过对新文学的认同来构建现代民族国家之中国的文化策略。

　　1917 年,《新青年》相继发表胡适的《文学改良刍议》和陈独秀的《文学革命论》,提倡白话文和新文学,反对文言文和旧文学,文学革命的大幕就此拉开。《新青年》在发表《文学革命论》的同时,还刊载了钱玄同的一封信,在这封信里,钱玄同首次使用了"选学妖孽,桐城谬种"的说法,将矛头直指作为古文代表的桐城和文选两派。作为古文大家,林纾对这种提倡白话文而反对文言文的倡议自然不满,于是愤而作《论古文之不当废》一文发表在 1917 年2 月 8 日的上海《国民日报》上面,针锋相对,以表抗议。林纾指出:"知腊丁之不可废,则马、班、韩、柳亦自有其不宜废者。吾识其理,乃不能道其所以然,此则嗜古者之痼也。"①

　　对于林纾誓死捍卫古文的态度,新文化运动者认为必须进行彻底的还击。陈独秀说:"鄙意容纳异议,自由讨论,固为学术发达之原则,独至改良中国文学当以白话为正宗之说,其是非甚明,必不容反对者有讨论之余地;必以吾辈所主张者为绝对之是,而不容他人之匡正之也。盖以吾国文化倘已至文言一致地步,则以国语为文,达意状物,岂非天经地义?尚有何种疑义必待讨论乎?其必欲摈弃国语文学,而悍然以古文为正宗者,犹之清初历家排斥西法,乾嘉畴人非难地球绕日之说,吾辈实无余闲与之讨论也。"② 而为了让论战更加充满火药味,两位新文化运动的干将钱玄同和刘半农干脆合演了一场"双簧戏"。1918 年 3 月,钱玄同化名王敬轩,以捍卫旧

---

① 林纾:《论古文之不当废》,载《国民日报》1917 年 2 月 8 日。
② 陈独秀按语,《新青年》1917 年第 3 卷第 3 号。

文学的卫道士面目出现，在《新青年》发文贬低白话文学，并且故意把林纾推为反对白话文学的领袖。随后，刘半农则以《新青年》记者的身份发表《复王敬轩书》，除了抨击林纾外，还把"林译小说"的毛病也挑出来进行嘲笑。

林纾看后深受刺激，果然上当，于是在随后的文章中也对白话文语出刻薄，单枪匹马地站出来与新派论战。1919年3月，林纾更是在报刊刊登公开信，指责北京大学校长蔡元培是庇护反对孔教、怀疑孔教、欣赏白话文学的教授。

林纾的反击，招致了新文化运动阵营的猛烈回击。李大钊随即发表《新旧思潮之激战》，对林纾进行毫不留情的讨伐。李大钊指出："我正告那些顽旧鬼祟，抱着腐败思想的人：你们应该本着你们所信的道理，光明磊落的出来同这新派思想家辩驳、讨论。公众比一个人的聪明质量广、方面多，总可以判断出来谁是谁非……我很盼望我们中国真正的新思想家或旧思想家，对于这种事实，都有一种觉悟。"[①] 陈独秀也写了《林纾的留声机》、《婢学夫人》等文章，与鲁迅的《现在的屠杀者》、《我们现在怎样做父亲》等杂文一起从四面八方向林纾开炮。

回头看来，当年的"文白之争"除了凸显林纾的意气用事之外，更像是一种革新者有意而为之的论战策略。这从《新青年》的那场"双簧戏"中即可见端倪。而革命干将斥责林纾为"选学妖孽，桐城谬种"，就如同陈独秀提出的"打倒孔家店"，以及在《文学革命论》中将明清文坛领袖斥责为"十八妖魔"一样，更是一种刻意的偏激。正如鲁迅所言：矫枉必须过正。其目的是用激进的大声"呐喊"来惊醒在"铁屋子"里沉睡的国民，并寄希望用"拿来"的文化来拯救尚存希望的青年。而在论战中，双方也都因对方的存在而常常"被迫"有些非理性。其实，就连白话文阵营自己也承认林纾并非绝对反对白话文，因为林纾本人也曾写过一些白话诗，甚至印行过白话诗集《闽中新乐府》。

对于"文学革命"和这场"文白之争"的目的，新文化运动的

---

① 李大钊：《新旧思潮之激战》，载《每周评论》第12号，1919年3月9日。

主将胡适在 1918 年刊发的《建设的文学革命论：国语的文学——文学的国语》一文中有清晰的表述："我们所提倡的文学革命，只是要替中国创造一种国语的文学。有了国语的文学，方才可有文学的国语。有了文学的国语，我们的国语才可算得真正国语。国语没有文学，便没有生命，便没有价值，便不能成立，便不能发达。这是我这一篇文字的大旨。"① 可以看出，"文学革命"的目的是新文学的确立，而新文学的确立则被赋予了超于文学意义之上的重大使命，一个现代民族国家的建立，需要全民的国语认同，如果没有这样的国语（白话文），则需要通过创建"国语的文学"，来实现"文学的国语"，而只有"有了文学的国语"，"我们的国语才可算得真正国语"。在这里，从文化构建的方面，新文学的确立被清晰地和民族国家的认同与现代性的叙事联系在一起。

三、历史变局中的文化危机与价值重建

梁启超在《过渡时代论》一文中，曾将自己所处的时代命名为中国的"过渡时代"。其典型表现为"人民既愤独夫民贼愚民专制之政，而未能组织新政体以代之，是政治上之过渡时代也；士子既鄙考据词章庸恶陋劣之学，而未能开辟新学界以代之，是学问上之过渡时代也；社会既厌三纲压抑虚文缛节之俗，而未能研究新道德以代之，是理想风俗上之过渡时代也。"② 所谓过渡时代，我们今天习惯称呼为转型时代，意为一个社会从旧的秩序向新的社会全面转化。不过，在梁启超看来，这种转型即使以追求进步的名义，也仍然蕴涵着巨大的风险，并且因为文化价值的断裂而陷入进退失据的困境，从而成为一个礼崩乐坏的"恐怖时代"。我们经常会说，不破不立，旧的不去，新的不来。但是历史的吊诡却经常是，旧的已经破碎，新的却无法建立，于是，过渡时代就变成了一个青黄不接的

---

① 胡适：《建设的文学革命论：国语的文学——文学的国语》，胡适编《中国新文学大系·建设理论集》，上海：上海良友图书公司，1935 年，第 128 页。
② 梁启超：《过渡时代论》，《饮冰室合集》文集之六，北京：中华书局，1989 年，第 29 – 30 页。

断裂时代。① 面临文化价值的失控却无法重估，无论是隶属于新旧哪方阵营，其心情都会从苦闷、彷徨转至绝望。在这一时刻，毕生以捍礼卫道为己任的文人无法承受，就经常会选择"死"这种激烈方式来表白心志，同时警醒世人对价值重建的关注。

1918 年 11 月的一个寒冷的清晨，绰号"梁疯子"的文人梁济在北京积水潭投水自尽。为了让自己的自沉不被世人误读为"疯子"的一时冲动，梁济在洋洋万言的遗书中清楚地解释了自杀的原因："国性不存，国将不国。必自我一人殉之，而后让国人共知国性乃立国之必要"，"我之死，非仅眷恋旧也，并将唤起新也"。同时，梁济还表白自己去意已久："去年已决心，今年不复听卖菱角声，不吃西瓜矣。"而为什么自杀，梁济首先表明自己自杀的首因是"殉清"。他写道："竭诚致敬以告世曰：梁济之死，系殉清朝而死也。"但是梁济又显然不希望人们将此理解为"愚忠"。因此，他马上又对自己的行为做了进一步说明，说自己因为身处清末，"故云殉清，其实非以清朝为本位，而以幼年所学为本位。吾国数千年，先圣之诗礼纲常，吾家先父先母之遗传与教训，幼年所闻，以对于世道有责任为主义。此主义深印于吾脑中，即以此主义为本位，故不容不殉"。

显然，梁济自杀的真正动机是为了实践儒家的文化道义，而"殉清"仅仅是这种实践的具体形式。至于为什么要选择这种形式，梁济也做了说明。他说："或云既言殉清，何又言非本位？曰，义者天地间不可歇绝之物，所以保存自身之人格，培补社会之元气，当引为自身当行之事，非因外势之牵迫而为也。清朝者，一时之事耳；殉清者，个人之事耳；就事论事，则清朝为主名；就义论义，则良心为通理。设使我身在汉，则汉亡之日必尽忠；我身在唐，则唐亡之日必尽忠；在宋在明，亦皆如此。故我身为清朝之臣，在清亡之

---

① 关于近代中国所面对的"文化危机"，余英时有过精辟的叙述。参见余英时：《中国文化危机及其思想史的背景》，《历史人物与文化危机》，台北：东大图书公司，1995年，第 187 – 196 页。

日，则必当忠于清，是以义为本位，非以清为本位也。"①

在《敬告世人书》中，梁济说自己"系殉清朝而死"，但随后又强调自己并非"以清朝为本位"，而是以中国传统道义的核心"义"为本位，并且进而说，"效忠于一家一姓之义狭，效忠于世界之义广。鄙人虽为清朝而死，而自以为忠于世界。"因此，"殉节之事"若"纯然为清朝亡国，目的太小"，他不能"糊糊涂涂牺牲此身"，而他的自杀也是"迟至数年"之后，"看明世局弊害"，特别是"观察明白民国是何景象"之后，才深思熟虑做出的行动。②

根据此言，我们不妨把梁济的自杀看做是以"殉清"为名，行"殉义"之实。这也就是儒家思想里的舍生取义。正如陈独秀所言："梁先生自杀的宗旨，简单说一句，就是想用对清殉节的精神，来倡导中国的纲常名教，救济社会的堕落。"③

梁济在世期间并没有太大的名声，但是当他把温暖的身体投入到深秋冰冷的湖水中后，却引起了社会巨大的震动，"都人士闻其事者，莫不哀痛生敬。清太傅陈公宝琛以闻于皇帝，赐谕矜悼，予谥贞端"。④《顺天日报》、《申报》、《时报》等新闻媒介都争相报道了这一自杀事件。除了因为梁济"殉清"，遗老遗少由哀生敬之外，一些引领时代风骚的知识先锋，也对梁济的勇敢行为赞不绝口。梁启超评论说："此种俊伟坚卓的人格感化，吾敢信其片纸只字皆关世道，其效力即不见于今，亦必见于后。"⑤ 徐志摩也说：梁济的行为

---

① 梁济：《敬告世人书》，《桂林梁先生遗书》，台北：文海出版社，1969 年，第 84页。

② 梁济：《敬告世人书》，《桂林梁先生遗书》，台北：文海出版社，1969 年，第 105页。对于梁济《敬告世人书》中的"世界"，罗志田认为这"多是世道、社会之同义语，未必是地理意义的"。参见罗志田：《对共和体制的失望：梁济之死》，载《近代史研究》2006 年第 5 期。

③ 陈独秀：《对于梁巨川先生自杀之感想》，《陈独秀著作选》第 1 卷，上海：上海人民出版社，1993 年，第 445 页。

④ 梁焕鼎、梁焕鼐：《桂林梁先生遗书卷首》，《年谱》，见《桂林梁先生遗书》，台北：文海出版社，1969 年，第 59 页。

⑤ 梁启超：《梁启超复书跋记》，见《梁漱溟全集》第 7 卷，济南：山东人民出版社，1989 年，第 519 页。

是 "人的性灵" 超越 "实利主义" 的表现，是 "一班信仰精神生命的痴人" 捍卫 "宇宙间不变的价值" 的结果，"它的起源与所能发生的效果，决不是我们常识所能测量，更不是什么社会的或是科学的评价标准所能批判的"。① 新文化运动的先驱陈独秀赞扬 "梁先生自杀"，"在旧历史上真是有数人物"。② 其评价之高，让人惊讶不已。梁济自杀，已经是新文化运动蓬勃发展的 1918 年，但是国人无论新旧却不约而同地一片赞叹声，这一方面说明了梁济 "殉义"，符合中国固有的传统道德，是为中国传统文化的价值体系崩溃而死；另一方面，也说明了在巨大的社会变革时期，新的文化价值体系并没有随之有效的建立。

在辛亥革命爆发之后，评价其成功者有之，评价其失败者亦有之。或者更精确地说，它在推翻旧王朝方面成功了，但在建设一个新的符合三民主义理想的共和国家方面却失败了。同样，在辛亥革命之后的民国，让以文化承建者自居的新旧知识分子共同沮丧的是，面对社会的日趋动荡与复杂，无论是新文化，还是旧文化，似乎都同时失去了效力。而礼崩乐坏的中国似乎正在日益堕落为一个 "下流社会"。

多年以后，始终心存悲观，不惮于从最坏处思考中国未来的新文化运动干将鲁迅，在追忆辛亥革命的散文《范爱农》里，就为人们书写了一个曾经意气风发的新派革命文人，在革命后日益颓唐为失意者和牺牲者的形象。鲁迅凭此敏锐地揭示了革命正在走向它的反面。同时，他又借革命前的江湖党首、绿林大学出身的王金发异化为革命后弄权敛钱的王都督的例子，证明了革命之后必然出现的腐化。

这种对革命走向的怀疑和担忧也出现在另外一名革命旁观者周作人的内心深处。早在日本期间，他在写《〈炭画〉小序》时，就

---

① 徐志摩：《论自杀》，《徐志摩全集》（三），台北：传记文学出版社，1980 年，第 133 页。

② 陈独秀：《对于梁巨川先生自杀之感想》，《陈独秀著作选》第 1 卷，上海：上海人民出版社，1993 年，第 445 页。

暗示中国的许多所谓"革新"事业，必定是一个"羊头村"——"挂羊头，卖狗肉"而已。后来，周作人在文章《民国之征何在》里又写道："昔秋女士被逮，无定谳，遽遭残贼。天下共愤，今得昭复。而章介眉以种种嫌疑，久经拘讯，亦狱无定谳，而议籍其家。自一面言之，可谓天道好还，且一面言之，亦何解于以暴易暴乎！此矛盾之一例也；更统观全局，则官威如故，民瘼未苏，呜呼！昔为异族，今为同气；昔为专制，今为共和。以今较昔，其异安在？由今之道，无变今之俗。"① 这是一个令人失望的结论。在秋瑾慷慨就义之后，周作人发现：尽管"昔为异族，今为同气；昔为专制，今为共和"，但是在眼花缭乱的表象后面，骨子里却根本没有改变，"官威如故，民瘼未苏"，"共和"与"专制"，虽然名字变了，实质却并没有什么不同。

如果说新派知识分子对民国的不满是因为现实同他们的社会文化理想相去甚远，或者说，新的文化价值标准并没有随着新的社会一起建立起来。那么，以梁济为代表的旧派文人，无疑更加沮丧，因为他们发现，不仅新的文化价值体系无法得到广泛的有效认同，中国传统文化的价值体系也崩溃得一塌糊涂。而为了改变这种无序且堕落的社会局面，绝望的梁济最终选择了以死相谏。因为舍生取义，是文化人的天职，是为了警醒国人对信义等"国性"的认知。从这个意义上来说，虽然梁济的自杀名为殉清，但因此将其理解为遗老愚忠又误会何止千里？因为其所谓的殉清，更是殉道，也就是梁济强调的信义等"国性"。而在梁济看来，这种道义，不仅属于旧社会，更应该存在于新社会。因此他才说："须知我之死，非仅眷恋旧也，并将唤起新也。唤新国之人尚正义而贱诡谋，然后旧国性保存一二。"②

也正是在这个意义上，我们才能够理解为什么梁济的自杀，能够引起新旧知识分子的一片共鸣与赞赏。即使在新派知识分子看来，新旧"国性"或许不尽相同，但必须有，因为它是立国之本。

① 周作人：《民国之征何在》，载《越铎日报》1912年2月2日。
② 梁济：《桂林梁先生遗书》，台北：文海出版社，1969年，第195页。

而为了尽可能地达到警醒世人的目的，以便将自己死亡的意义最大化，积极赴死者往往会通过发表遗言等方式来表白自己的思想，甚至呼朋唤友，希望通过更多志同道合者的参与，激起喧嚣而广泛的公共舆论，从而引起国人的注意。这或者就是梁济在自杀前最后的心愿，因此他在遗书中说，唯恐自己势单力薄，自杀不能引起轰动，所以愿意和同样忧患时局的人结成团体。如果相约一人先死，其他人前赴后继，必定会在社会上引起大的震动，从而改变中国"国性不存，国将不国"的现状。

或许是对此召唤的回应，在梁济自杀数年之后，时任清华国学研究院教授的王国维效仿了他的方式——投水自沉。王国维自杀的缘由也一度被解释为"殉清"，但是同为清华四大导师之一的陈寅恪却从文化危机的角度进行了自己的解读。按照陈寅恪的说法，王国维的"殉清"，似乎应该更确切地称为"文化殉节"。对此，与王国维精神相通、过从甚密的陈寅恪在《〈王观堂先生挽词〉序》中解释说："凡一种文化值衰落之时，为此文化所化之人必感苦痛，其表现此文化之程量愈宏，则其所受之苦痛亦愈甚；迨既达极深之度，殆非出于自杀无以求一己之心安而义尽也"，"盖今日之赤县神州值数千年未有之巨劫奇变，劫尽变穷，则此文化精神所凝聚之人安得不与之共命而同尽，此观堂先生所以不得不死，遂为天下后世所极哀而深惜者也。至于流俗恩怨委琐龌龊之说，皆不足置辨，故亦不之及云。"①

陈寅恪的说法触及了文化的本义。所谓文化（culture），实际上是一个含义广泛，并且难以精确定义的概念。据统计，古今中外有关"文化"的各种定义至少有两三百种。1871年，英国文化学家泰勒（Edward Tylor）在《原始文化》一书中认为，文化是包括知识、信仰、艺术、道德、法律、习俗和任何人作为一名社会成员而获得的能力和习惯在内的复杂整体。这一说法也成为流传最广的经典文化界定之一。

在中国古代，"文化"一词更是源远流长。"文"的出处，可追

---

① 陈寅恪：《〈王观堂先生挽词〉序》，《国学论丛》1928年1卷3号。

溯至《易·系辞下》的"物相杂，故曰文"和《礼记·乐记》的"五色成文而不乱"。其本义指各色交错的纹理，其引申义主要有三：一指包括语言文字在内的各种象征符号，包括文化典籍、礼乐制度；二指个人修养品德；三则是在前两层含义的基础之上赋予"文"以美、善、德行等内容。"文"者，意义之载体，故有文以载道之说。"化"则为动词，本义为改易、生成、造化。"文""化"相连成词，最早见于西汉。如《文选·补之诗》中的"文化内辑，武功外悠"。

　　对于中国传统文人而言，"文"就是上古以来代代相传的诗、书、礼、乐等习俗制度与传统经典。这样的"文"，经历了不同时代的考验，并且在历史的长河中逐渐为人们自觉和广泛地认可、尊重、敬仰和遵循。而文化的形成，就是"文"对于世界和人之"化成"。① 为"文"所"化"之人，普遍具有"谦谦"的"君子风度"，正如孔子所言："文质彬彬，然后君子。"为"文"所"化"之人，也同样具有表里一致和人格统一的特点，正如《大学》所言："诚于中，形于外"。但是，当中国长达五千年的华夏文明在空前变局中日渐衰落之时，"则此文化精神所凝聚之人安得不与之共命而同尽，此观堂先生所以不得不死，遂为天下后世所极哀而深惜者也"。②

　　从中可以看出，"文"的内涵具有多个层面，大可以指一个群体、民族和国家的精神和品格，小可以指一个人的人格、品行与修养。而为"文"所"化"之人，虽然有术业与兴趣的差异，却无不具有崇真、求道与自由独立的文化追求与学术人格。这一特征在面对"三千年未有之变局"，新旧文化转换与中西文化交融的近代中国文化大师身上，体现得格外鲜明。

　　作为名副其实的国学大师，王国维一生都在证明，中国几千年的历史兴废，作为文化精神象征的道始终没有改变。对于王国维来说，清朝的灭亡，只不过是一个朝代的灭亡，这在中国五千年的历

---

　　① 《周易》"贲"卦《象》曰："刚柔交错，天文也。文明以止，人文也。观乎天文，以察时变。观乎人文，以化成天下。"孔颖达疏云："圣人观察人文，则诗、书、礼、乐之谓，当法此教而化成天下也。"

　　② 陈寅恪：《〈王观堂先生挽词〉序》，载《国学论丛》1928 年 1 卷 3 号。

史上并不新鲜，最重要的是保持传统的文化精神之道，因为，只有传统文化的衰亡，才是一个民族最终的衰亡。

这与起源于尼采的文化政治思想颇有相似之处。在尼采生活的时代，德国正在从一个分裂的、落后的国家上升到一个统一和日渐强大的现代民族国家。或者说，它正在经历一场从传统国家到现代国家的转变。而在尼采看来，这种转变不仅是政治和经济上的，更应该是文化上的。在他那里，民族国家的概念更多地被看成是一个单纯的文化概念。

但是，尽管尼采认为一个强大的现代国家必须是一个在文化上足够成熟的民族国家，但是他同时坚持，这种文化必须是原创的。正如同法国文化相对于德国文化的巨大优势在于其民族与文化融为一体，尼采认为，如果德国人仅仅一味地模仿法国文化，就永远无法从法国的文化主导下解放出来，也就不配拥有真正属于自己的德国文化。十几年后，韦伯再一次用社会学家的语言重复了尼采的忧虑。他认为，一个国家如果只有经济和军事上的成功，而没有自足和强大的文化政治支持，就是不完整和危险的，就不能说是一个成熟的现代民族国家。

正如今天的学者所分析的："文化政治之所以在现代性问题中占有一个突出的位置，是因为它关系到每一个文化群体的自我定位、自我理解和自我主张。它敦促属于不同文化和'生活世界'的人迎接异族文化和世界文明的挑战、为捍卫和改造自己的文化或'生活形式'而斗争。"[①] 在王国维强调"必视学术为目的"的时期，中国正在经历一个从传统国家向现代国家的转变。这种转变和尼采时期的德国在很多方面是相似的。而远在东方的王国维对于尼采的思想承接，不仅有以个人为本位的存在主义思想，也包括对于文化政治的认同。

辛亥革命前后，王国维注意到追求西化的迷失及中国传统断绝的危险。于是，他发表《殷周制度论》一文，表达了自己期望通过

---

① 张旭东：《批评的踪迹》，北京：生活·读书·新知三联书店，2003 年，第198 页。

对"周改商制"的考证来提醒 20 世纪的国人能够重建社会道德的设想，并且强调"道德"对于政治文化的重要意义。唯有从这一角度，我们才可以理解王国维所说的"于考释之中，寓经世之意"①，而不是把王国维的研究理解为"为学术而学术"。

只有了解王国维从史学求道的学术价值取向，才可以理解王国维在辛亥革命以后突兀性的学术转向。对于王国维从事古史研究，"一般人往往都注意到他研究古史的成就，却反而忽略了他研究古史之用心"，"其实静安先生之抛弃了他前所热爱的西方哲学与文学而转向古史之研究，乃正是因为他有鉴于当日中国一意模仿西学之害，不欲更为推波助长之说，因而乃转为古史之研究，欲从中为危乱之中国别得一可资依循之途径，以矫正时弊的原故"。② 这种心态，恐怕是王国维从事古史研究的一个极大动因。

王国维曾在《教学小言十则》中写道："今举天下之人而不悦学，几何不胥人人为不祥之人，而胥天下而亡也！"③ 将国人的"悦学"和天下的存亡联系在一起。在《沈乙庵先生七十寿序》中，王国维再次谈到国家与学术的关系："国家与学术为存亡。天而未厌中国也，必不亡其学术；天不欲亡中国之学术，则与学术所寄之人，必因而笃之，世变愈亟，则所以笃之者愈至。"④

显然，王国维将中国学术的振兴和民族的兴亡联系在一起，而学术的振兴最终是要由具体个人来承担的。或许正是王国维具有的这种文化使命的意识，使其在日后的研究中自觉或不自觉地把自己认同为中国文化的代言人，如陈寅恪所说的文化托命之人，这也隐含了王国维辛亥以后转向古史研究的动机。

正因为此，王国维在 1912 年的巨变后又固守了 16 年。但是，在近代面临"三千年未有之变局"的"过渡时代"里，新旧杂糅，

① 王国维：《致罗振玉》，《王国维全集·书信》，北京：中华书局，1984 年，第 214 页。
② 叶嘉莹：《王国维及其文学批评》，广州：广东人民出版社，1982 年，第 46－47 页。
③ 傅杰编校：《王国维论学集》，北京：中国社会科学出版社，1997 年，第 383 页。
④ 傅杰编校：《王国维论学集》，北京：中国社会科学出版社，1997 年，第 402 页。

中西交融，旧的社会道德和文化价值体系日趋瓦解，新的社会秩序和价值观念尚未形成，中国社会正在因为文化价值的断裂而陷入进退失据、礼崩乐坏的困境。辛亥革命后的长期乱象表明，新的文化精神，并没有随着新的社会一起建立起来，而传统的文化精神却已经"无可奈何花落去"。面对如此混乱的局面，王国维的清华大学同事吴宓绝望地在日记里写下："世局时变，江河日下"①。对于王国维来说，这一社会现实无疑让他备感绝望，最终，他选择了以死抗争，来惊醒国人在文化危机的转型时代进行价值重建的必要。从这个意义上来说，他的自沉，和当年梁济的"殉清"一样，其实都有耐人寻味的精神与文化含义。究其实质，王国维的毕生追求同样可以放在近代知识分子孜孜以求的"文化救国"、"学术救国"的民族主义思想中进行解读。在王国维看来，一个国家和民族的振兴，首先是民族精神的振兴，而民族精神的振兴，则来自于承担文化道义使命的学术的振兴；同样，一个国家和民族的衰败，首先是民族精神的衰败，文化道义和学术建设的衰败，所谓"国家与学术为存亡"②。

第五节　近代中国知识分子的反对帝国主义思想

　　民族解放与国家独立是近代中国民族主义思想的主要内容之一，而反对外国帝国主义的侵略，也就成为这一时期民族主义思想中的应有之义。同时，在近代中国的发展过程中，中国知识分子对帝国主义的认识也经过了一个逐渐成熟的过程。而在五卅事件后，中国的反帝运动开始发展成为更加广泛的群众运动，一大批知识分子与青年学生也开始在反帝运动中逐渐接受了社会主义思想。

---

　　① 吴宓：《吴宓日记》第3册，北京：生活·读书·新知三联书店，1998年，第252页。
　　② 傅杰编校：《王国维论学集》，北京：中国社会科学出版社，1997年，第402页。

一、帝国主义的概念及其在近代中国的衍变

根据学者高岱等人的研究，帝国主义是从拉丁文 imperium（帝国）一词演化而来的。[①] 它最初仅指西方文明进程中所出现的那些古典帝国，如罗马帝国、查理曼帝国。从 15—16 世纪开始，随着地理大发现和西班牙、葡萄牙等殖民帝国的建立，"帝国主义"一词也伴随着世界殖民体系的形成和发展而具有了新的内涵。

从 19 世纪 30 年代开始，"帝国主义"和"帝国主义者"便频频出现在法语中。当时主要指拿破仑一世创建的法兰西帝国和拿破仑三世创建的法兰西第二帝国。而使这个词含有殖民扩张的内涵，还是英国人在 19 世纪下半叶以后开始使用的。这个时候，它不再主要指欧洲大陆的法兰西帝国，而是指拥有庞大殖民地的英帝国。

帝国主义这一概念在霍布森（John A. Hobson）的名著《帝国主义论》问世之后，受到人们更为密切的关注。在《帝国主义论》中，霍布森全面地阐述了他的"帝国主义"理论，并使用了"帝国主义"这个概念来表述英帝国及欧洲列强在世界范围内的扩张。他指出：这种扩张主要表现为在过去的 30 多年里，欧洲列强，特别是英帝国通过直接兼并或政治上的控制，瓜分了亚洲、非洲的许多地区，以及太平洋上的许多岛屿。

由于霍布森的观点带有对资本主义制度批判的成分，所以它也吸引了许多马克思主义思想家的关注，其结果便是导致了马克思主义帝国主义论的产生。马克思、恩格斯以及卢森堡等都对帝国主义进行了相关论述。此后，列宁出版了具有重大历史意义的著作——《帝国主义是资本主义的最高阶段》，使马克思主义者对帝国主义理论的阐述达到了一个新的高度。列宁认为：帝国主义是资本主义的一个发展阶段。在这个阶段中，垄断和金融资本建立起了自身的统治地位；资本输出的重要性日益突出；国际垄断组织瓜分世界市场的局面已经出现，西方资本主义大国瓜分世界的形势也已经形成。

[①] 关于帝国主义概念的研究参见高岱：《帝国主义概念考析》，载《历史教学》（高校版）2007 年第 2 期。

由于列宁的理论与霍布森等人对帝国主义的认识有某些相关之处，以致当时的国际学术界常把他们对帝国主义理论所进行的探讨简称为霍布森——列宁理论。

"帝国主义"一词最早在中文里出现始于 19 世纪末，主要是从日本引进而来，但当时多用"民族帝国主义"或"国际帝国主义"的词语。根据当代学者李时岳和德国汉学家李博（W. Lipper）的考证，1895 年，清"出洋学生编辑所"翻译出版了日本人浮田和民的一本著作，书名为《帝国主义》，这本书在出版的时似乎影响不大，但义和团运动后便逐渐为人所注意。①

鸦片战争之后，中国已经成为帝国主义侵略的中心。时人感慨："帝国主义横风逆潮所波荡之世界……其膨胀之近由欧美而近东而远东，吁嗟，我老大之中国为其舞台之中心点。"② 梁启超是较早具有反帝国主义思想的中国近代知识分子。早在甲午战败之后，梁启超就认为，以盎格鲁——撒克逊人为代表的欧美人变得如此强盛，民族主义在近代欧洲的出现是一个重要的因素，并且，这种民族主义发展到 19 世纪末已经转变为民族帝国主义。对于民族帝国主义的定义，梁启超解释说："此义一明，于是从不敢不自勉，为强者、为优者，然后可以立于此物竞天择之界。无论为一人，为一国家，皆向此鹄以进，此近世民族帝国主义（National Imperialism 民族自增植其势力于国外，谓之民族帝国主义）所由起也。此主义今始萌芽，他日且将磅礴充塞于本世纪而未有已也。"③

也就是说，梁启超认为，所谓的帝国主义是由于近代民族主义在欧洲兴起后使得这些地方的国家变得非常强大，并进行对外扩张所导致。这种民族帝国主义思想在 20 世纪前后的中国非常流行。《湖北学生界》就在其创刊号中发出警示："自民族主义一变而为帝

---

① 关于"帝国主义"概念在中国的传播，参见李时岳：《二十世纪初年中国知识界的帝国主义观和民族主义观》，载《吉林大学社会科学学报》1962 年第 2 期；李博：《汉语中马克思主义术语的起源与作用》，赵倩等译，北京：中国社会科学出版社，2003 年。

② 邓实：《政治通诠外篇·帝国主义》，载《政艺通报》1902 年第 3 号。

③ 梁启超：《论学术之势力左右世界》，《饮冰室合集》文集之六，北京：中华书局，1989 年，第 114 页。

国主义，亚洲以外之天地一草一石无不有主人翁矣，鹰瞵虎视者数强国，回顾皇皇无所用其武，于是风飙电激席卷而东，集矢于太平洋，亚洲识微之士莫不深腃蹙额，惊走相告曰：危哉中国！其为各国竞争之中心点也。"①

　　既然民族主义将西方国家变得强大，并且导致了对外扩张侵略的帝国主义行为，那么要对抗这种侵略，中国也要发展自己的民族主义思想。因此，面对日益严峻的民族危机，越来越多的中国知识分子意识到必须以民族主义思想来召唤国人保卫国家的信念，并且以此对抗帝国主义。梁启超提出："知他人以帝国主义来侵之可畏，而速养成我所固有之民族主义以抵制之，斯今日我国民所当汲汲者也。"② 邓实也提出："帝国主义实以民族主义为之根柢，故欲遏此帝国主义之潮流者，非以民族主义筑坚塘以捍之。"③ 可以说，在中国近代民族主义的兴起和思想发展过程中，反对帝国主义始终是其中的应有之义。

二、大亚洲主义与新亚细亚主义

　　在帝国主义观念传入中国的早期，因为中国知识分子普遍将欧美帝国主义行为看做是西方民族主义对亚洲地区的扩张所致，因此一些中国知识分子也产生了将亚洲看做一体来对抗西方帝国主义侵略的思想。1907 年，章太炎就曾经与张继、苏曼殊等在日本东京发起"亚洲和亲会"（又称"亚洲同盟会"），宗旨是"反对帝国主义，期使亚洲已失去主权之民族，各得独立"④，并且设分会于亚洲各国。另外，章太炎还与日人幸德秋水合作建立社会主义讲习会，并且应邀出席印度留日学生集会并演讲，揭露英国帝国主义在印度的侵略，表达了对其他亚洲国家和人民反抗帝国主义的支持。而由章太炎起草的《亚洲和亲会约章》是辛亥革命前唯一明确提出反帝思

---

　　① 《叙论》，载《湖北学生界》1903 年 1 月。
　　② 梁启超：《国家思想变迁异同论》，载《饮冰室合集》文集之六，北京：中华书局，1989 年，第 22 页。
　　③ 邓实：《论国家主义》，载《政艺通报》1903 年第 1 号。
　　④ 汤志钧编：《章太炎年谱长编》上册，北京：中华书局，1979 年，第 243 页。

想的文件，约章声明："建亚洲和亲会以反对帝国主义，而自保其邦族"①，提出了被压迫民族联合起来反对帝国主义侵略的思想。与此同时，孙中山也把帝国主义对中国的侵略理解为是欧洲白色人种对亚洲黄色人种的竞争和侵略，他因此提出了大亚洲主义，主张"中日两国国民必须在真正了解之下救中国，确立东亚之和平，同时巩固黄色人种之团结，藉以对抗列强不法之压迫"②。

"亚洲和亲会"的设立，以及孙中山大亚洲主义的提出，都是受到近代日本的亚细亚主义思想影响的结果。近代日本亚细亚主义的兴起是以西方帝国主义列强对亚洲国家的侵略为背景，先后发展为强调亚洲平等合作的古典亚细亚主义，强调扩张领土的大亚细亚主义以及对亚洲实施侵略的"大东亚共荣圈"三种形式。最早出现的古典亚细亚主义也称"亚洲门罗主义"，其基本内容建立在地缘政治、文化政治和人种学的基础之上，强调"东洋"联合起来对抗"西洋"，主张"亚洲的事情由亚洲人自己来处理"，在面对西方列强入侵的时候，亚洲"同种友国"的黄种人必须联合起来，形成所谓的"亚洲命运共同体"，与"异人种"展开竞争。

不过，"亚细亚主义"作为近代日本的一种亚洲民族主义思想，在其形成之初就充满变化而且内容纷杂。其中，既包括在19世纪70 –80年代形成的主张亚洲各国联合、"日中提携"的"亚细亚连带论"，也包括主张亚洲为日本之亚洲的"东洋盟主论"。因此，亚细亚主义在发展过程中始终具有两面性：一方面，它对内迎合了近代日本不断高涨的反对西方列强侵略日本的需要，对外唤醒了亚洲各个国家民众反抗西方帝国主义的民族意识；另一方面，它也被用来作为日本向亚洲扩张的借口与手段。

特别是在中日甲午战争前后，日本古典亚细亚主义逐渐发展成为主张日本向亚洲大陆扩张的大亚细亚主义，并且形成一系列日本右翼组织。1877年，在日本成立的向阳塾，成为近代日本第一个右

---

① 汤志钧编：《章太炎年谱长编》上册，北京：中华书局，1979年，第243页。

② 孙中山：《致泽村幸夫电》，《孙中山全集》第11卷，北京：中华书局，1986年，第310页。

翼团体。1881 年，向阳塾改名为玄洋社，提倡以天皇为中心的国家主义思想，并且标榜对亚洲大陆的扩张，这可以看做日本大亚洲主义思想抬头的开始。1901 年，日本最具代表性的右翼团体黑龙会成立，该组织是以内田良平为代表人物的民间组织，其政治目标是："回顾东亚的大局和帝国的天职，为实行兴隆东亚的经纬，挫折西力东渐之势，目前的急务是先与俄国开战，在东亚将其击退，把满洲、蒙古、西伯利亚连成一片，建设经营大陆的基础。"① 可以看出，在政治上，黑龙会奉行大亚洲主义思想，积极配合日本政府侵略亚洲的"大陆政策"，其目标是先击退义和团运动期间出兵侵占中国东北三省的俄国，进而吞并中国的东北三省、蒙古和俄国的西伯利亚。此后，黑龙会成为日本帝国主义侵略亚洲特别是中国东北的一个重要的政治工具。

今天看来，无论是梁启超的民族帝国主义思想，还是章太炎、孙中山的亚洲联合对抗欧洲帝国主义侵略的思想，都是近代帝国主义概念进入中国后，中国知识精英对这一概念的初步理解和阐释。而中国近代知识分子对帝国主义的认识，在近代中国的历史进程中也不断丰富和深入。

由于受到亚细亚主义思想的影响，在很长的一段时间里，孙中山接受了中日两国"互为亲友"的"亚洲门罗主义"思想，并且提出了"大亚洲主义"。孙中山指出，"大亚洲主义"存在的基础，是因为亚洲有共同的"东方文化"，亚洲民族独立解放是与"黄白人种之争"，所要解决的问题，"就是为亚洲受痛苦的民族，要怎么样才可以抵抗欧洲强盛民族的问题。简而言之，就是要为被压迫的民族来打不平的问题。"②

1898 年，后来成为黑龙会领袖的内田良平通过宫崎寅藏与孙中山相识，并且于 1900 年到新加坡帮助孙中山组织广东惠州起义。

---

① 参见赵金钰：《日本浪人与辛亥革命》，成都：四川人民出版社，1988 年，第 158 页。

② 孙中山：《对神户商业会所等团体的演说》，《孙中山全集》第 11 卷，北京：中华书局，1986 年，第 409 页。

1905 年 7 月，中国同盟会在日本召开成立筹备会，会议地址就设在东京内田良平家中。随后，内田良平与当时的黑龙会会员、后来成为日本法西斯主义灵魂的北一辉先后加入中国同盟会。由于内田良平等人与孙中山等革命党人建立了相当密切的合作关系，导致孙中山在相当长的一段时间内并没有意识到大亚细亚主义中蕴涵的日本扩张意识。而内田良平等人的目的却是通过维系与孙中山等中国革命党人的良好关系，向孙中山等人灌输大亚细亚主义，希望中国革命后拱手将满蒙让给日本，作为日本援助中国革命的报酬。

对于日本甚嚣尘上的大亚细亚主义的宣传，最早提出明确反对意见的是李大钊。1919 年元旦，李大钊在《国民杂志》上发表了《大亚细亚主义与新亚细亚主义》的文章，抨击了日本宣传大亚细亚主义的险恶用心，并且提出"新亚细亚主义"的主张进行反击。李大钊指出：首先，中国人"须知'大亚细亚主义'是并吞中国主义的隐语。中国的命运，全靠着列强均势，才能维持，这也不必讳言。日本若想独吞，非先排去这些均等的势力不可。想来想去，想出这个名辞。表面上只是同文同种的亲热话，实际上却有一种独吞独咽的意思在话里包藏"。其次，中国人"须知'大亚细亚主义'是大日本主义的变名。就是日本人要借亚细亚孟罗主义一句话，挡欧、美人的驾，不令他们在东方扩张势力。在亚细亚的民族，都听日本人指挥，亚细亚的问题，都由日本人解决，日本作亚细亚的盟主，亚细亚是日本人的舞台。到那时亚细亚不是欧、美人的亚细亚，也不是亚细亚人的亚细亚，简直就是日本人的亚细亚。这样看来，这'大亚细亚主义'不是平和的主义，是侵略的主义；不是民族自决主义，是吞并弱小民族的帝国主义；不是亚细亚的民主主义，是日本的军国主义；不是适应世界组织的组织，乃是破坏世界组织的一个种子"。最后李大钊指出："看世界大势，美洲将来必成一个美洲联邦，欧洲必成一个欧洲联邦，我们亚洲也应该成一个相类的组织，这都是世界联邦的基础。亚细亚人应该共倡一种新亚细亚主义以代日本一部分人所倡的'大亚细亚主义'。这种新亚细亚主义，与浮田和民氏所说的也不相同，浮田和民主张拿中、日联盟作基础，维持现状；我们主张拿民族解放作基础，根本改造。凡是亚细亚的民族，被人吞并的都该解放，实行民族自决主义，然后结成一个大联合，与欧、美的联合鼎足而立，共同完成世界的联邦，益进人类的幸福。"① 在同年 10 月 12 日纪念《国民杂志》周年大会上，李大钊明确将大亚细亚主义等同于帝国主义的侵略主义，指出："此次五四运动，系排斥'大亚细亚主义'，即排斥侵略主义，非有深仇于日本人也。斯世有以强权压迫公理者，无论是日本人非日本人，吾人均应排斥之！"② 而对于自己提出的新亚细亚主义，李大钊则在 12 月 12 日发表的《再论新亚细亚主义》一文中进行了更为详细的阐述，他认为"新亚细亚主义"的实质是主张亚洲各民族自决，平等联合，共同铲除日本以对外侵略扩张为宗旨的"大亚细亚主义"。李大钊宣称："我们应该信赖民族自觉的力量，去解决一切纠纷，不可再蹈从前'以夷制夷'的覆辙"，"我主张的新亚细亚主义是为反抗日本的大亚细亚主义的"，"我们因为受日本大亚细亚的压迫，我们才扬起新亚细亚主义的大旗，为亚洲民族解放的运动"，"挟国际猜忌，利权竞争的私心的资本主义、帝国主义，不论他是东方的、欧美的，绝讲不出公道话来。世界上无论何种族何国民，只要立于人类同胞的地位，用那真正 Democracy 的精神，来扶持公理，反抗强权的人，我们都认他为至亲切的弟兄。我们情愿和他共同努力，创造一个平等、自由、没有远近亲疏的世界。这是我主张的新亚细亚主义的精神"。③

与此同时，孙中山也意识到了日本对中国的侵略意识，其大亚洲主义思想也逐渐发生了变化。孙中山认为："近代日本对于东亚之政策，以武力的、资本的侵略为骨干，信如世人所指；而对于中国，为达日本之目的，恒以扶持守旧反对的势力，压抑革新运动为事"④，"近年以来，中国人民对日恶感日深，根本原因，实由于日

---

① 李大钊：《大亚细亚主义与新亚细亚主义》，载《国民杂志》1919 年 1 月。

② 李大钊：《在〈国民〉杂志周年纪念会上的演说》，《李大钊文集》下册，北京：人民出版社，1984 年，第 101 页。

③ 李大钊：《再论新亚细亚主义》，载《国民杂志》1919 年 12 月。

④ 孙中山：《致田中义一函》，《孙中山全集》第 5 卷，北京：中华书局，1985 年，第 276 页。

本之政策与民国国是不相容，故国人咸认日本为民国之敌。"① 1920
年，孙中山在《在上海国民党本部会议的演说》中，更是激烈表示
日本帝国主义政策导致了中国革命的失败，指出："我们革命失败，
全是日本捣鬼：起初助袁世凯以摧残民党，后来经民党多方运动，
不助袁氏，乃又偏偏要抬出岑春煊来扶植官僚势力"②。孙中山最终
认识到，日本帝国主义政策目的就是"将中国改成日本之殖民
地"③。1924 年 10 月 13 日，时在日本的孙中山发出《致李烈钧电》，
电文中说："兄为派往日本联络彼中朝野之士，为发起亚洲大同盟以
抵抗白种之侵略而往，为久住日本，宣传此旨之任务。今忽有回命
之请，想彼政府胆小如殿，不敢接纳吾人之大亚洲主义……待日本
政府有明令下逐客自行离日，方足揭被日本之真面目。"④ 在这里，
孙中山第一次明确提出"吾人之大亚洲主义"是以"抵抗白种之侵
略"的"亚洲大同盟"为目标，与日本进行亚洲扩张的大亚细亚主
义完全不同，显然，这个时候，孙中山已经对日本大亚细亚主义的
侵略本质有了清晰的认识。

三、新三民主义中的反帝思想

自鸦片战争以来，由于西方列强的不断侵略，中国已沦为半殖
民地社会。但是辛亥革命成功之前，以孙中山为代表的革命党人的
民族主义纲领，主要强调"驱除鞑虏"的"革命排满"活动，对于
西方列强对于中国的帝国主义侵略行为则态度相对暧昧。例如，在
1906 年制定的《中国同盟会革命方略》以及同时期的革命宣传中，
孙中山经常把满族及其政权称为"鞑虏"、"异族"、"外国"，并且

---

① 孙中山：《致田中义一函》，《孙中山全集》第 5 卷，北京：中华书局，1985 年，
第 277 页。

② 孙中山：《在上海国民党本部会议的演说》，《孙中山全集》第 5 卷，北京：中华
书局，1985 年，第 394 页。

③ 孙中山：《与美国记者辛默的谈话》，《孙中山全集》第 5 卷，北京：中华书局，
1985 年，第 514 页。

④ 孙中山：《致李烈钧电》，《孙中山全集》第 11 卷，北京：中华书局，1986 年，
第 160 页。

与"中国"、"中华"、"华夏"相对立。但对于侵略和瓜分中国的西方帝国主义列强，孙中山的态度则要缓和许多。《中国同盟会革命方略》中的《对外宣言》明确规定："一、所有中国前此与各国缔结之条约，皆继续有效。二、偿款外债照旧担认，仍由各省洋关如数摊还。三、所有外人之既得权利，一体保护。四、保护外国居留军政府占领之域内人民财产。"① 在这里，革命党人不仅没有任何反对帝国主义势力在中国侵略的表示，反而明确地承认了西方列强强迫中国签订的不平等条约和在侵略中国后获得的多项权利。

显然，在以孙中山为代表的革命党人的早期民族主义思想中，只强调了"驱除鞑虏"和"革命排满"，却并不包含反对帝国主义侵略中国的内容。

实际上，早在革命活动的初期，孙中山已经注意到西方列强的侵略对中国的威胁，在《兴中会章程》中，孙中山就已提出："方今强邻环列，虎视鹰瞵，久垂涎于中华五金之富、物产之饶。蚕食鲸吞，已效尤于接踵；瓜分豆剖，实堪虑于目前。"② 1905 年 10 月 20 日，孙中山在中国同盟会机关刊物《民报》的《发刊词》中也指出："今者中国以千年专制之毒而不解，异族残之，外邦逼之，民族主义、民权主义殆不可以须臾缓。"③ 既然孙中山已经意识到西方列强对中国构成强烈的威胁，那么为什么他依然只把反对清朝统治作为自己的民族主义目标，而不提出反对帝国主义呢？对此，孙中山在 1906 年 7 月 26 日的《致苏汉忠函》中进行了解释，他说："现在是中国国民驱除衰落的征服者之时机，若失此机会，中国将迅即瓦解。我们的事业重大，但并非难以完成，因为满族已在衰落和死亡之中。他们将不能久留在中国。我们如不急起驱除之，外国列强则

---

① 孙中山：《中国同盟会革命方略》，《孙中山全集》第 1 卷，北京：中华书局，1981 年，第 310–311 页。

② 孙中山：《檀香山兴中会章程》，《孙中山全集》第 1 卷，北京：中华书局，1981 年，第 19 页。

③ 孙中山：《〈民报〉发刊词》，《孙中山全集》第 1 卷，北京：中华书局，1981 年，第 289 页。

将在不久替我们赶走满族。那么，我们将成为另一统治民族的奴隶。"① 显然，孙中山认为，现在是推翻清朝政府的最好机会，如果"不急起驱除之"，中国将被西方列强占领，因此，革命的首要任务就是要在西方列强占领中国之前推翻清朝政府。同时，在这一民族革命目标中，孙中山还希望得到西方列强的支持。后一想法早在1897年3月1日孙中山发表的《中国的现在和未来》一文中就得到体现。文章认为："不完全打倒目前极其腐败的统治而建立一个贤良政府，由道地的中国人（一开始用欧洲人作顾问并在几年内取得欧洲人行政上的援助）来建立起纯洁的政治，那么，实现任何改进就完全不可能的。"② 而希望在推翻清朝政府的过程中"取得欧洲人行政上的援助"，也是孙中山早期民族主义思想中缺少反对帝国主义内容的一个现实原因。

辛亥革命成功后，随着清朝统治的终结，孙中山等革命党人倡导的"排满革命"的民族主义目标已经实现。这一时期，西方帝国主义势力对中国的侵略却变本加厉。对此，孙中山有着明确的认识。他在《民族主义》讲演中说："从前做满洲人的奴隶，现在做各国人的奴隶。现在做各国人的奴隶所受的痛苦，比从前还要更甚。长此以往，如果不想方法来恢复民族主义，中国将来不但是要亡国，或者要亡种……只要各国外交官坐在一处，各人签一个字，便可以亡中国。"③ 他还指出："什么是民族主义呢？就是要中国和外国平等的主义……满人的国家很弱，不能自立，总是受外国的压制，被英国、法国、美国、日本和世界上许多国家的侵略，失去了疆土，抛弃了主权。满人总是受各国人的束缚，做英国、法国、美国、俄国和日本那些强国的奴隶，我们汉人又做满人的奴隶。所以在十三年前，我们是奴隶中的奴隶，叫做'双重奴隶'。推翻满清以后，脱

① 孙中山：《致苏汉忠函》，《孙中山全集》第1卷，北京：中华书局，1981年，第294页。
② 孙中山：《中国的现在和未来》，《孙中山全集》第1卷，北京：中华书局，1981年，第88页。
③ 孙中山：《民族主义》，《孙中山选集》，北京：人民出版社，1981年，第668-672页。

离一重奴隶，还要做各国的奴隶。因为满清借许多外债，和外国立了很多不平等的条约，至今还没有废弃，还是受各国条约的束缚。"① 面对国际国内的具体情况，孙中山适时调整了自己的民族主义内涵，其中，反对帝国主义侵略取代"排满革命"，成为孙中山民族主义思想的主要内容之一。

1924 年，孙中山根据当时政治形势的变化，对自己以前倡导的三民主义进行了修正，形成了新三民主义思想。在其中的民族主义思想里，孙中山提出："对于国内之弱小民族，政府当扶植之，使之能自决自治。对于国外之侵略强权，政府当抵御之；并同时修改各国条约，以恢复我国际平等、国家独立。"② 第一次旗帜鲜明地提出在国内实行民族自决、对国外反对"侵略强权"和争取国家独立的民族主义主张。这一主张表明，反对帝国主义侵略已经成为孙中山新民族主义的主要内容。孙中山指出："辛亥以后，满洲宰割政策既已摧毁无余，则国内诸民族宜可得平等之结合，国民党之民族主义所要求者即在于此……国民党敢郑重宣言，承认中国以内各族之自决权，于反帝国主义及军阀之革命获得胜利以后，当组织自由统一的（各民族自由联合的）中华民国。"③ 明确提出在解决国内民族问题上，应该在民族平等和民族自决的原则基础上建立"自由统一的（各民族自由联合的）"多民族国家。而在中国民族的解放和独立问题上，孙中山也表达了自己的看法，他认为："国民党之民族主义，其目的在使中国民族得自由独立于世界……国内之军阀既与帝国主义相勾结，而资产阶级亦耽耽然欲起而分其馂余，故中国民族政治上、经济上皆日即于憔悴。国民党人因不得不继续努力，以求中国民族之解放……故民族解放之斗争，对于多数之民众，其目标皆不

---

① 孙中山：《在广东第一女子师范学校校庆纪念会的演说》，《孙中山选集》，北京：人民出版社，1981 年，第 891 页。
② 孙中山：《国民政府建国大纲》，《孙中山选集》，北京：人民出版社，1981 年，第 601 页。
③ 孙中山：《中国国民党第一次代表大会宣言》，《孙中山选集》，北京：人民出版社，1981 年，第 592 页。

外反帝国主义而已。"① 在《为商团事件对外宣言》中，孙中山进一步指出："从前有一时期，为努力推翻满清；今将开始一时期，为努力推翻帝国主义之干涉中国，扫除完成革命之历史的工作之最大障碍。"② 可见，孙中山已把"反帝国主义"视为中国国民党在民族解放和独立问题上的主要主张。

此外，孙中山还从政治和经济等方面具体分析了西方列强对中国进行的帝国主义侵略方式及其影响，他说："自中国革命以后，列强见用政治力来瓜分中国是很不容易的，以为从前满洲征服过了中国，我们也晓得革命，如果列强还再用政治力来征服中国，中国将来一定是要反抗，对于他们是很不利的。所以他们现在稍缓其政治力来征服我们，便改用经济力来压迫我们……经济力的压迫，比较帝国主义，就是政治力的压迫还要厉害。政治力的压迫是容易看得见的……但是受经济力的压迫，普通人都不容易生感觉，像中国已经受过了列强几十年经济力的压迫，大家至今还不大觉得痛痒。弄到中国各地都变成了列强的殖民地，全国人至今还只知道是列强的半殖民地……统共算起来：其一，洋货之侵入，每年夺我利权的五万万元；其二，银行之纸票侵入我市场，与汇兑之扣折、存款之转借等事，夺我利权者或至一万万元；其三，出入口货物运费之增加，夺我利权者约数千万至一万万元；其四，租界与割地之赋税、地租、地价三桩，夺我利权者总在四五万万元；其五，特权经营业一万万元；其六，投机事业及其他种种之剥夺者当在几千万元。这六项之经济压迫，令我们所受的损失总共不下十二万万元。此每年十二万万元之大损失，如果无法挽救，以后自有年年加多，断没有自然减少之理。所以今日中国已经到了民穷财尽之地位了，若不挽救，必至受经济压迫至于国亡种灭而后已！"③

---

① 孙中山：《中国国民党第一次全国代表大会宣言》，《孙中山选集》，北京：人民出版社，1981 年，第 591 页。

② 孙中山：《为商团事件对外宣言》，《孙中山选集》，北京：人民出版社，1981 年，第 941 页。

③ 孙中山：《民族主义》，《孙中山选集》，北京：人民出版社，1981 年，第 634 - 643 页。

除了直接提出反对帝国主义侵略中国外，孙中山还认为推翻国内军阀也是反对帝国主义活动的重要部分。在《中国国民党北伐宣言》中，孙中山认为中国国内此起彼伏的战争和社会动荡，"直接受自军阀，间接受自帝国主义"[①]，因为"反革命之恶势力所以存在，实由帝国主义卵翼之使然"[②]。所以孙中山明确宣布："此战之目的不在覆灭曹吴，尤在曹吴覆灭之后永无同样继起之人，以持续反对革命之恶势；换言之，此战之目的不仅在推倒军阀，尤在推倒军阀所赖以生存之帝国主义。盖必如是，然后反革命之根株乃得永绝，中国乃能脱离次殖民地之地位，以造成自由独立之国家也……要求从新审订一切不平等之条约，即取消此等条约中所定之一切特权，而重订双方平等互尊主权之条约，以消灭帝国主义在中国之势力。"[③]

可以说，孙中山晚年的民族主义思想中包括两个部分：对内在民族平等和民族自决的原则基础上建立各民族自由联合的多民族国家，对外反对帝国主义对中国的侵略。其中反对帝国主义侵略及废除不平等条约是中国建立多民族国家的前提条件，同时也是新三民主义的首要目标。孙中山晚年的革命活动大多致力于此，甚至在1925年3月31日孙中山去世之前签署的《遗嘱》中仍然强调："余致力国民革命凡四十年，其目的在求中国之自由平等……现在革命尚未成功，凡我同志，务须依照余所著《建国方略》、《建国大纲》、《三民主义》及《第一次全国代表大会宣言》，继续努力，以求贯彻。最近主张开国民会议及废除不平等条约，尤须于最短期间促其实现。"[④]

---

① 孙中山：《中国国民党北伐宣言》，《孙中山选集》，北京：人民出版社，1981年，第944页。

② 孙中山：《中国国民党北伐宣言》，《孙中山选集》，北京：人民出版社，1981年，第943页。

③ 孙中山：《中国国民党北伐宣言》，《孙中山选集》，北京：人民出版社，1981年，第944页。

④ 孙中山：《遗嘱》，《孙中山选集》，北京：人民出版社，1981年，第994页。

四、五卅运动与中国知识分子民族观念的变化

20 世纪 20 年代，中国知识分子与社会各界反对帝国主义的呼声日益高涨。早在 1924 年春，陈独秀在《向导》周报的"时事评论"栏和"寸铁"栏中，就不断发表评论，揭露和批判帝国主义的侵略罪行，强调国民革命要"反对国际帝国主义与反对国内军阀并重"[1]。针对帝国主义及其国内势力借反"赤化"反"过激"来镇压群众的爱国斗争的阴谋，陈独秀发表了《帝国主义及其工具对付中国国民运动之总策略》一文，他说："要认清敌人——帝国主义者、军阀、买办阶级、国民党右派、工贼、冒充工会运动者——的策略，不要畏避他们的符咒，中他们的奸计呀！"[2] 明确指出反"赤化"和反"过激"是帝国主义及其国内势力施展分化群众爱国运动的阴谋。

1925 年 5 月 15 日，上海日本纱厂资本家枪杀中国共产党员、工人顾正红，打伤十余人，激起上海人民的民族义愤，点燃了五卅爱国运动的导火线。惨案发生后，上海两万多工人举行罢工，各大学学生也在中国共产党的号召下援助工人反帝斗争。5 月 30 日，上海工人和学生在南京路等处举行反帝示威游行，遭到英国巡捕的开枪镇压，当场打死十余人，重伤数十人，酿成震动全国的"五卅惨案"。当晚，中共中央召开紧急会议，决定建立各阶级的反帝统一战线，发动上海工人罢工、学生罢课、商人罢市，反抗帝国主义的暴行；会议同时决定成立行动委员会领导这次反帝斗争。与此同时，全国各地广大群众积极支援上海人民的斗争，一场席卷全国的反帝爱国运动就此爆发。1925 年爆发的这次运动就是五卅运动，其性质则为近代中国第一次大规模的全民反帝爱国运动。

由于"五卅惨案"发生在上海的英国租界内，因此中国知识分子与社会各界反对帝国主义的矛头首先指向租界特权与不平等条约，要求取缔租界特权以及废除不平等条约。清华学生会当即指出："这

---

① 陈独秀：《我们的回答》，载《向导》第 83 期，1924 年 9 月 17 日。

② 陈独秀：《帝国主义及其工具对付中国国民运动之总策略》，载《向导》第 105 期，1925 年 3 月 7 日。

次惨剧，也是不平等条约所产的必然结果……总之，没有不平等条约的存在，根本上没有这次惨剧的发生。如果要预防以后不再发生，只有从事这根本的工作……废除不平等条约。"① 6 月 4 日，全国学总发表宣言，提出："我们为什么要受'租界'内'法律'的支配呢？谁也知道这是受不平等条约的束缚，因为租界和领事裁判权都是不平等条约的产物，不平等条约不废除，中国人民永无自由之余地。"② 上海学生联合会在致段祺瑞政府及各省的公开电中也表示，"国权沦丧，外侮频仍，推源祸始，皆在于不平等条约，五卅惨案，症结在此"，因此对待不平等条约应"根本废除"。③

与此同时，一些知识分子也纷纷发表文章指出帝国主义国家与中国缔结的不平等条约是五卅惨案发生的根源。梁启超在《晨报》上发表给段祺瑞执政的公开信，指出要防止同样事件之再发，最根本的是"改正条约"。④ 胡适在五卅事件发生后也认为不平等条约是"一切冲突的祸根"。⑤ 著名报人、商务印书馆编译所所长王云五也认为："五卅惨案，不平等待遇之所致也，譬如病源久伏，偶触即发，若只知头痛医头脚痛医脚，而不从病源医治，则一病未除，他病又起。且恐后起者视前尤烈。"⑥ 《共进》杂志也发表文章强调："这次上海的惨杀，就是以不平等条约作护身符……这次的惨杀，是帝国主义者实施不平等条约的淫威，这仅仅是不平等条约中的一则，已经演成如此的惨景，其他如关税等等，在在都是以致中国的死命。我们现在应该彻底的觉悟，不平等条约不取消，这种惨杀就日多一日。"⑦

---

① 《速起研究不平等条约》，晨报编辑处、清华学生会编：《五卅痛史》，北京：北京晨报出版部，1925 年，第 174 – 175 页。

② 《学生总会对沪惨杀工学案宣言》，载《民国日报》（广州版）1925 年 6 月 4 日。

③ 《请根本废除不平等条约》，载《民国日报》（上海版）1925 年 7 月 2 日。

④ 梁启超：《上段执政书》，载《晨报》1925 年 6 月 26 日。

⑤ 胡适：《对于沪汉事件的感想》，《胡适全集》第 21 卷，合肥：安徽教育出版社，2006 年，第 346 页。

⑥ 王云五：《五卅事件之责任与善后》，载《东方杂志》第 22 卷五卅事件临时增刊，1925 年 7 月。

⑦ 树藩：《上海惨杀与不平等条约》，载《共进》第 84 期，1926 年 6 月 15 日。

在全国各界"废除不平等条约"的社会舆论不断高涨的过程中，当时的中共中央也发表告全国人民书，明确指出："因英日帝国主义之大屠杀而引起的全上海和全中国反抗运动之目标，决不止于惩凶、赔偿、道歉等'了事'的虚文，解决之道不在法律而在政治，所以应认定废除一切不平等条约，推翻帝国主义在中国的一切特权为其主要目的。不平等条约一日不废除，帝国主义在中国的一切特权一日不推翻，中国民族的生命与自由便一日没有担保，随时随地都有被横暴残酷野蛮无耻的帝国主义蹂躏屠杀之危险。"①

与此同时，国民党也于 6 月 7 日由中央执委会通过决议，指出五卅事件的发生，"实由帝国主义对于中国有种种不平等条约，以为凭借"，"惟有仍以取消不平等条约为反抗帝国主义一切行动的中心，此次暴行事件亦可于此而得根本解决，且使此等暴行永远绝迹于中国以内"。② 广州国民政府外交部长胡汉民也在同日发表的宣言中指出："救治之道，不当仅注意道歉、惩办、抚恤等枝节问题，尤当从废除不平等条约，收回租界着手，以谋根本解决。"③ 随后，中国国民党中央执行委员会于 6 月 28 日发表宣言，宣布中国将单方面废除所有"不平等条约"作为国民革命的第一奋斗目标。④

五卅运动是近代中国的一次标志性历史事件，它"宣告五四时代的正式告终"⑤，同时"沉重地打击了帝国主义的侵略势力，极大地提高了全国人民的觉悟和组织程序，扩大了共产党的影响，掀起了中国新民主主义时期第一次革命高潮"⑥。这也意味着近代中国的民族主义思潮进入国民革命的新历史阶段。在这一过程中，中国知

---

① 《中共中央为反抗帝国主义野蛮残暴的大屠杀告全国民众》，中央档案馆编：《中共中央文件选集》第 1 册，北京：中共中央党校出版社，1982 年，第 351 页。

② 《广州革命政府宣言》，中国第二历史档案馆编：《中华民国史档案资料汇编》第 4 辑上，南京：江苏古籍出版社，1991 年，第 509 页。

③ 《胡汉民对上海租界暴行宣言》，中国第二历史档案馆编：《中华民国史档案资料汇编》第 4 辑上，南京：江苏古籍出版社，1991 年，第 510 页。

④ 《中国国民党废除不平等条约宣言》，见罗家伦编：《革命文献》第 69 辑，台北：中央文物供应社，1976 年，第 140 页。

⑤ 茅盾：《关于"创作"》，载《北斗》创刊号，1931 年 9 月 20 日。

⑥ 何沁主编：《中国革命史》，武汉：武汉大学出版社，1993 年，第 93 页。

识分子参与民族国家建设的观念与方式也发生了深刻的变革。正如瞿秋白所说："'五四'到'五卅'前后，中国思想界里逐步的准备着第二次的'伟大分裂'。"①　而鲁迅在五卅运动后也激烈地指出，在反对帝国主义势力和建设现代民族国家的浴血奋斗中，"文学文学，是最不中用的，没有力量的人讲的"，而从此前致力于思想与文化启蒙，到积极投入到社会政治的现实实践中去，已经成为"知识阶级不可避免的运命，在革命时代是注重实行的、运动的；思想还在其次，直白地说：'或者倒有害'。至少我个人的意见如此的。"②此后，鲁迅、郭沫若、茅盾、成仿吾等一批文学家，纷纷南下广州，寻找中国社会变革的现实路径。对于这一变化，美国学者阿里夫·德里克（Arif Derick）总结说："1925—1927 年的革命运动是马克思主义政治思想在中国发展的转折点"③，"1925 年以前的革命被认为主要是政治性的，而五卅运动之后的革命越来越呈现一种社会性的向度"④。由于中国共产党在组织五卅运动中表现出来的非凡领导力与远大的革命理想，一大批知识分子与青年学生开始接受社会主义思想。正如徐复观指出的："五卅以后，左倾思潮在当时的青年人中逐渐普遍，社会主义思想的时代已经来临。"⑤

---

① 何凝（瞿秋白）：《鲁迅杂感选集序言》，见北京大学等主编：《文学运动史料选》第 2 册，上海：上海教育出版社，1979 年，第 272 页。

② 鲁迅：《关于知识阶级》，《鲁迅全集》第 8 卷，人民文学出版社，1981 年，第 188 页。

③ 阿里夫·德里克：《革命与历史：中国马克思主义历史学的起源，1919－1937》，翁贺凯译，南京：江苏人民出版社，2005 年，第 47 页。

④ 阿里夫·德里克：《革命与历史：中国马克思主义历史学的起源，1919－1937》，翁贺凯译，南京：江苏人民出版社，2005 年，第 30 页。

⑤ 徐复观：《学术与政治之间》，台北：学生书局，1980 年，第 431 页。

第四章 抗日战争时期知识分子的
民族主义思想及实践

抗日战争的爆发，极大地影响了中国知识分子的民族主义思想及实践。面对日益严峻的民族危机，一些知识分子选择了国家主义思想，并且试图通过政治参与和文化传播来实现富国强民的理想，代表团体则为醒狮派和战国策派。其中，醒狮派在抗战时期成为国共两党之外的一股重要的政治力量。因为主张取消党治，实行宪政，遭到国民党政府的打压。而醒狮派在抗战时期提出的"新法家主义"以及"生物史观"思想，因为具有与马克思唯物史观相对立的思想倾向，也遭到了许多左翼知识分子的批判。

除了政治参与之外，一些学者选择了通过边疆史地研究来推动中华民族的认同，促成近代中国第二次边疆史地研究的热潮，其中禹贡学会是当时最有代表性的学术团体。此外，这一时期的文学创作也将宣传救国思想和爱国主义精神作为主要的创作主题。由于当时中国已经被分裂为沦陷区、国统区和解放区，所以在不同的地区，作家创作的内容和风格也有所不同，但都宣扬了救亡图存的时代主题，体现了中华民族在面对外来侵略时不断强化的国家认同与民族自觉意识。

第一节 近代中国知识分子的国家主义
思想及其流变

国家主义思想是近代欧洲民族主义思想中的一个重要流派，受其影响，一些近代中国知识分子将国家主义作为实现民族复兴的有效路径，并且成立了许多具有国家主义特征的团体。今天看来，虽然这些团体的国家主义思想各不相同，有些甚至有反动的成分，但其对近代中国民族主义的丰富与发展，仍有许多值得进一步研究之处。

一、大江会及国家主义思想在近代中国的传播

所谓国家主义学说，其源头可以上溯至古希腊时代的柏拉图与亚里士多德等人的论述，但其正式形成则是近代民族主义和民族国家在欧洲兴起的结果，主要代表人物包括 17 世纪英国的霍布斯（Thomas Hobbes）、洛克（John Locke），法国的卢梭（Jean Jacques Rousseau）等人，其思想主要包括从自然法理论和社会契约论等方面对国家起源、国家性质、国家目的和国家政权进行合法性解释。例如，在国家主义名著《利维坦》中，作者霍布斯就提出，自然状态中的人们具有"生而平等"的自然权利，但为了共同和平与安定地生活在一起，出于人的理性，人们相互间按照社会契约成立国家，以法律来维持国家的秩序，人们放弃各人的自然权利并且遵守法律，于是大家的意志被化为一个国家或集体的意志。霍布斯认为，根据社会契约成立的国家本质就是代表大家意志的统一人格，因此，拥有主权的国家是一个绝对的和至高无上的强力机构，它像巨兽"利维坦"（Leviathan）那样威力无比。此后，国家主义在欧洲经历了一个漫长的发展过程，在意大利、德国等国具有重要的影响。近代中国的国家主义者吴文藻认为："在西方学术界，发挥国家主义之真精神最高尚最纯洁者首推马志尼。他是晚近国家主义之鼻祖，可为客观研究的第一对象。"① 而由于国家主义学说推崇国家强权和国家至上的观念，其思想对后来法西斯主义理论的形成也有相当大的影响。

国家主义学说在 19 世纪后期传入日本。日本人加藤弘之、平田东助等在明治初年翻译了瑞士政治学家伯伦知理（Bluntchli Johann Caspar）的《国法泛论》，介绍德国立宪君主制度，这是在日本传播欧洲国家主义思想的开始。此后，加藤弘之又根据社会达尔文主义的优胜劣汰、适者生存的原则，发表了《人权新说》，宣传国家主义

---

① 吴文藻：《马志尼的国家主义及意大利的统一》，载《留美学生季报》1926 年第 11 卷第 1 号。

思想，强调国家对个人的绝对至上权，否定"天赋人权"和"自由民权"思想，认为个人的权利必须建立在国家权力的基础上，只有国家强大民众才能强大，因此民众应该积极效力于国家。

受到日本国家主义思想的影响，"国家主义"一词开始出现在晚清的一些报刊上。最早在中国明确提出"国家主义"一词的应该是梁启超。1898 年戊戌变法失败后，被迫逃亡日本的梁启超受到伯伦知理思想的影响，开始大力倡导国家主义。1899 年，梁启超在《清议报》上分期刊载自己翻译的伯伦知理的《国家论》，系统介绍了伯伦知理的国家主义民族理论。1901 年，梁启超又在《政治学大家伯伦知理之学说》一文中宣传国家主义思想，强调："以国家自身为目的者，实国家目的之第一位，而各私人实为达此目的之器具也。"[1] 而对于国家与国民的关系，梁启超也基于国家主义思想进行了解读："国民之界说为二：一曰国民者人格也。拥有有机之国家以为其体，而能发表其意想，制定其权利者也；二曰国民者法团也。生存于国家中之一法律体也，国家为完全统一永生之公同体，而此体也，必赖有国民活动之精神以充之，而全体乃成。故有国民即有国家，无国家亦无国民。二者实同物而异名耳。"[2] 1902 年，梁启超又在《新民丛报》上发表《论学术之势力左右世界》一文，明确提出了国家主义的概念，他指出："伯氏立于十九世纪，而为二十世纪之母。自伯氏出，然后定国家之界说，知国家之性质、精神、作用为何物，于是国家主义乃大兴于世。前之所谓国家为人民而生者，今则转而云人民为国家而生焉，使国民皆以爱国为第一之义务，而盛强之国乃立，十九世纪末世界之政治则是也。而自今以往，此义愈益为各国之原力，无可疑也。伯伦知理之关系于世界何如也！"[3] 在《答客难》中，梁启超再次强调："有世界主义，有国家主义。

① 梁启超：《政治学大家伯伦知理之学说》，《饮冰室合集》文集之十三，北京：中华书局，1989 年，第 88 页。
② 梁启超：《政治学大家伯伦知理之学说》，《饮冰室合集》文集之十三，北京：中华书局，1989 年，第 72 页。
③ 梁启超：《论学术之势力左右世界》，《饮冰室合集》文集之六，北京：中华书局，1989 年，第 114 页。

无义战非攻者，世界主义也，尚武敌忾者，国家主义也。世界主义属于理想，国家主义属于事实。世界主义属于将来，国家主义属于现在。"①

由于梁启超等人对国家主义的传播，近代中国开始出现了一批以知识分子为核心成员的国家主义团体，其中最有代表性的团体是大江会和醒狮派。大江会的主要创建者是一些中国留美学生，由于他们中的很多人在出国之前曾经长期就读于清华留美预备学校，并且在此期间参加过抗议日本二十一条、五四运动等爱国学潮和群众运动，因此具有强烈的国族危机感和复兴中华民族的使命感。留学美国之后，他们目睹许多中国留学生在美国遭受到严重的民族歧视，有些还因此陷入沉沦与颓唐。为了改变这种现状，提高中国留美学生的爱国主义思想和民族凝聚力，闻一多等人决定在芝加哥成立一个清华留学生组成的爱国主义学会。1923 年 9 月，学会正式成立，定名为"大江学会"。1924 年 9 月，闻一多、梁实秋、罗隆基等清华留学生又召开会议，商议将"大江学会"改名为"大江会"。会议达成以下共识："鉴于当时国家的危急处境，不愿意侈谈世界大同或国际主义的崇高理想，而宜积极提倡国家主义（Nationalism）"；"鉴于国内军阀之专横恣肆，应厉行自由民主之体制，拥护人权"；"鉴于国内经济落后，人民贫困，主张由国家倡导从农业社会进而为工业社会，反对以阶级斗争为出发点的共产主义"。②

对于"大江会"的名称含义，根据其发起者梁实秋的说法，这名称"没有什么特殊意义，不过是利用中国现成专名象征中国之伟大悠久"。③ 在大江会成立大会上，会员们在代表国家的五色旗下宣誓："余以至诚宣誓，信仰大江的国家主义，遵守大江会章，服从多数，如有违反愿受最严厉之处分。"④ 而对于何谓"大江的国家主义"，发起者在《大江会章程》中进行了详细的解释："中华人民谋

---

① 梁启超：《自由书·答客难》，《饮冰室合集》专集之二，北京：中华书局，1989年，第 39 页。

② 梁实秋：《谈闻一多》，台北：台湾传记文学出版社，1967 年，第 49 页。

③ 梁实秋：《谈闻一多》，台北：台湾传记文学出版社，1967 年，第 50 页。

④ 梁实秋：《谈闻一多》，台北：台湾传记文学出版社，1967 年，第 50 页。

中华政治的自由发展，中华经济的自由抉择，及中华文化的自由演进"。为了达到这一目标，大江会需要本着"大江的国家主义"理念，"对内实行改造运动"，"对外反对列强侵略"。而完成这一使命的第一步，则"暂时偏重反对列强侵略与鼓励民气"，因为"任何国家苟其国民之国家观念不发达者，必为帝国侵略主义所淘汰"，所以"大江的国家主义"必须"促进中华人民对国家之一种自觉性"，激励中华人民"成仁取义，死节赴难，为国牺牲之气节"，来"抗拒帝国侵略主义之残暴"，因为只有这样，中国才可以获得"主权完全独立，领土完全归还，修正一切不平等条约，解除一切不平等待遇"。①

大江会成立后，随即创建大江学会的会刊《大江季刊》，宣传其国家主义思想。② 到 1925 年，大江会成员一共有 29 人，主要是清华1921 级、1922 级、1923 级的留美同学。③

大江会明确提出信仰国家主义思想，其发起者罗隆基指出："大江会会员的极大多数是崇奉国家主义的 'Nationalism'"，因此"说我们是一种国家主义者的联合，亦未始不可"，大江会的宗旨为"本自强不息的精神，持诚恳忠实的态度，取积极协作的方法，以谋国家的改造"。④ 但是罗隆基同时指出：大江会信仰的国家主义思想，并不和其他已有的特别是醒狮派的国家主义思想相同，"我们的国家主义，有我们学会里自己的解释，历史上引用的意义只可供我们参考，不能包括大江学会的国家主义"。罗隆基之所以做此区分，主要是因为醒狮派的国家主义思想在罗隆基等大江会的国家主义者看来，

---

① 《大江会章程》，载《大江季刊》第 1 卷第 2 期，1925 年 11 月 15 日。

② 《大江季刊》一共只出版了两期，分别是 1925 年 7 月 15 日出版的《大江季刊》第 1 卷第 1 期，1925 年 11 月 15 日出版的《大江季刊》第 1 卷第 2 期。

③ 这 29 人是：1921 级的何浩若、吴泽霖、沈有乾、沈宗濂、浦薛凤、闻一多、熊祖同、罗隆基、薛祖康，1922 级的沈镇南、潘光旦、时昭瀛、陈钦仁、陈华寅、张继忠、黄荫普、刘聪强、蔡公椿、魏毓贤，1923 级的王化成、孔繁祁、吴文藻、吴景超、徐宗涑、顾毓琇、梁实秋、翟桓，1924 级的胡毅、胡竟铭。参见《大江季刊》第 1 卷第 2 期刊登的《大江会会员一览表》。

④ 罗隆基：《关于新清华学会及改组董事会二事的答复》，载《清华周刊》总第 309 期。

存在许多可争议之处。和醒狮派相比，大江会也主张国家主义，反对共产主义，但是在国家与民众的关系上，大江会与醒狮派的理解却存在差异。对于醒狮派的国家主义思想，罗隆基曾批判说："把国家当作目的的人，他们认人民是为国家存在的，国家不是为人民存在的。他们不问国家给人民的利益是什么，却认'救国'、'爱国'是人民无条件的义务。因此时时拿'救国'、'建国'这些大帽子来压人。"①

对于大江会的国家主义思想，另外一名会员吴文藻也做出了自己的解释。在1925年发表的《一个初试的国民性研究之分类书目》一文中，吴文藻写道："国家主义是国民自觉，以主张自由抉择一切之政治的表示，是促进自由民族之团体生活之手段，对于个人认国家团体之优越，对于全人类社会做相当之退让，是社会演化中之一种生活过程"，"爱国心是国家主义之基础，不仅可服务于本国，亦可服务于全人类。"② 在次年发表的《民族与国家》一文中，吴文藻对国家主义的思想进行了更为详尽的辨析，他指出："国家主义与民族主义二者在侧重点上、在译名上都有争执，一方认为自己要优于另一方"，"兹篇之作，非欲比较国家主义与民族主义二标识之优劣得失，亦非欲评衡孙中山之民族主义，第欲舍主义而专阐民族与国家之真谛，及二者应有之区别，与相互间应有之关系。以必经此一番明辨，始有比较或评衡可言也。"随后，吴文藻提出自己对国家主义的定义："国家乃政治学、国际法学、社会学及其他种种社会科学研究之对象，故国家系一最普通之概念，举凡学者、政论家、政治家、演说家、新闻记者、以至于引车卖浆者之流，莫不用之。国家所表现之特性曰国民性，或曰国性。弱小民族根据其特殊之民族性，而欲自由兴邦，独立建国，共隶于同一统一政府之下；被虐待之国民性，或被压迫之民族性（以亡国而由国民性降为民族性者），欲独立自主，组织民族国家，建设统一政府以谋经济之自由抉择，政治

---

① 罗隆基：《我们要什么样的政治制度》，载《新月》第2卷第12号。

② 吴文藻：《一个初试的国民性研究之分类书目》，载《大江季刊》第1卷第2期，1925年11月15日。

之自由发展及文化之自由演进；凡此皆可谓之国家主义。"① 而在另外一篇论述国家主义的文章《马志尼的国家主义及意大利的统一》中，吴文藻则总结出国家主义发生的两大基本条件："其一，非国民性成立，国家主义不能发生；其二，非具伟大文明以引起国民羡慕，且非由他国之侵略主义与帝国主义胁迫，国家主义不能发生"。②

今天看来，吴文藻对国家主义的界定，仍然是在现代民族主义思想的范畴之内。而当时大江会之所以强调国家主义与民族主义的区别，很大程度上是因为对于民族主义思想在理解方面的片面性，正如大江会发起者闻一多所言："五四时代我受到的思想影响是爱国的、民主的，觉得我们中国人应该如何团结起来救国"，"我出洋，还是关心国事，提倡 Nationalism，不过那是感情上的"，而大江会之所以强调自己信仰的是国家主义思想，而非民族主义思想，是因为"不懂政治，也不懂三民主义"，以为孙中山把 Nationalism 翻译成"民族主义"是反动的。③

由于大江会成员皆为留美的中国知识精英，因此对于文化知识在国家命运中的作用非常重视。在《大江会宣言》中，他们特别强调了文化与国家命运的关系问题，宣言认为："以数十年来中国之文化情形考之，则外人之毁灭中国文化，其祸更烈于操纵政治外交及经济也。一国之文化，为一国之国性，国性丧失则国亡矣……夫一国之文化，乃一国士气民风之所系，国性藉以寄托，人性藉以安息，今则中国文化受人之摧残也若是，人心失常，国事变态，此亦情势所必然。故曰，今日中国紊乱，外人阴谋有以成之也……所谓中华文化之自由演进者，即谋中华文化之保存及发扬。同时且反抗一切以西方文化笼统的代替东方文化运动。一国文化，乃民族历史上之产物，一国典章文物纲纪法度之所出也。故文化即为国性……文化乃国家之精神团结力也。文化摧残则国家灭亡矣。故求文化之保存

---

① 吴文藻：《民族与国家》，载《留美学生季报》1926 年第 11 卷第 3 号。
② 吴文藻：《马志尼的国家主义及意大利的统一》，载《留美学生季报》1926 年第 11 卷第 1 号。
③ 闻一多：《五四历史座谈》，《闻一多全集》第 2 卷，武汉：湖北人民出版社，1993 年，第 367 页。

及发扬，即国家生命之保存及发扬也。文化之自由演进，即国家生命之自由演进也。"①

　　在这一思想的主导下，大江会核心成员闻一多还提出"中华文化的国家主义"的说法。对此，闻一多解释说："我国前途之危险不独政治、经济有被人征服之虑，且有文化被人征服之祸患。文化之征服甚于他方面之征服百千倍之。杜微防渐之责，舍我辈谁堪任之！"② 在此期间，闻一多先后出版了《红烛》、《死水》两部诗集，其中的许多作品，都通过惨败凋落的风景意象，来激励中国人的惊醒与反思。正如闻一多自己所说的，在创作中"我所想的是中国的山川，中国的草木，中国的鸟兽，中国的屋宇——中国的人"③。闻一多的这种表述实际上是其爱国主义和民族主义思想的文学体现。美国学者本尼迪克特·安德森（Benedict R. O'Gorman Anderson）认为：在促成国民对"民族"和"民族国家"的认同中，文化特别是文学发挥了巨大的作用。日本学者柄谷行人也在《日本现代文学的起源》中强调："安德森指出以小说为中心的资本化出版业对国民的形成起到了巨大的作用，而我在本书中所考察的言文一致也好，风景的发现也好，其实正是国民的确立过程。"④ 事实上，同样的思路也出现在中国"现代文学"的发展过程中，无论是以鲁迅为代表的现代小说，还是闻一多等创作的现代诗歌，都是通过文学创作参与到"现代民族国家"的启蒙与认同的一种方式。此后，闻一多基本放弃现代诗歌的创作，致力于中国古典文学的研究，对《周易》、《诗经》、《庄子》、《楚辞》四大古籍进行整理研究，后汇集为《古典新义》，其治学思路看似转变极大，但仍然是通过对民族文化的弘扬来激励国人，体现了他一直强调的"中华文化的国家主义"思想。

---

　　① 《大江会宣言》，载《大江季刊》第 1 卷第 2 期，1925 年 11 月 15 日。

　　② 闻一多：《致梁实秋》，《闻一多全集》第 12 卷，武汉：湖北人民出版社，1993 年，第 215 页。

　　③ 闻一多：《致吴景超》，《闻一多全集》第 12 卷，武汉：湖北人民出版社，1993 年，第 123 页。

　　④ 柄谷行人：《中文版作者序》，《日本现代文学的起源》，赵京华译，北京：生活·读书·新知三联书店，2006 年，第 3 页。

总体上来说，大江会是 20 世纪 20 年代在美国以中国留学生为主要成员成立的一个具有国家主义思想的同人团体。在 1925 年前后，随着闻一多等大江会成员的陆续回国，大江会也开始同国内的国家主义团体中国青年党联合起来，进行一些具有国家主义色彩的政治活动。① 但不久，由于两个团体之间出现思想分歧，大江会中断同中国青年党的合作。此后，作为一个团体的大江会在中国的社会政治活动中逐渐淡出，但其主要成员如闻一多、罗隆基等人则在 20 世纪 30－40 年代的中国社会和政治中继续发挥重要的影响。而大江会提出的"中华文化的国家主义"思想，则对在抗日战争时期出现的具有国家主义思想特征的知识分子团体战国策派，在思想观念上产生了巨大的影响。

二、醒狮派的国家主义思想

醒狮派又称国家主义派，其主要人物包括曾琦、李璜、左舜生、陈启天、余家菊、常燕生等。1923 年，部分少年中国学会会员②曾琦、李璜等在巴黎创立中国国家主义青年团，后改名为中国青年党。1924 年 9 月，曾琦、李璜等从巴黎回来后，与左舜生、陈启天、余家菊等组织"醒狮社"，10 月 10 日在上海创办《醒狮》周报，作为中国青年党的机关报，以加强国家主义的宣传。之所以定名"醒狮"，源于在晚清之后中国流行的"醒狮"之说，意在将近代中国形容为一头正在从沉睡中醒来的狮子。③ 曾琦在自己的日记中曾详细

---

① 由于大江会同中国青年党的合作，一些学者曾经误以为大江会是由青年党领导在美国组织的一个国家主义团体。这种误会最早见于 1939 年张执一写的《抗战中的政党与派别》。在当代出版的不少著作中，也都出现过这种误判。

② 少年中国学会是由李大钊等人于 1918 年联合各方面的青年知识分子组织起来的。会员分布广泛，北京、成都、南京以及法国巴黎都有少年中国学会的活动。少年中国学会最初建立是以富于民族主义性质的救国运动相号召，后来因救国方式选择不一等原因逐渐分裂并解体。

③ 关于"醒狮"一词的出处，有源于拿破仑、曾纪泽和梁启超等不同说法，相关研究参见单正平：《近代思想文化语境中的醒狮形象》，载《南开学报》（哲学社会科学版）2006 年第 4 期；石川祯浩：《晚清"睡狮"形象探源》，载《中山大学学报》（社会科学版）2009 年第 5 期。

说明定名"醒狮"的缘由，他在 1923 年 10 月 13 日的日记中写道："予近已决定归国，如办鼓吹国家主义之杂志，则取名为'醒狮报'，其义有二：一为唤醒睡狮，一为作狮子吼也。"① 因此，这一国家主义团体被称为"醒狮派"。

醒狮派在 20 世纪 20—30 年代的中国具有很大的影响力，其思想主张与政治活动主要可以划分为三个阶段。少年中国学会时期（1918—1923），这一时期也是醒狮派主要代表人物国家主义思想的形成时期；中国青年党时期（1923—1931），这一时期醒狮派的国家主义思想日益成熟，社会活动非常频繁，成为中国共产党、中国国民党之外的一大重要政治力量；抗日战争时期（1931—1945），这一时期的醒狮派主要提倡"新法家主义"以及"生物史观"，其活动与影响已经日渐式微。

梁启超的国家主义思想极大地影响了醒狮派的主要成员曾琦、李璜等人。由于民族主义和国家主义在英语中均为 Nationalism，李璜因此提出，应该把 Nationalism 译作"国家主义"而非"民族主义"，并列了四点理由："（一）近代国家的内容不是民族两个字所能包含，所能代表的……近代的国家不只是一个民族构成的。一个国家里往往有几个民族同住着，而并不妨害他的国家的统一和发展……并且在近代国家的构成上面，在实质上言之，所谓领土主权之意很是重要；在精神上言之，信仰与共通历史的回忆也大有关系的……因此国家主义的根据和内容是与近代国家的根据和内容一样而并不加增别种成分的。于是国家既不能够叫作民族，而国家主义也就不能叫作民族主义了。""（二）将国家主义误会成军国主义帝国主义的人乃是缺乏历史上的常识，我们该当积极的多谈一些历史去使他明白，不该当怕他误会便消极的把国家主义这个字牵强的译作民族主义。""（三）并且国家这两个字，在字的构造上，也特别能形容出近代（Nation）这个意思……我们谈国家主义既完全没有分辨血族的想法，便不能用民族主义这个字。""（四）我们所提倡的

---

①　陈正茂等编：《曾琦先生文集》，台北：中央研究院近代史研究所，1993 年，第 1377 页。

国家主义，虽不与威尔逊的一民族一国家的主义相反对，但是我们既以国家为单位，而对于已经同化在一个国家下面的各民族便不赞成他们分离了。"①

而对于国家主义的定义，醒狮派发起人曾琦解释说："国家主义者何？在一定领土以内，其国民团结一致，以内求本国之进步，外御异族之侵凌者也。国家主义之发生，其原始即为自卫的而非侵略的；人类由于利害关系而联合以成群……盖有群然后能生存，能自卫，能发展也。初由小群合成大群，合大群而成部落，后渐扩而为市府，再扩而成国家者，乃讲自衡谋生存谋发展之较大的团体也。国家主义之主旨，团结同居一地之民族，独立自主，以求生存发展，换言之，国家者，即世界较大的自治区域也。国家主义之发达，决无妨于'世界大同'，犹之'地方自治'之发达，决无妨于'国家统一'。"② 同时，曾琦还强调了国家主义对中国社会的重要作用。他说："（甲）就世界大势论，'国家主义潮流'，既蓬勃于世界……夫强国'图扩国权'也既如彼，弱国之'图复国土'也又如此。然则打破国界，趋向大同之事，岂所语于今日哉……故吾人无论从何方面观察，皆不能不承认'二十世纪之世界，为国家主义极盛时代'"。③ "（乙）就本国情形论，今日我国之情形，一言以蔽之曰：'内不统一，外不独立'而已……'共产'不合国情，'无政府'理想太高，万不能实行于中国。国家主义乃为救时之良药，此则予所深信不疑者也。"④ "（丙）就社会道德论，一国之社会能秩然有序而日趋进步，全赖有最高道德以维系之……此就社会道德论，吾人不

① 李璜：《国家主义正名》，《中国现代哲学史资料汇编》第 1 集第 12 册，沈阳：辽宁大学出版社，1981 年，第 123 - 124 页。

② 曾琦：《国家主义与中国青年》，《中国现代哲学史资料汇编续集》第 8 册，沈阳：辽宁大学出版社，1984 年，第 21 页。

③ 曾琦：《国家主义之四大论据》，《中国现代哲学史资料汇编》第 1 集第 12 册，沈阳：辽宁大学出版社，1981 年，第 110 - 111 页。

④ 曾琦：《国家主义之四大论据》，《中国现代哲学史资料汇编》第 1 集第 12 册，沈阳：辽宁大学出版社，1981 年，第 111 - 112 页。

可不提倡'国家主义'者也。"① "（丁）就人类本性论，爱国为人之良能，合乎人心，顺乎自然……人苟自爱其国，推而至于亦爱人之国。则'国家主义'未始非达'大同主义'之阶梯，此孔子所以有国治而后天下平之论也。"②

在 20 世纪 20—30 年代，醒狮派的国家主义思想主要体现在将国家利益置于最高地位，强调民众应该自觉地为国家利益服务。醒狮派代表人物李璜在《国家主义与现代政治》一文中说："民主政治之下，一国国民也不能说对于他的个人自由便完全无所牺牲，不过这种牺牲是他个人自愿的，是由多数取决定为法律。而大家乐意遵守的罢了"，因此，"个人自由的决定要为国家去牺牲，这就是国家主义"。③ 同时，因为强调国家应该是民众共同意愿的集结，因此醒狮派主张实行"阶级合作"，反对"阶级战争"，希望在"阶级合作"的基础上建设精神上统一的国家。李璜就认为："国家主义者不但在此日驱除国内外暴力的时候，要主张各阶级合力同心去从事于革命运动，并且来日全民革命之后，也要一样主张各个阶级合力同心去从事于建设工夫，因为国家主义者既以国为唯一的对象……国家的利益即是全国人民的利益。不但当与全国人谋之，且当听全国人谋之。因此国家主义者的立国政体必须是全民共和，而不是独夫或一阶级专政的。"④ 醒狮派另一位代表人物曾琦也极力反对中国共产党提出的"阶级斗争"和"劳工专政"主张，认为："共产党的阶级斗争，劳工专政，即欲以不平之方法求得其平，以阶级代阶级，以专政易专政，其结果亦徒使社会永远不平而已"，并且指出："阶级斗争以离间国民的感情，涣散国民的团结"。⑤

抗日战争时期，醒狮派的重要成员陈启天、常燕生等人还提出

① 曾琦：《国家主义之四大论据》，《中国现代哲学史资料汇编》第 1 集第 12 册，沈阳：辽宁大学出版社，1981 年，第 112 页。

② 曾琦：《国家主义之四大论据》，《中国现代哲学史资料汇编》第 1 集第 12 册，沈阳：辽宁大学出版社，1981 年，第 112 页。

③ 李璜：《国家主义与现代政治》，载《醒狮》1925 年第 63 号。

④ 李璜：《释国家主义》（续），载《醒狮》1924 年第 5 号。

⑤ 曾琦：《共产党之复古反动与反革命》，载《醒狮》1926 年第 68 号。

了"新法家主义"以及"生物史观"思想。"新法家主义"仍然是在国家主义思想的基础上形成的,这一思想认为,抗日战争时期的世界进入了一个新的"春秋战国"时期,中国要想在这种群雄争霸中胜出,必须要用国家主义思想武装国民,为了同日本的军国主义思想有所区别,"新法家主义"的代表人物陈启天试图从中国传统的法家思想上寻找理论资源,并在1934年和1935年陆续出版了《商君书校释》、《商鞅评传》、《中国法家概论》等著作,其思想因此也被称为"新法家主义"。

"生物史观"思想则是由常燕生等人提出来的。其主要思想是将社会发展与生物进化等同起来,希望在"科学精神"的指引下,用"生物史观"来研究社会的发展变化。从本质上,"生物史观"具有同马克思唯物史观相对立的思想倾向,因此遭到了许多学者的批判。

总体上说,在特定的历史时期,近代中国的国家主义思想在反对帝国主义侵略和解救国族危机上具有一定的积极作用,但是因为他们将国家需要置于个人权利之上,并且反对阶级斗争,也遭到了许多知识分子和革命者的批评。

1918年,陈独秀发表《偶像破坏论》一文,指出:"国家是个什么?照政治学家的解释,越解释越教人糊涂。我老实说一句,国家也是一种偶像。一个国家,乃是一种或数种人民集合起来,占据一块土地,假定的名称,若除去人民,单剩一块土地,便不见国家在哪里,便不知国家是什么。可见国家也不过是一种骗人的偶像,他本身亦无什么真实能力。现在的人所以要保存这种偶像的缘故,不过是藉此对内拥护贵族财主的权利,对外侵害弱国小国的权利罢了。"① 陈独秀认为,既然国家是"一种或数种人民"的集合,"若除去人民","便不知国家是什么",因此他反对国家主义将国家视为绝对至上的存在,导致个人权利的牺牲,强调国家存在应该为个人权益服务,认为只有"以人民为主人,以执政为公仆者"的民主国家才是真正的国家,而"牺牲全体国民之权利,以奉一人"的国

---

① 陈独秀:《偶像破坏论》,载《新青年》1918年第5卷第2号。

家为"伪国家"。① 并且强调:"我们爱的是人民拿出爱国心抵抗被人压迫的国家,不是政府利用人民爱国心压迫别人的国家。我们爱的是国家为人谋幸福的国家,不是人民为国家做牺牲的国家。"② 另外一位新文化运动的主帅胡适更是将个人权益置于其民族国家思想的核心位置,因此坚决反对国家主义思想,对于国家主义者提出的"牺牲你们个人的自由,去求国家的自由"的说法,胡适反驳说:"争你们个人的自由,便是为国家争自由! 争你们自己的人格,便是为国家争人格! 自由平等的国家不是一群奴才建造得起来的!"③

此外,国家主义者反对阶级斗争的主张也遭到了一些共产主义者的反击。恽代英在《中国青年》上指出:中国要建设的"国家"必须是"无产阶级专政的国家",要建立的政府,必须是"保障无产阶级平民的利益而存在"的政府。因此共产主义建立的"中国"与国家主义心目中的"中国"并不相同,醒狮派要求民众为"中国"奋斗,却不顾农工平民的冻馁,而共产主义的"中国"则要求"全民族真正的解放"。④

三、战国策派的文化民族主义思想

战国策派是 20 世纪 40 年代初在昆明出现的一个文化流派,因创办《战国策》半月刊而得名。其代表人物为云南大学、西南联大教授林同济、陈铨、雷海宗等三人⑤。《战国策》半月刊创建于 1940 年 4 月,1941 年 7 月因为"空袭频仍,印刷迟缓,物价高涨,维持

---

① 陈独秀:《今日之教育方针》,载《青年杂志》1915 年第 1 卷第 2 号。

② 陈独秀:《我们究竟应当不应当爱国?》,《陈独秀著作选》第 2 卷,上海:上海人民出版社,1993 年,第 24 页。

③ 胡适:《介绍我自己的思想》,《胡适全集》第 4 卷,合肥:安徽教育出版社,2006 年,第 663 页。

④ 代英:《答〈醒狮周报〉三十二期的质难》,载《中国青年》第 4 卷第 82 期,1925 年 7 月 18 日。

⑤ 也有学者认为,战国策派的核心人物应该是林同济、雷海宗、陈铨、何永估、贺麟等五人。参见江沛:《战国策派思想研究》,天津:天津人民出版社,2001 年,第 12 页。

为艰"① 等原因停刊以后，他们又于 1941 年 12 月至 1942 年 7 月，在重庆《大公报》上开辟《战国副刊》。《战国策》半月刊和《战国副刊》是战国策派的主要理论阵地，其目的正如战国策派"特约执笔人"沈从文所言："这个民族若不甘心灭亡，想要挣扎，得有勇气先从'因循'习惯中挣扎出来，这个国家方可望有个转机。这就是当时几个朋友办刊物的一点理想。"② 除《战国策》半月刊、《战国副刊》之外，战国策派的主要刊物还有陈铨 1943 年 7 月在重庆创办的《民族文学》月刊。其主要内容是宣扬民族文学运动，也可以看做是战国策派的文化观念在文学领域的具体实践。

由于战国策派的核心成员都具有留学德国的教育背景，因此受德国文化的影响很深。他们对尼采提倡的权力意志、强力哲学与酒神精神，以及 18 世纪以来德国如何通过启蒙时代的思想革命将德国民族化分为合、化弱为强的历史过程非常推崇，认为可以从中学到中华民族的自强之道。

战国策派的主要思想也被认为是一种文化民族主义思想。所谓文化民族主义，其核心思想是一个民族面对国族危机和文化危机时所体现出来的文化政治和文化自觉思想，其主要路径是通过对本民族文化传统的挖掘、继承和反思来重建本民族的民族精神和核心价值观，增强民族的凝聚力，实现民族和国家认同以及民族国家的复兴。一般认为最早形成于 18 世纪德国崛起的时期。在此之前，德国长期分裂，特别是面对法兰西文化和政治的强势输入，谢林（Friedrich Wilhelm Joseph von Schelling）、费希特（Johann Gottlieb Fichte）、黑格尔（Georg Wilhelm Friedrich Hegel）、尼采（Friedrich Wilhelm Nietzsche）、韦伯（Max Weber）等一批德意志知识分子开始反思德国遭遇的文化危机和民族国家危机，认为主要是因为"丢弃了自己的民族文化、民族特性及至民族精神"③，因此需要从本土民

---

① 《停刊启事〈战国策〉》，载《中央日报》（贵阳版），1942 年 4 月 4 日。

② 沈从文：《对作家和文运的一点感想》，载《大公报》（重庆版），《战国副刊》第 11 期，1942 年 2 月 11 日。

③ 李宏图：《西方近代民族主义思潮研究——从启蒙运动到拿破仑时代》，上海：上海社会科学院出版社，1997 年，第 140 页。

族文化中发掘精神源泉，"使德意志民族在精神文化上统一起来"①，以便抵御外来文化冲击。

在近代中国，面对西方文明的冲击，也陆续出现了一批希望通过重建中国民族文化来对抗西方冲击的知识分子，但其思想往往被研究者归纳为文化保守主义，而从中国文化民族主义的视角进行研究的路径则相对被忽视。② 不过，笔者认为文化保守主义实际上应该被置于更加广泛的文化民族主义之内，而且，由于其往往具有狭隘的民族自大与排斥外来先进文明特性，因此可以被称做封闭的或者极端化的文化民族主义。而与之相对的，还有一种对西方文化持开放态度，希望通过借鉴西方文明的精华和对传统文化的反思来进行本土文化现代重建的另外一种文化民族主义思想。

战国策派的文化主张应该属于后者。首先，战国策派强调近代以来中国始终处于"立国之本与强国之路的悖论选择中"，而其文化选择实为"中国现代文化思想史上一个难以回避的价值存在"。③ 战国策派因此提出质问："已经完成大一统阶段的'古老'文化（例如中国）是不是还有可能性摆脱了一切'颓萎'色彩而卷土重来再创出一个壮盛的、活泼的、更丰富的体系？"④ 为了解决这一问题，战国策派提出不应继承春秋文化的传统，因为春秋文化导致"中国人的第一罪恶，就是太文了！"战国策派主张，中国应该从战国文化传统中寻找"刚道"与"力"的精神资源。发表于《战国策》第 2 期的《本刊启事（代发刊词）》中对此有明确的表达："本社同人，鉴于国势危殆，非提倡及研讨战国时代之'大政治'（High Politics）无以自存自强。而'大政治'例循'唯实政治'（Real Politie）及研究'尚力政治'（Power Politics）。'大政治'而发生作用，端赖实政

---

① 李宏图：《西方近代民族主义思潮研究——从启蒙运动到拿破仑时代》，上海：上海社会科学院出版社，1997 年，第 129 页。

② 相关研究参见郑师渠：《近代中国的文化民族主义》，载《历史研究》1995 年第 5 期。

③ 江沛：《战国策派思想研究》，天津：天津人民出版社，2001 年，第 11 页。

④ 林同济：《从战国重演到形态史观》，载《大公报》（重庆版），《战国副刊》第 1 期，1941 年 12 月 3 日。

治之阐发，与乎'力'之组织，'力'之驯服，'力'之运用。本刊如一'交响曲'（Symphony），以'大政治'为'力母题'（Leitmotif），抱定非红非白，非左非右，民族至上，国家至上之主旨，向吾国在世界大政治角逐中取得胜利之途迈进。此中一切政论及其他文艺哲学作品，要不离此旨。"① 战国策派因此批判托尔斯泰的和平主义思想，提倡"力"的哲学，这实际上是对维新时期"尚武说"、"崇力说"和五四时期鲁迅的"摩罗诗力说"的继承，在其思想背后，可以清晰地辨识出尼采等德国学者强力哲学的脉络，而战国策派在抗战的大背景下提出这样的思想主张，对于抗战时期的中国民众精神方面，无疑具有重要的"鼓民气"意义。战国策派将当时的抗日战争看做是新的战国时代的出现，认为在这个"又一度的'战国时代'"，中华民族的"民族的命运，只有两条路可走：不是了解时代，猛力推进，做个时代的主人翁，便是茫无了解，即或了解而不彻底，结果乃徘徊、分歧、失机，而流为时代的牺牲品。"而要成为时代的主人翁，就需要适应"战国"特征的"强有力"的文化，因为"不能战的国家不能生存"。但是由于中国文化在漫长的发展过程中"早已踏过了它的战国阶段而悠悠度过了二千年的'大一统'的意识生活"，"无形中已渗透了所谓'大同'局面下的'媛带轻裘''雍雍熙熙'的懒散态度"，这就导致中国的文化已经没有对抗外来文化的力量，而要想获得这种力量，就必须"一方面来重新策定我们内在外在的各种方针，一方面来仔细评量我们二千多年来的祖传文化"。② 同时，中国文化还应该"'倒走'二千年"，回到"战国七雄"时代的列国意识与政治立场上，因为"列国阶段是任何文化最活跃、最灿烂、最紧张而最富创作的阶段"。③

由于特定的历史语境和自身的理论逻辑，战国策派的文化民族主义思想中具有明显的国家主义思想。战国策派认为近代以来的世

---

① 《本刊启事〈代发刊词〉》，载《战国策》第 2 期，1940 年 4 月 15 日。
② 林同济：《战国时代的重演》，载《战国策》创刊号，1940 年 4 月 1 日。
③ 林同济：《从战国重演到形态史观》，载《大公报》（重庆版），《战国副刊》第 1 期，1941 年 12 月 3 日。

界就是一个"大战国时代",每一国族都必须强大才有可能获得生存的能力,认为中国"远自鸦片战争以来,就始终是一个彻头彻尾的民族生存问题。说到底,一切是手段,民族生存才是目标。在民族生存的大前提下,一切都可谈,都可做。在民族生存的大前提外做功夫,无往而不凶。这是百余年来大战国局面排下的铁算"。① 战国策派因此宣传"民族至上,国家至上"的思想,认为在"大战国时代"里,"比任何时代都要绝对地以'国'为单位","民族主义,至少是这个时代环境的玉律金科,'国家至上,民族至上'的口号,确是一针见血"。② 正是在这一思想逻辑的基础上,战国策派批判五四时期的个人解放与人性自由的主张,强调个人的解放必须以国家的强大为基础,个人的命运必须与集体主义和国家命运相融合,主张"二十世纪的政治潮流,无疑是集体主义。大家第一要求民族自由,不是个人自由,是全体解放,不是个人解放。"③ 而对于如何重建民族文化,战国策派则认为需要在"民族至上,国家至上"的基础上,从"文艺复兴以来的西洋"和"春秋战国时代的中国"中汲取中国民族文化重建的"列国酵素"。④

除了上述观点之外,战国策派还在《民族文学》杂志上宣传自己的民族文学思想,认为"一时代有一时代的文学,一个民族有一个民族的文学,一个天才有一个天才的文学","文化是整个的,文学是文化形态的一部分,它不但和哲学分不开,它和文化中其他一切的形态都分不开。一个时代文化的内容形式,一有变动,文学的内容形式,也要发生变动。"⑤ 所以"没有民族文学,根本就没有世

---

① 林同济:《廿年来中国思想的转变》,载《战国策》第 17 期,1941 年 7 月 20 日。

② 陈铨:《政治理想与理想政治》,载《大公报》(重庆版),《战国副刊》第 9 期,1942 年 1 月 28 日。

③ 陈铨:《五四运动与狂飙运动》,载《民族文学》第 1 卷第 3 期,1943 年 9 月 7 日。见温儒敏、丁晓萍编:《时代之波——战国策派文化论著辑要》,北京:中国广播电视出版社,1995 年,第 345 页。

④ 林同济:《文化形态史观·卷头语》,《文化形态史观》,上海:大东书局,1946 年 5 月。见温儒敏、丁晓萍编:《时代之波——战国策派派文化论著辑要》,北京:中国广播电视出版社,1995 年,第 3 页。

⑤ 陈铨:《文学批评的新动向》,载《战国策》第 17 期,1941 年 7 月 20 日。

界文学；没有民族意识，也根本没有民族文学。"①民族文学运动最大的使命"就是要使中国四万万五千万人，感觉他们是一个特殊的政治集团。他们的利害相同，精神相同，他们需要共同努力奋斗，才可以永远光荣生存在世界。"②

由于战国策派在抗战时期对尼采等人思想的宣传，导致了当时一些左翼知识分子对其思想的激烈批评，他们认为战国策派的言论具有明显的"法西斯主义实质"③，完全是为虎作伥，必将走上反人民和反民族的道路。与此同时，陈铨创作的具有抗战背景的话剧《野玫瑰》等文学作品也遭到了"左"翼知识界的批判。1949 年之后，大陆学术界在相当长的时间里仍然延续了 20 世纪 40 年代"左"翼知识分子对战国策派的批评，直到 80 年代仍然有一些学者认为战国策派是"一些反对共产党，支持国民党的右翼知识分子"，其目的是"急于建立一套有利于国民党统治的思想理论体系，以便和正在广泛传播的马克思主义相抗衡"，他们对尼采的宣传"目的却在于巩固极少数所谓'英雄'对于广大人民的统治，始终致力于证实这种统治的'合理性'，宣扬'弱者'活该灭亡，群众理应受治"。④ 20世纪 90 年代以来，中国学术界对战国策派的认识才逐渐突破意识形态的束缚，其评价也日益客观。一些学者开始重新评价战国策派的思想观念，认为他们的民族文学主张"并没有什么法西斯思想，却是明明白白的。尼采的'超人'哲学，并不等于法西斯主义……《野玫瑰》这个剧本的基本倾向是站在民族主义的立场上，反对日本侵略者和为日本侵略者效劳的汉奸的……过去的评论说它'美化汉

---

① 陈铨：《民族文学运动》，载《民族文学》，1943 年第 1 卷第 1 期，1943 年 7 月 7日。见温儒敏、丁晓萍编：《时代之波——战国策派派文化论著辑要》，北京：中国广播电视出版社，1995 年，第 372 页。

② 陈铨：《民族文学运动》，载《民族文学》，1943 年第 1 卷第 1 期，1943 年 7 月 7日。见温儒敏、丁晓萍编：《时代之波——战国策派派文化论著辑要》，北京：中国广播电视出版社，1995 年，第 378 页。

③ 汉夫：《"战国"派的法西斯主义实质》，载《群众》第 7 卷第 1 期，1942 年 1 月25 日。

④ 乐黛云：《尼采与中国现代文学》，载《北京大学学报》（哲学社会科学版）1980年第 3 期。

奸'、'宣传法西斯思想'，是没有根据的……他们唯心主义的哲学思想，也是与马克思主义相对立的。但是他们并没有宣传法西斯主义，没有鼓吹反共，而是主张以民族主义来争取抗日战争的最后胜利。因此，从抗日民族统一战线的立场来要求，应该是团结的对象……作为一种文学思潮，其思想倾向与 30 年代初黄震遐等人所鼓吹的以反苏反共为指导思想的'民族主义文学运动'是完全不同的。"① 今天看来，战国策派的思想主张具有浓厚的文化民族主义思想和国家主义色彩，而其对中国民族文化和民族文学发展的意义与价值，还有待学者们更加深入和全面的研究。

第二节　抗战时期的边疆史地研究及对中华民族问题的探讨

抗日战争期间，面对日益严峻的民族边疆危机，爱国学人们纷纷选择了通过边疆史地研究来表达自己的爱国主义情怀，因此促成了近代中国的第二次边疆史地研究的热潮。这些研究，不仅极大地沟通了内地与边疆之间的民族关系，也包含了对中华民族问题的思考与探讨。

一、《禹贡》半月刊的创建及其历史贡献

《禹贡》半月刊创刊于 1934 年 3 月 1 日，是禹贡学会的机关刊物。"禹贡"二字出自《尚书·禹贡》。《禹贡》创办者顾颉刚在《禹贡》第一期《编后》中认为，《尚书·禹贡》是研究中国地理沿革史的开篇，用此命名刊物最为合适。《禹贡》创刊的目的是呼吁历史学者注重地理沿革的研究，"要使一般学历史的人，转换一部分注意力到地理沿革这一方面去，使我们的史学逐步建立在稳固的基础之上。"禹贡同人认为："民族与地理是不可分割的两件事，我们的地理学既不发达，民族史的研究又怎样可以取得根据呢？"他们痛感

---

① 　邵伯周：《中国现代文学思潮》，上海：学林出版社，1993 年，第 646－658 页。

"研究地理沿革在前清曾经盛行过一时。可是最近十数年来此风衰落已到了极点。各种文史学报上找不到这一类的论文，大学历史系也找不到这一类的课程，而一般学历史的人，往往不知《禹贡》九州、汉十三部为何物，唐十道、宋十五路又是什么。这真是我们现代中国人的极端的耻辱！"① 由此可见，《禹贡》半月刊虽然强调学术研究，但在治学之中蕴涵了强烈的爱国精神和民族意识，希望"有一部中国通史出来，好看看我们民族的成分究竟怎样，到底有哪些地方是应当归我们的"②，"谋以沿革地理之研究，裨补民族复兴之工作，裨尽书生报国之志"③。

1934 年 5 月 24 日，禹贡学会在燕京大学临湖轩召开成立大会，学会至此正式成立。禹贡学会致力于地理沿革和边疆史地的研究，目的是唤醒同胞的民族自信心和自豪感，以增强中华民族的凝聚力。禹贡学会不但在《禹贡》半月刊上刊发了大量关于边疆史地研究的学术文章，还发布《禹贡学会研究边疆计划书》，呼吁学界对边疆史地研究的"第二回发动"，掀起了近代中国边疆史地研究的第二次高潮。④

《禹贡》半月刊边疆研究的重点是东北、蒙古、西藏和新疆地区，一方面是因为当时史学家们对这些地方的研究长期忽视，另一方面则由于这些地方始终处于帝国主义侵略势力的觊觎之中。禹贡同人冯家升明确指出："边疆之学，吾国学者向来视为偏僻而不关宏旨，不知吾人以为偏僻，不加注意，正外国学者努力最勤而收获最丰者也。顾彼等所以努力研究，无不有其政治背景，日俄之于东北，俄之于蒙古新疆，英之于新疆西藏，法之于云南广西，其显著者也。虽能各就其国范围，争先开拓，举以夸耀，然皆出入于彼等国家政策之中，无不有侵略性之浸渍，故吾人于自己之边疆问题亦徒仰赖外人，其害真有不堪胜言者矣。"⑤ 表达了中国知识分子在边疆危机

---

① 顾颉刚：《发刊词》，载《禹贡》第 1 卷第 1 期。
② 顾颉刚：《发刊词》，载《禹贡》第 1 卷第 1 期。
③ 顾颉刚：《本会三年来工作略述》，载《禹贡》第 7 卷第 1、第 2、第 3 合期。
④ 顾颉刚：《〈禹贡学会〉研究边疆计划书》，载《史学史研究》1981 年第 1 期。
⑤ 冯家升：《东北史地研究之已有成绩》，载《禹贡》第 2 卷第 10 期。

中强烈的民族关怀。

1935 年 3 月 1 日,《禹贡学会简章》对学会宗旨进行了修改,扩大至"以研究中国地理沿革史及民族演进史为目的"①,从注重研究古代地理沿革发展为致力于边疆史地与民族历史和现状的研究,表现了禹贡同人在民族危亡面前强烈的现实关怀。在 1936 年《禹贡学会研究边疆计划书》中,顾颉刚写道:"当承平之世,学术不急于求用,无妨采取'为学问而学问'之态度……及至国势凌夷,蹐天踏地之日,所学必求致用,非但以供当前之因应而已,又当责以弘大之后效……以我国今日所处地位之危险,学术上实不容更有浪费,故定其价值之高下必以需用与否为衡量之标准。同人发起'禹贡学会',最初亦但就学校课业扩大为专题之研究,且搜集民族地理材料,分工合作,为他日系统著作之准备耳。而强邻肆虐,国亡无日,遂不期而同集于民族主义旗帜之下;又以敌人蚕食我土地,四境首当其冲,则又相率而趋于边疆史地之研究,满蒙回藏,俱得其人……窃意此种问题之探讨,必非身居内地之人所可从事。同人幸得有此集合,而又有契于经世之需,此正政府期待于学界者也。"② 以上可见,《禹贡》半月刊虽然为专业的学术期刊,却体现了当时学者们"以史地教育为激发其青年爱国观念之主要工具"③ 的民族意识。因此,禹贡同人强调要"改变昔日怕出门的习惯,使得荒塞的边疆日益受本国人的认识和开发,杜绝了野心国的觊觎。我们要把我们祖先努力开发的土地算一个总账,合法地承受这份我们国民所应当享有的遗产,永不忘记在邻邦暴力压迫或欺骗分化下所被夺的是自己的家业。我们要把我们的祖先冒着千辛万苦而结合成的中华民族的经过探索出来,使得国内各个种族领会得大家可合而不可离的历史背景和时代使命,彼此休戚相关,交互尊重,共同提携,团结为一个最坚强的民族"④。顾颉刚同时强调,禹贡学会的研究"依然是

---

① 顾颉刚:《禹贡学会简章》封二,载《禹贡》第 4 卷第 3 期。
② 顾颉刚:《〈禹贡学会〉研究边疆计划书》,载《史学史研究》1981 年第 1 期。
③ 顾颉刚:《本会此后三年中工作计划》,载《禹贡》第 7 卷,第 1、2、3 合期。
④ 顾颉刚:《纪念辞》,载《禹贡》第 7 卷第 1、2、3 合期。

'为学问而学问'，但致用之期并不很远，我们只尊重事实，但其结果自会发生民族的自信心。而且郡国利病，边疆要害，能因刊物的鼓吹而成为一般人的常识，也当然影响到政治设施"。①

《禹贡》同人及刊物对中国边疆史地研究的贡献获得了学界的高度评价。当代学者马大正认为禹贡学会"是继中国地学会以后成立的又一对 20 世纪前半叶中国边疆史地研究产生过重大影响的学术团体"②，"禹贡学会所代表的特殊学者群体，在促成和发展近代以来中国边疆史地研究第二次研究高潮中，扮演了重要的角色，起了突出的作用……极有光彩地将中国边疆史地研究推进到一个新的阶段。"③今天看来，《禹贡》半月刊不仅是抗战时期民族边疆危机的产物，同时也是中国知识分子通过对边疆史地的学术研究，来回应现实中民族边疆问题的一次爱国主义实践。而从历史作用来看，《禹贡》半月刊的创办不仅增加了中华民族共同体的整体凝聚力，也凸显了近代知识分子一直信奉的"知识救国"、"学术救国"的民族主义思想。

二、抗战时期的边疆民族问题研究

抗日战争期间，因为民族危机和边疆局势的不断恶化，越来越多的文史工作者选择了通过研究边疆民族问题来加强中华民族认同和激励爱国主义精神的治学方式。这一时期，相关的边疆研究学术期刊、著作和文章层出不穷。④ 而当时相关的主要学术团体除了广为人知的禹贡学会之外，还有中国地学会和新亚西亚学会，以及中国

---

① 顾潮：《顾颉刚先生与〈禹贡〉半月刊》，载《中国历史地理论丛》1997 年第 3 期。

② 马大正：《二十世纪的中国边疆史地研究》，载《历史研究》1996 年第 4 期。

③ 马大正：《略论禹贡学会的学术组织工作》，载《中国边疆史地研究》1992 年第 1 期。

④ 关于这一时期边疆史地研究的状况，马大正在《二十世纪的中国边疆史地研究》一文中有很好的总结。参见马大正：《二十世纪的中国边疆史地研究》，载《历史研究》1996 年第 4 期。

边疆问题研究会、中国边疆学会、中国边政学会等。①

中国地学会是近代中国第一个地学研究与学术团体。此前，随着近代科学率先在欧洲兴起，西方国家纷纷注意对世界地理的发现和研究。1871年，第一届国际地理大会在比利时安特卫普召开，此后，西方各国的地理学会开始陆续建立，日本也在1879年成立了地理学会，但是中国却一直没有相应的地学研究组织和刊物。与此同时，西方侵略者却纷纷派遣考察人员深入中国内地进行地理、地质和资源考察，为之后的侵略和掠夺提供学术准备。在此情况下，成立中国的地学研究组织和学术刊物已经成为当务之急。

1909年9月28日，中国地学会在天津正式成立。对于中国地学会的成立，当时在天津出版的《大公报》曾经进行过详细的报道："下午两点，中国地学会诸同人在河北第一蒙养院内本会事务所召开初次大会，到位者五十余人。会议公推投票决定：（一）总理傅增湘；（二）会长张相文；（三）编辑部长白毓昆。"② 中国地学会会长张相文是中国近代地理学家、教育家，时任天津北洋女子高等学校校长，他于1908年编写的《地文学》，被认为是中国第一部自然地理著作。此外，中国地学会的成员还包括许多近代著名学者和社会活动家，例如地理学家白眉初、黄国璋、王成祖，历史学家陈垣、聂崇岐，教育学家张伯苓、蔡元培，地质学家章鸿钊、丁文江、翁文灏、邝荣光、袁复礼、刘玉峰、殷祖英、张印堂、谭其骧、盛叙功，水利专家武同举等。

1910年2月，中国地学会又创办了中国第一个地理学术刊物《地学杂志》，该刊在1937年抗战全面爆发后停办，共出版181期，刊登文章1520余篇。在《地学杂志》创刊号上，中国地学会特发表启示以申明办刊宗旨，启示云："人生缘大地以为食息，聚国族以谋

---

① 中国边疆问题研究会，1938年成立于重庆，创办会刊《边疆问题》；中国边疆学会，1939年成立于重庆，创办会刊《中国边疆》；中国边政学会，1941年成立于重庆，创办会刊《边政公论》。相关研究参见：马大正、刘逖：《20世纪的中国边疆研究——一门发展中的边缘学科的演进历程》，哈尔滨：黑龙江教育出版社，1998年；房建昌：《简述民国年间有关中国边疆的机构与刊物》，载《中国边疆史地研究》1997年第2期。

② 《开会纪闻》，载《大公报》1909年9月29日。

生存。而天演剧烈，势不能各守封疆，无相侵夺……近世以来，持帝国主义者，类能浮海辟新地，以蕃殖其种族；而我国地大物博，坐资强敌，外失败，边事日巫，虽欲划疆自守，聊固吾圉，而犹不可得。"① 表达了中国地学会通过地学研究救国图强和唤起公众关心国家安危与发展的学术追求。

中国地学会成立后，对近代中国边疆民族研究做出了重要的学术贡献。《地学杂志》先后发表了大量关于疆域问题的文章，包括白眉初的《边界失地史略》和《片马考》、邹代钧的《中俄交界记》、王恒升的《黑龙江省护滨县附近中俄国界记》、杨耀恺的《吉林旧界变迁纪要》、宋教仁的《间岛问题》、李培栋的《滇缅勘界痛史》、王龙章的《片马问题》、叶秉诚的《西藏交涉之研究》等。

此外，《地学杂志》还发表了许多涉及边疆治理、边防内政实施、边疆居民情况、古代边疆史地问题研究的文章，包括程其保的《台湾开创记》、张鸿翔的《长城关堡录》、朱希祖的《鸭江行部志地理考》、傅运森的《秦长城东端考》、姜松华的《黑龙江鄂伦春近日之状况》、丁义明的《西域要考》、丁谦的《大唐西域记地理考证》、彭程万等的《琼崖黎民之状况及其风俗与教育》、李安陆的《西藏风俗记》、杨成志的《中国西南民族中的罗罗族》、向苍的《西藏族考》、铁岩的《蒙古风俗志》、善之的《萨满教》、李晋年的《新疆回教考》、孟森的《调查东三省拓殖事业之报告》、白月恒的《论蒙古之屯田及林牧业》、张印堂的《内蒙经济地理辑要》、智珠的《云南之新建设》、王光玮的《由经济地理上讨论琼崖的开发问题》、张相文的《河套与治河之关系》和《长城考》等。与此同时，中国地学会的边疆问题研究还包括边疆的地形地质研究、矿产资源研究、相关的国外研究动态与翻译等诸多方面的工作，为近代中国的民族边疆研究与中华民族的认同做出了重要的学术贡献。

20 世纪 30 年代，又一边疆研究团体——新亚细亚学会成立，并且创办了《新亚细亚》月刊。新亚细亚学会由戴季陶、马鹤天等人发起，以"信行三民主义，发挥中国文化，复兴亚细亚民族"为宗

---

① 《中国地学会启》，载《地学杂志》1910 年第 1 号。

旨，除发行会刊《新亚细亚》月刊外，还组织边疆考察团，开办东方语文班，出版边疆研究丛书等，为研究边疆做了很多积极的工作。对于新亚细亚学会成立和办刊的宗旨，《新亚细亚》月刊阐释极明："我们晓得亚细亚是五大洲中最大的一洲，中国是亚细亚民族中最大的一个民族，中国的衰颓是亚细亚一切民族衰颓的原因，中国的倒霉和失败是亚细亚一切民族倒霉失败的原因。所以，中国问题是亚细亚一切民族问题的枢纽，中国复兴是亚细亚民族复兴的起点。"①"我们成立这个学会，希望在国内把各民族融合起来，造成一个坚固的团体，以这个团体来造成新的好的文化，有了这种力量再联合亚洲各民族造成全亚洲民族的文明，以这个基础来达到我们世界和平的目的。"②

新亚细亚学会信仰孙中山的三民主义，具有明显的官方背景，蒋介石、戴季陶、张继、方冶、马福祥、陈立夫、于右任等政府要员都曾担任过新亚细亚学会的名誉董事、会长、理事、监察委员、评议员等职务；成员则包括马鹤天、许崇灏、华企云、杨成志、刘家驹等从事边疆研究的专家。其会刊《新亚细亚》月刊创刊于1930年，在1932年以前为不定期刊物，1932年以后改为定期刊物，一年出刊两卷，每卷6期，1937年抗战全面爆发后被迫停刊，1944年复刊。《新亚细亚》月刊不但在国内的上海、南京等地发行，在菲律宾、日本、美国也有代售处。

《新亚细亚》月刊强调对边疆少数民族的研究，其内容涉及对蒙、藏、回、苗等族的族源、历史地理、宗教信仰以及风俗习惯等的考察和研究，其中许多文章都是作者实地进行调查的成果，如杨成志的《从西南民族说到独立罗罗》、杨希尧的《青海漫游记》等。上述学术研究不仅促进了中华民族之间的团结、了解与融合，也对发展边地建设做出了积极贡献。此外，《新亚细亚》月刊也是当时为数不多的介绍亚洲其他国家发展状况的刊物之一，刊物对亚洲其他

---

① 《创刊宣言》，载《新亚细亚》创刊号，上海新亚细亚月刊社，1930年。
② 《新亚细亚学会成立会录记》，载《新亚细亚》第2卷第3期，上海新亚细亚月刊社，1930年。

被压迫民族的革命运动介绍也激励了中国人抵抗外来帝国主义侵略、追求民族独立解放的斗争精神。

新亚细亚学会除发行《新亚细亚》月刊外，还出版边疆研究丛书和东方民族研究丛书，如马鹤天的《内外蒙古考察日记》、任乃强的《西康札记》、刘家驹的《康藏》、杨希尧的《青海风土记》、谭云山的《印度周游记》等，都堪称当时研究中国边疆及亚洲的权威之作。

不过，由于新亚细亚学会具有浓厚的官方气息，也导致学会及刊物存在一些不足，如存在抹杀少数民族文化的独立性和同化少数民族的大汉族主义倾向，对帝国主义侵略的妥协退让以及对中国共产党领导的革命运动的批判等。尽管如此，我们仍然不能否定新亚细亚学会和《新亚细亚》月刊在推动中国边疆民族研究和促进中华民族认同方面所起的积极作用。

三、抗战时期关于"中华民族"问题的论争

抗战爆发之后，中华民族加快了从"自在"到"自觉"过程的转变，这一时期，中国知识分子对于中华民族的理解和阐释也出现了新的变化。

对于辛亥革命后日益流行的"中华民族"一词，吕思勉在1934年出版的《中国民族史》中认为，该词语在最初出现的时候，是指汉族，后来再用它指代中华民国内的所有民族，难免出现混淆的问题，因此主张用"中国民族"来代替"中华民族"作为中华民国内所有民族的统称。① 吕思勉指出的这一问题在梁启超等人提出"中华民族"一词的时候就已经存在。1902年，梁启超在《中国学术思想变迁之大势》中，率先运用"中华民族"一词。这里的"中华民族"，指的就是汉民族。梁启超解释说："中华建国，实始夏后。古代称黄族为华夏，为诸夏，皆纪念禹之功德，而用其名以代表国民也。"② 此后，在1905年发表的《历史上中国民族之观察》一文中，

---

① 吕思勉：《中国民族史》，北京：东方出版社，1996年。
② 梁启超：《中国学术思想变迁之大势》，载《新民丛报》第22号，1902年。

梁启超又分别使用了"中华民族"与"中国民族"两词。这里的
"中华民族"仍然专指汉民族，梁启超明确指出，"今之中华民族，
即普通俗称所谓汉族者"，它是"我中国主族，即所谓炎黄遗胄"。①
而这里的"中国民族"一词的内涵却更加宽泛，包括了梁启超认为
当时尚未完全融入"中华民族"的苗族等少数民族。显然，在这里，
"中国民族"一词更加接近作为中国各族民族共同体的中华民族的含
义。尽管梁启超等人后来对"中华民族"一词进行了广义的阐释，
例如他在 1922 年提出"中华民族"一般指汉族，但并非仅仅只包含
汉族，而"凡遇一他族而立刻有'我中国人'之一观念浮于其脑际
者，此人即中华民族之一员也"。② 不过，一直到 20 世纪 30 年代初
期，"中华民族"一词的内涵仍然没有明确固定下来。因此，吕思勉
的这一提议，实际上是要求对"中华民族"一词进行明确的辨析和
界定。

对此，赖希如在 1935 年发表的《中华民族论》一文中给予了积
极的回应，他认为："我们现在称'中华民族'，就狭义说，当然指
的是中国境内民族的主体汉族。汉族古称夏族，然夏和汉皆为朝代
之名，非民族之本称，今民国已确定以'中华'为族国之全称，故
用今名。复就广义说，中华民族是统指中国境内诸种族的全体而言，
今日中国境内大别为六种种族即汉、满、蒙、回、藏及未开化之苗
族、瑶族及其他各族，就人类学上和民族学上，当然有显著的分别。
唯汉族和其他各族经数千年长期间的接触，辗转东亚大陆，互相交
杂，在血统上实已混乱。若细加分析，汉族的血统中实包含有其他
五族的若干成分，如满族之东胡、鲜卑、契丹、女真；蒙族之匈奴；
回族之突厥、回纥；藏族之羌。元、清两代，蒙族和满族之同化汉
族，则尤为显著。至苗族如今云南之一部分进化的土司，亦渐已同
化于汉族。此种同化一方面是血统上的混合和生活上的同化，另一
方面是精神上接受汉族的文化，很自然地铸成了新中华民族固结的

---

① 梁启超：《历史上中国民族之观察》，《新民丛报》第 65 – 66 号，1905 年。
② 梁启超：《中国历史民族之研究》，《饮冰室合集》专集之四十二，北京：中华书
局，1989 年，第 1 – 2 页。

基础。故汉族其实为中华民族的母体，自然应代表中华民族之全称。"①

此后，更多的学者参与到对"中华民族"一词的阐释中来。1935 年，傅斯年在《独立评论》发表《中华民族是整个的》一文，指出"中华民族是整个的"，这"是历史的事实，更是现在的事实"。对此，他解释说："原来二千几百年以前，中国各地有些不同的民族，说些多少不同的方言，据有高下不齐之文化。经过殷周两代的严格政治之约束，东周数百年中经济与人文之发展，大一统思想之深入人心，在公元前 221 年，政治统一了。又凭政治的力量，'书同文，车同轨，行同轮'"，"我们中华民族，说一种话，写一种字，据同一的文化，行同一伦理，俨然是一个家族。也有凭附在这个民族上的少数民族，但我们中华民族自古有一种美德，便是无歧视小民族的偏见，而有四海一家之风度。"②

1937 年，顾颉刚发表《中华民族的团结》一文，强调："在中国的版图里只有一个中华民族。在这个民族里的种族，他们的利害荣辱是一致的，离之则兼伤，合之则并茂。"③ 1939 年，顾颉刚又发表了《中华民族是一个》一文，提出"中华民族是一个"的著名观点。文章认为："凡是中国人都是中华民族——在中华民族之内我们绝不能再析出什么民族——从今以后大家应当留神使用这'民族'二字"，"现在日本人在暹罗宣传桂、滇为掸族故居，而鼓动其收复失地。某国人又在缅甸拉拢国界内之土司，近更收纳华工，志不在小。在这种情况之下，我们绝不能滥用'民族'二字以召分裂之祸。'中华民族是一个'，这是信念，也是事实。我们务当于短期中使边方人民贯彻其中华民族的意识，斯为正图。夷汉是一家，大可以汉族历史为证。即如我辈，北方人谁敢保证其无胡人的血统，南方人谁敢保证其无百越、黎、苗的血统。今日之西南，实即千年前之江

① 赖希如：《中华民族论》，载《中山文化教育馆季刊》1935 年冬季号第 2 卷第 4 期。

② 傅斯年：《中华民族是整个的》，《傅斯年全集》第 4 卷，长沙：湖南教育出版社，2003 年，第 125 页。

③ 顾颉刚：《中华民族的团结》，载《申报》1937 年 1 月 10 日。

南、巴、粤耳。此非曲学也。""到了秦始皇统一，'中华民族是一个'的意识就生根发芽了。从此以后，政权的分合固有，但在秦汉的版图里的人民大家是中国人了。""'中华民族是一个'，这话固然到了现在才说出口来，但默默地实行却已有了二千数百年的历史了。""我们从今以后要绝对郑重使用'民族'二字，我们对内没有什么民族之分，对外只有一个中华民族"，应当"舍弃以前不合理的'汉人'称呼，而和那些因交通不便而致生活方式略略不同的边地人民共同集合在中华民族一词之下，团结起来以抵抗帝国主义的侵略。"[1]

顾颉刚《中华民族是一个》的文章刊出后，引起热烈反响，各地报纸纷纷转载，其观点得到了一些学者的认同，也遭到了另外一些学者的反驳。张维华赞同"中华民族是一个"的观点，认为这一观点表达了中华民族"合则共存，离则俱亡"的意识，"这正是解救时弊的一服良药"。[2] 费孝通则认为，"中华民族是一个"的观点，只是强调了"我们政治的统一"，却忽视了中国各个民族在"文化、语言、体质上的分歧"。[3] 翦伯赞也在 1940 年发表《论中华民族与民族主义——读顾颉刚〈续论中华民族是一个〉以后》，文章指出："中华民族是一个"的观点，"把中国国内的一切不同言语、文化与体质的少数民族，消解于一个抽象的'团结的情绪'的概念之下，从而概念地造成一个中华民族——一种观念的'中华民族'"。"假如在客观上中国存在着许多少数民族，则顾先生在主观上虽不忍说出来，他们依然是存在的。反之如果在客观事实上中国并没有诸少数民族之存在，则任何挑拨离间者也不能用主观的恶意把一个民族分化为几个民族。""我们所需要的统一与团结，是现实的而不是幻想的……用现实的共同的利益代替空洞的'团结的理论'以唤起他

---

[1] 顾颉刚：《中华民族是一个》，载《益世报》1939 年 2 月 13 日。
[2] 张维华：《读了顾颉刚先生的〈中华民族是一个〉之后》，载《益世报》1939 年 2 月 27 日。
[3] 费孝通：《关于民族问题讨论》，载《边疆》周刊 1939 年第 19 期。

们的'民族情绪',而且也只有这样'民族情绪'才能唤起。"①

今天看来,抗战时期关于"中华民族"内涵的论争虽然没有达成共识,却反映了在国家与民族危机日益加深之时知识分子对于中华民族认同的自觉意识,并且为此后费孝通等人提出的"中华民族多元一体"的著名论断提供了前期准备。

抗战时期,对于"中华民族"内涵的进一步理解也体现在国共两党民族政策的演变上。抗战之前,国民党民族政策的中心内容之一为民族自决。例如1924年孙中山在国民党第一次全国代表大会上就宣布"承认中国以内各民族之自决权"②。不过,抗战爆发后,日本方面不断利用民族自决的观念破坏抗日民族统一战线,试图制造中国领土的分裂,达到各个击破的侵略目的。面对此种情况,国民党开始逐渐淡化民族自决的提法,转而强调"宗族主义"和"大中华民族"的思想,而这一思想的集大成者则为蒋介石。在1943年出版的《中国之命运》一书中,蒋介石明确指出:"我们中华民族是多数宗族融和而成的。融和于中华民族的宗族,历代都有增加,但融和的动力是文化而不是武力,融和的方法是同化而不是征服……四海之内,各地的宗族,若非同源于一个始祖,即是相结以累世的婚姻。"③蒋介石的"宗族主义"和"大中华民族"思想得到了当时一些少数民族政要的支持。回族将领马步芳即表示:"汉回蒙藏,只有一种宗教上的区别,大体上说,我们都是中华民族,宗教只不过是一种私人立场的信仰罢了。"④可以看出,蒋介石的"宗族主义"和"大中华民族"思想是对孙中山民族主义思想的进一步发挥,其核心是以宗族代替狭义的民族(族群),从而将广义的中华民族定义为中国唯一的民族符号。今天看来,蒋介石对"宗族主义"的提倡,

---

① 翦伯赞:《论中华民族与民族主义——读顾颉刚〈续论中华民族是一个〉以后》,载《中苏文化》第6卷第1期,1940年4月5日。

② 孙中山:《中国国民党第一次全国代表大会宣言》,《孙中山全集》第9卷,北京:中华书局,1986年,第119页。

③ 蒋中正:《中国之命运》,南京:正中书局,1943年,第184页。

④ 《马主席对省垣各中小学校全体教职员学生训词》,载《青海省政府公报》第69期,1938年7月。

出发点是为了团结全国各族人民积极抗战，但是却抹杀了各少数民族以及汉族之间历史和现实存在的区别和差异，同时也暴露了国民党民族政策中长期存在的民族同化和大汉族主义思想。

抗战时期，中国共产党的民族政策也根据国际国内形势的发展发生了相应的变化。在抗战爆发之前，中国共产党的民族政策也强调对民族自决的支持。例如 1923 年中国共产党第三次全国代表大会通过的《中国共产党党纲草案》即提出"西藏、蒙古、新疆、青海等地和中国本部的关系由该民族自决"。[1] 但是，随着抗战的爆发，中国共产党的民族政策也开始突出对中华民族整体性的认同。例如，毛泽东在 1938 年发表的《论新阶段》中就提出"允许蒙、回、藏、苗、瑶、彝、番各民族与汉族有平等权利"，"针对敌人已经进行并加紧进行分裂我国国内各少数民族的诡计，当前的第十三个任务，就在于团结各民族为一体，共同对付日寇"。[2] 在随后发表的《新民主主义论》中，毛泽东也再次强调了中华民族一体的观念。此后，中国共产党在对少数民族的历史和现状进行系统调研的基础上起草了《关于回回民族问题的提纲》和《关于抗战中蒙古民族问题的提纲》，成为抗日战争时期解决中国民族问题的重要原则。比较而言，和国民党民族政策不同的是，中国共产党的民族政策更强调在民族平等的前提下联合抗战。

总体来说，正是在抗战时期严重的国族危机中，国共两党的民族政策都不约而同地体现出对于中华民族整体认同的自觉意识，以争取团结全国各族人民共同抗日救亡。不过，与国民党的民族政策相比，中国共产党的民族政策更符合马克思主义民族理论中民族平等的观念，因此也更容易获得全国各族人民的认同与支持。

---

[1]　中央档案馆编：《中国共产党第二次至第六次全国代表大会文件汇编》，北京：人民出版社，1981 年，第 56 页。

[2]　中央档案馆编：《中共中央文件选集》第 10 册，北京：中共中央党校出版社，1985 年，第 175 页。

第三节 抗战文学中的国家认同与民族自觉

抗战爆发后，中国文艺界担负起了文学救国的历史使命，创作了大量的宣扬爱国主义精神的小说与历史剧。这些作品大多通过民族化、大众化的艺术表现形式，表达弘扬爱国主义民族精神的创作主题，对于抗日战争的胜利发挥了独特的作用，其创作价值已经远远超越了文学本身的意义。可以说，贯穿在抗战文学中的爱国与"救亡"主题，不仅激发了广大民众的爱国情怀，也体现了中华民族在面对外来侵略时不断强化的国家认同与民族自觉意识。

一、抗战时期小说中的爱国意识与救亡使命

1931 年"九·一八"事变爆发，日本帝国主义者入侵中国。战争造成了中国人民的苦难，但是苦难并没有压倒中国人民。在苦难与伤痛中，中国文艺界人士与全国军民一起义无反顾地投入到抗日的正义事业中，以笔代枪，创作了大量富有感染力和战斗力的文学作品。这些作品的大量出现，践行了中国文艺界人士对祖国的神圣责任，也形成了新文学史上一种独特的文学现象——抗战文学。在抗战文学中，"救亡"成为首要的文学叙事，并占据了这个时期中国文学的主导地位。"九·一八"事变后仅十天，左联就在《文学导报》第一卷第五期刊登了《告国际无产阶级及劳动民众的文艺组织书》，强烈抗议日本帝国主义的野蛮侵略。10 月 15 日，左联执委会又通过《告无产阶级革命家及一切爱好文艺的青年》，要求文艺工作者以文艺为武器，"各方面地去攻击帝国主义的横暴和列强的趁火待劫的野心"。① 同年 11 月，左联又通过题为《中国无产阶级及革命文学的新任务》的决议，不仅把"反对帝国主义战争"作为中国无产阶级革命文学的首要任务提了出来，而且把"抓取反帝国主义的

---

① 《告无产阶级革命家及一切爱好文艺的青年》，载《文学导报》第 1 卷第 6 期，1931 年 10 月。

题材”列在“最能完成目前新任务的题材”中的首位。[①]

在这一时期，一批曾经在东北战斗生活，后来流亡到关内的东北作家怀着对故土的深情眷恋和对侵略者的无比仇恨，创作了不少反映东北人民抗击日本侵略的作品，极大地鼓舞了东北人民和全国的抗日斗争。其中，萧军的《八月的乡村》、萧红的《生死场》、舒群的《没有祖国的孩子》、端木蕻良的《浑河的急流》、罗烽的《一条军裤》和《特别勋章》、白朗的《生与死》等，都是东北沦陷区抗日小说中富有代表性的作品。而萧军、萧红、舒群、端木蕻良等来自东北的作家，也共同构成了中国现代文学史上自成一派的东北作家群。他们的作品大多以东北沦陷后东北人民的抗日斗争为题材，作品中充满强烈的爱国情怀和浓郁的乡土气息，对于反对投降，坚定中国人民的抗战信心发挥了独特的作用。从这个意义上说，东北作家群的崛起已远远超越了文学本身的意义。

在上海“孤岛”，由于文艺界人士的不懈坚持，进步的抗战文学得以在敌人的夹缝中继续存在，并产生了几部很有影响的抗日小说。比如谷斯范的章回体长篇小说《新水浒》、程造之的小说《地下》等，均描写人民群众抗击日本侵略者的故事，给四面都是日军包围的“孤岛”民众很大的精神鼓舞。

在国民党统治区，抗战小说主要包括直接描写前线战事的战地纪实小说和反映民众自发武装抗日的小说。战地纪实小说在抗战初期曾经一度形成创作热潮，但其中的大部分作品都满足于对前线战事的客观写实，因为缺少艺术提炼，也被一些评论家批评为“前线主义”的创作。这其中，丘东平是一位比较突出的战地纪实作家，其作品往往通过对抗战军人的个体叙述，来展示中国军人强烈的爱国主义精神。这一时期，具有代表性的战地纪实小说还包括萧乾的《刘粹刚之死》、荒煤的《支那傻子》、吴奚如的《萧连长》、艾芜的《两个伤兵》等。

不过，对于大多数抗战时期的作家来说，他们虽然生活在战争

[①] 《中国无产阶级及革命文学的新任务》，载《文学导报》第 1 卷第 8 期，1931 年 11 月。

时期，却没有战争的经验，因此直接描写战争是困难的。然而抗日的热情却不允许他们冷眼旁观，于是，他们便在以往熟悉的创作领域中进行新的主题转换，以适应新的时代需要。这主要表现在那些乡土题材和知识分子题材的小说创作中。乡土和知识分子题材小说是中国新文学中的两大"支柱产业"，从新文学诞生到抗战，一直都是新文学的重要表现题材，新文学史上有影响的小说，几乎都出现在这两大题材中。抗战开始后，很多作家都撤退到了大后方。他们都没有战争经历，没法直接描写战争，但他们却不甘心，他们要用笔为抗战贡献力量，于是，凭着"一点抗战的激情和对故乡风物的怀念或回忆"，吴组缃写了《鸭嘴涝》，陈瘦竹写了《春雷》，李辉英、王西彦、端木蕻良、于逢、艾芜、靳以、邵荃麟等作家，也都及时地在传统题材上进行了新的主题转换，写出了《万宝山》、《眷恋土地的人》、《大地的海》等一批富有特色的乡土抗日小说。而巴金、姚雪垠、碧野、郁茹、司马文森、田涛等以描写知识分子题材见长的作家，也在抗战大潮的推动下，创作出了《火》、《春暖花开的时候》、《风沙之恋》、《遥远的爱》、《雨季》、《涛》等青春抗日小说。由于作家熟悉这些生活，也有这类作品的创作经验，因此，表现抗战烽火中农民觉醒题材的作品不仅在战时得以迅速发展，而且成为战时小说最有成就的一部分。

共产党领导的抗日民主根据地，即后来的解放区，不仅是政治上实行新民主主义社会制度的特殊政治区域，在文学上也积极向"新的人物，新的世界"开掘，并取得了突出的创作成就。由于共产党实行的是与国民党完全不同的抗日政策，注意发动群众，提高群众的阶级觉悟，因而翻身解放的根据地人民普遍具有较高的抗战觉悟和高涨的热情，因此解放区的战争小说也有自己的特色。这其中，最具有代表性的作家是孙犁。孙犁以创作中短篇战争小说见长，其作品往往以小见大，通过平凡的生活场景来展示抗战人物的英雄品格和爱国主义风貌，例如《荷花淀》、《芦花荡》、《白洋淀纪事》等。由于孙犁作品中的故事主要发生在白洋淀一带，因此也被认为是抗战文学中"荷花淀派"的创始人。

在展示全民抗战的同时，解放区的抗战小说在形式上也追求文学的民族化和大众化。作家们通过借鉴中国传统的民族文学形式，创作出了《新儿女英雄传》、《吕梁英雄传》等为广大民众喜闻乐见的新章回体小说。作为战争时期的一种独特的文学体裁，解放区章回体新英雄传奇小说，由于采用了民间和古典的通俗文学形式，适合大众的审美趣味和欣赏水平，在当时的历史条件下，所起到的积极作用是毋庸置疑的。但是，它的历史局限性和艺术不足也是显而易见的，由于只注重吸收传统民族文学形式而拒绝借鉴外国文艺，致使作品的表现形式和表现手法过于单一，作品的人物形象也多比较扁平而不够丰满。

以张扬民族意识、强化文学救亡功能为基本特征的抗日救亡文学思潮，也存在着深刻的矛盾，存在着文学的救亡使命和文学自身使命的尖锐冲突。这表现在创作上，追求直观性的审美方式以及直线式的情节渲染，对现实的政治评价、道德评价未经审美中介直接表现出来。正如夏衍所说："抗战以来，'文艺'的定义和观感都改变了"，"文艺不再是少数文人和文化人自赏的东西，而变成了组织和教育大众的工具。同意这新的定义的人正在有效的发扬这工具的功能，不同意这定义的'艺术至上主义者'，在大众眼中也判定了是汉奸的一种了。"① 在战时的文学创作中，民族意识、战争意识等得到突出的强化，但与此同时，文学对于生活复杂性的表现却陷入简单化，甚至助长了抗战八股等模式化出现。面对抗战文艺发展中存在的问题，许多作家开始结合自己在创作实践上所经历的矛盾和困惑总结抗战文艺的得失，自觉不自觉地对自己的创作路径进行反思和调整。这次调整，对于 20 世纪 30 年代后期乃至整个 40 年代文学的发展，都产生了积极的影响，开始了在现实主义主潮之下，文学多元化的历史进程。与此同时，历史剧创作潮也开始勃兴。

不过，文学路向虽然有所调整，但是总体而言，抗战文学形态仍然是统一的。这是因为，抗日战争年代是中国人民饱受灾难与痛苦的年代，在这样的时代背景下来审视，人们对带有强烈功利性的

---

① 夏衍：《抗战以来文艺的展望》，载《自由中国》第 1 卷第 2 期，1938 年 5 月 10 日。

救亡文学思潮席卷抗日文坛这一特有的文学现象，也将会充分理解。由于战时的战争小说以服务于战争这个现实为基本目的，因此战时的战争小说便具有特别强烈的战时文化色彩。文学的战争化，从文学的角度讲，的确是文学本身在某种程度上的异化。从创作的实际看，抗战时期的战争小说的确精品不多。但是，我们必须认识到，这是文学的必要的牺牲。第二次世界大战期间，各主要反法西斯国家，都未能创作出多少重要的作品。说到底，文学毕竟是整个人类文化创造的一小部分，也是一个国家和民族整体利益中的一小部分。很难想象，在一个民族国家受到生存威胁之时，作家还可以不闻不问窗外事，在书斋中一心一意创作与时代无关的作品。因此，如果我们用纯粹的文学价值标准来衡量战时的中国抗日小说，它们的成就和价值的确不能算是巨大。对于它们的评价脱离不开战争年代这一特殊的时代背景。当然，抗战时期工具论的创作观也造成了抗战文学自身的深刻矛盾，因为文学创作如果仅以政治宣传为目的，一味追求立竿见影的现实影响，必然会损害其内在的文学价值与审美功能，并且造成创作的简单化、公式化和粗鄙化倾向。不过，今天我们在承认抗战文学存在不足的同时，更应该看到作为一种战时文学，它在进行全民爱国救亡总动员时所起的巨大作用，以及在捍卫国家和民族整体利益时所作出的积极贡献。特别是抗战文学对农民的刻画，更是突破了五四乡土文学中等待启蒙和拯救的看客形象，而其中对农民英雄和农民新人的塑造，不仅填补了新文学中乡土书写的空白，更从文学叙述的层面，形象化地呈现了在"乡土中国"向现代民族国家转变过程中，作为国家主体的农民在国家和民族认同问题上的自觉与觉醒。

二、抗战时期历史剧中的民族精神传承

近代以来，政治变革、救亡图存影响了文化的各个领域。抗日战争时期，中华民族的危机空前深重，进一步推动了文化的革新运动，特别是历史剧的繁荣。据抗日结束后的统计，八年全面抗战期间，大后方共创作120部多幕剧，其中历史剧32部，约占同期创作剧目的 27%。① 不过，由于当时条件的限制，这个数字比照现今的统计尚存在大量遗漏。

抗战时期历史剧的繁荣，首先缘于中国作家强烈的现实忧患意识和爱国主义精神。通过抚今追昔的历史想象，弘扬中华民族深沉悠久的爱国精神，从而激励中国人团结一致、奋起保卫国家和抵御外敌入侵的斗志，这一创作动机，也导致当时诸多作家共同青睐历史剧创作。因此，虽然创作对象是古老的历史题材，抗战时期的历史剧创作却体现出明确的现实关照倾向和强烈的时代参与精神。这首先反映在对历史题材的选择上面，作家们并非对浩如烟海的历史事件与人物都感兴趣，而是在广阔的历史长河中精心选择，最终，那些充满内忧外患、社会危机严重和政治矛盾尖锐的历史时期，成为诸多作家不约而同的关注焦点，而那些置于国家民族危亡之中的人物与事件，也自然成为作家们笔下集中的书写对象。例如，郭沫若的历史剧《虎符》通过重构信陵君窃符救赵的故事，表达了团结一致、反抗侵略的时代主题。阿英的《碧血花》以秦淮名妓葛嫩娘为主人公，讲述了她在清兵入侵之际，以一弱女子之身毅然参加义军抗击侵略，后来被俘就义的悲壮故事。这些历史剧，通过对爱国志士与卖国奸贼的不同褒贬，张扬了爱国精神，具有鲜明的时代主题和强烈的现实针对性，极大地激发了中国人民抗日救国的战斗意志。

作家们之所以选择历史剧创作，还因为当时中国复杂和严峻的政治形势。在抗战时期，历史剧创作多出自于国统区以及"孤岛"时期的上海，而解放区和沦陷区的历史剧创作却比较少。这主要因为，在民族与国家陷入生死存亡之际，抗日统一战线内部却一直存在各种政治摩擦与危机，特别是在"皖南事变"前后，国民党内部对内独裁、对外妥协的倾向日益滋长，导致思想进步和呼吁团结抗日的作家举步维艰。在这种时代语境下，以郭沫若、阳翰笙为代表的国统区"左"翼作家只好通过历史剧创作来实现"据今推古"、

---

① 田进：《抗战八年来的戏剧创作》，载《文联杂志》1946 年第 1 卷第 2 期。

"借古鉴今"① 的现实诉求。正如郭沫若所指出的："在上海是因为那时候正在敌伪的统治下，最好反映黑暗的现实的是历史剧。大后方呢？也为了要避免检查等等的原因，所以多历史剧。"② 在谈到历史剧《屈原》的创作时，郭沫若进一步解释了自己的创作动机："我写这个剧本是在一九四二年一月，国民党反动派的统治最黑暗的时候，而且是在反动统治的中心——最黑暗的重庆。不仅中国社会又临到阶段不同的蜕变时期，而且在我的眼前看见了不少的大大小小的时代悲剧。无数的爱国青年、革命同志失踪了，关进了集中营。代表人民力量的中国共产党在陕北遭受着封锁，而在江南抵抗日本帝国主义侵略最有功劳的中共所领导的八路军之外的另一支兄弟部队——新四军，遭了反动派的围剿而受到很大的损失。全中国进步的人们都感受着愤怒，因而我便把这时代的愤怒复活在屈原时代里去了。换句话说，我是借了屈原的时代来象征我们当前的时代。"③同样，在谈到创作《李秀成之死》这部剧的时候，阳翰笙也说道："蒋介石反动派在五次'围剿'时期，把'攘外必先安内'的反革命主张作为根本政策，疯狂进攻中国共产党领导的红色根据地；将镇压太平天国人民革命的刽子手、引狼入室的曾国藩极力吹捧为他们的精神偶像，大肆宣扬。在这种情况下我决定写历史剧，赞扬太平天国反帝反封建的英勇斗争，借以谴责国民党反动派反共反人民的卖国投降政策。"④ 郭沫若、阳翰笙的创作谈话，也反映了当时大多数历史剧创作者借古喻今的创作动机。

在当时抗敌御侮和国内政治势力复杂纷争的特殊形势下，抗战历史剧引起了空前热烈的社会反响。许多优秀的艺术家参加了演出，剧场里常常"响起暴风般的掌声"，一些历史剧演出的场次也"达

---

① 郭沫若：《我怎样写〈棠棣之花〉》，载《新华日报》1941 年 12 月 14 日。
② 郭沫若：《谈历史剧》，载《文汇报》1946 年 6 月 28 日。
③ 郭沫若：《序俄文译本史剧〈屈原〉》，《沫若文集》第 17 卷，北京：人民文学出版社，1963 年，第 158 页。
④ 阳翰笙：《阳翰笙选集·话剧剧本集自序》，成都：四川文艺出版社，1989 年，第 3 页。

到了当时最高纪录"。① 在宣传抗战救国的同时，"左"翼作家创作的历史剧也成为中国共产党抗击反共势力和指引舆论导向的精神武器。对此，周恩来曾经进行过高度的评价，在《新华日报》1941年11月16日的纪念专刊上，周恩来发表《我要说的话》，"论述了鲁迅和郭沫若两人不同的历史条件和各自的贡献"，并赞扬了郭沫若的"丰富的革命热情"、"深邃的研究精神"。②

今天，抗战历史剧的代表作品《屈原》早已经被认为是中国现代话剧中的扛鼎之作，而阳翰笙等作家的历史剧也被认为奠定了中国历史剧的基石。这些评论都证明了蕴涵在抗战历史剧中的现实关照意识，不仅在鼓舞中华民族奋起抗战方面产生了巨大的社会影响，也同时提升了作品本身的文学价值与历史地位。

意大利历史学家克罗齐（Benedetto Croce）曾经提出"一切历史都是当代史"，强调了在历史叙述与研究中无法避免的当代意识。同样，任何一个历史题材，一旦进入剧作家的创作视野，必然会在当时的语境下加以重构。不过，这种重构必须建立在符合历史逻辑的基础上，而不能为了迎合时代的需要任意打扮甚至扭曲历史。另一方面，在历史剧创作中融入当代意识，并不意味着和传统文化的决裂。相反，任何优秀的历史剧创作，都会重视对传统文化的继承与挖掘，使传统文化的精华部分在新的时代里重现光辉。

实际上，中国向来有"文以载道"、"以史为鉴"的传统。而将文艺与历史结合起来的历史剧创作，更是自诞生之日起就被寄予文化传承与道德教化的重任。《桃花扇》的作者孔尚任就曾经宣称："传奇虽小道，凡诗赋、词曲、四六、小说家，无体不备。至于摹写须眉，点染景物，乃兼画苑矣。其旨趣实本于三百篇，而义则春秋，用笔行文，又左、国、太史公也。于以警世易俗，赞圣道而辅王化，最近且切。今之乐，犹古之乐，岂不信哉？"③ 这里的传奇，就是我

---

① 阳翰笙：《战斗在雾重庆——回忆文化工作委员会的斗争》，载《新文学史料》1984年第1期。

② 阳翰笙：《战斗在雾重庆——回忆文化工作委员会的斗争》，载《新文学史料》1984年第1期。

③ 孔尚任：《桃花扇·小引》，北京：人民文学出版社，1980年，第1页。

们今天的历史剧。

抗战时期的历史剧创作，同样采取了"借古鉴今"的方式，通过对中国传统文化中爱国精神与传统美德的歌颂，来鼓舞当时国人的抗战斗志。历史剧《屈原》就因此而取得了巨大的成功，阳翰笙评价说："大气磅礴的爱国主义激情，精湛完整的艺术演出，征服了广大观众。大家奔走相告，欢呼《屈原》演出成功，《雷电颂》的诗句，回荡在嘉陵江两岸，充分表达了国统区人民的心声。"[①] 同样，在其他抗战历史剧中，也充满了对中国传统文化中爱国精神与传统美德的歌颂。这种创作方式，不仅在抗战时期起到了明显的宣传、鼓动与激励作用，也极大地增强了历史剧本身的艺术感染力。

在历史剧创作过程中应该进行合理的文艺加工和历史想象，但是这些都应该建立在对基本的历史事实、历史共识和历史逻辑的确认上。这就要求创作者具有严肃的创作态度。正如明清史专家孟森所说："凡作小说，劈空结撰可也，倒乱史事，殊伤道德。即或比附史事，加以色泽或并穿插其间，世间亦自有此一体。然不应将无作有，以流言掩实事，止可以其事本属离奇，而用文章加甚之。不得节外生枝，纯用指鹿为马方法，对历史肆无忌惮，毁记载之信用。事关公德，不可不辨也。"[②] 其次，创作者还应该具有基本的史学修养。在抗战历史剧作家中，郭沫若同时又是当时古史研究的大家，而阿英和阳翰笙也拥有深厚的史学修养。阿英仅个人收集的南明史料就有三百多种，在写作"南明史剧"的过程中，他与柳亚子反复研究，对所涉及的历史事实和历史人物都进行了深入的推敲。

通过历史剧创作来传承爱国主义的民族精神，以此来激励广大的中华民族儿女抗战救亡，这是抗战时期历史剧创作的主要目的，也体现了抗战时期作家们"借古鉴今"的民族主义思想。同时，抗战时期历史剧对中华民族历史文化和民族精神的传承是建立在正确的历史观基础之上，而不是把历史篡改得面目全非，特别是在一些

---

① 阳翰笙：《战斗在雾重庆——回忆文化工作委员会的斗争》，载《新文学史料》1984 年第 1 期。

② 孟森：《心史丛刊·董小宛考》，沈阳：辽宁教育出版社，1998 年，第 157 页。

大是大非的历史事实上面。这种唯物史观的创作态度，不仅凸显了抗战时期历史剧的时代价值，也给我们今天的历史剧创作提供了有益的启示。

三、抗战文学中的国民启蒙与民族认同

抗战爆发以后，中国文化发展的走向被迫改变，也就是李泽厚所谓的"救亡"压倒了"启蒙"。不过，如果说民族认同本身就是现代启蒙思想中的应有之义，那么，抗战文学中的"救亡"也可以看做是另外一种层面的"启蒙"叙事。

尽管在抗战初期，也出现了以丘东平为代表的战地纪实小说作家，但对于大多数作家来说，他们虽然生活在战时的动荡环境中，却更熟悉那些乡土题材的小说创作。不过，由于处于国家民族危亡之际，抗战时期的乡土文学不可避免地具有强烈的时代诉求和现实关照意识。于是，作家们纷纷在以往熟悉的创作领域中进行从"启蒙"到"救亡"的主题转换。

这一时期，对普通农民成长为抗战英雄的描写是乡土叙事中最常见的主题。由于东北沦陷，萧军、萧红、舒群、端木蕻良、罗烽、白朗等一大批作家从东北流亡到关内，并且创作了大量乡土文学作品。萧红的《生死场》和萧军的《八月的乡村》，是1935年在上海出版的"奴隶丛书"中的两部著名作品。《生死场》详细描写了东北沦陷后民众由于生存危机而导致民族意识觉醒的过程。在东北沦陷之前，当地村民们封闭而麻木地生活着，他们"从前不晓得什么叫国家，从前也许忘掉了自己是哪国的国民"，但在日本入侵之后，村民们歃血为盟，在装好子弹的匣枪面前宣誓"救国"，发出了"生是中国人，死是中国鬼"的民族最强音。《八月的乡村》则具体描写了沦陷区民众是如何组织队伍进行抗日救国的。在这些抗日救国的队伍中，大部分是自发觉醒的普通农民，面对家国的苦难，在他们的心中萌发了最朴素的民族救亡意识，并在战火的洗礼中不断深化与升华。

在国统区，"救亡"同样是作家们创作的主题。吴组缃的《山洪》（原名《鸭嘴涝》）叙述了黄山脚下一个叫做鸭嘴涝的小村落，

在游击队的帮助下组织起来进行抗日的故事。小说的主人公是青年农民章三官，在抗战爆发后，章三官从最初自发地为抗战出力开始，最终成为一名正式的游击队队员。通过刻画章三官这一形象，小说展现了一个带有狭隘与自私性的农民成长为抗日英雄的转变过程。在姚雪垠的《差半车麦秸》中，如果没有抗战的影响，主人公王哑巴可能永远都是五四作家笔下需要启蒙的麻木农民，但是抗战爆发后，王哑巴的命运和思想都发生了剧烈的变化，最终他在朴素的民族主义思想主导下，参与了民族解放事业。

显然，在抗战时期的乡土文学中，农民已经不再是麻木的看客、被启蒙的对象和等待拯救的客体，而是在抗战中苏醒了主体意识与民族认同感的现代国民，并在战火的洗礼中不断成长，最终成为顶天立地的英雄。不过，五四乡土文学中的启蒙叙事在此并没有消失，只不过由对农民个体意识的问询变为对其国族认同感的召唤。在这个意义上，"救亡"是"启蒙"的继续和深入，"启蒙"与"救亡"杂糅到一起，构成现代民族国家国民品格的一体两面。

实际上，即使在抗战时期的乡土文学中，农民的"爱国救亡"意识仍然需要他者的引导，只不过，这时的启蒙者已经不再是五四时期从海外归来的知识分子，而是具有强烈民族意识的革命者。《生死场》中，村民是在熟悉"革命军"、"义勇军"这些新名词之后才宣誓"救国"的。《八月的乡村》中，引导农民参加东北抗日救国军的，是萧明、安娜这些爱国知识分子。《山洪》中，乡村抗战英雄章三官的觉醒和成长离不开游击队的帮助。

与沦陷区和国统区的抗战小说多表现农民在侵略者的压迫下被迫起来反抗的觉醒过程不同，在解放区的抗战小说中，主人公往往具有饱满的革命热情，浑身洋溢着乐观主义和英雄主义精神。在解放区的抗战小说里，无论是孙犁小说中不为小儿女情怀羁绊支持丈夫离家打日寇的根据地妇女，还是华山小说中与敌人巧妙周旋胜利完成送信任务的儿童团员，都淋漓尽致地展现了战争中根据地人民的高尚品格和崭新的精神风貌。显然，在中国共产党的革命启蒙下，解放区的民众与其说是被迫抗日的农民英雄，不如说是在新的革命思想启蒙下具有革命主体意识和救亡自觉性的民族新人。

　　与抗战时期的小说创作不同，在抗战时期，历史剧创作多出自国统区以及"孤岛"时期的上海，而解放区和沦陷区的历史剧创作比较少。在国统区专制的政治文化气氛的高压下，以郭沫若、阳翰笙为代表的国统区"左"翼作家只好通过历史剧创作，用曲笔来表达自己的政治态度和现实立场。可以说，抗战历史剧以史为镜，借古喻今，成功地实现了通过文艺唤起民众团结御敌、反对卖国投降的创作目的。今天看来，在抗战文学特别是抗战历史剧中的爱国与"救亡"叙述，不仅激发了广大国人在国族危机之际团结一致报效祖国，也体现了中华民族在从"自在"到"自觉"的转化过程中不断壮大的文化自觉与认同意识。

　　近年来，关于"中华民族"的形成问题成为学术研究热点，相关研究也持续不断。早在 20 世纪 80 年代，费孝通就曾经提出"中华民族多元一体格局"的著名论断，认为中华民族是在近百年来中国和西方列强的对抗中，开始从一个自在的民族实体向一个自觉的民族实体转化。费孝通的观点和美国学者杜赞奇（Prasenjit Duara）的看法异曲同工。在讨论中国问题的时候，杜赞奇认为，在西方现代民族主义传入中国以前，中国人早就有类似于"民族"的想象了，对于中国来说，"民族"这一概念并不陌生，西方的民族国家体系才完全是崭新的事物。不过中国人对民族的认识长期以来受制于漫长却停滞的中华帝国的历史叙事，为一种被同化了的"同质的、空洞的时间"所限制。因此，当西方现代民族主义思想伴随着大炮、洋教士和鸦片传入中国时，古老的中国才开始苏醒，停滞的历史时间在这一刻开始运转，而传统文人和现代意义上的知识精英也纷纷以纸笔替代"匕首和投枪"，加入"从民族国家拯救历史"的宏大叙事中。[①]

　　"中华民族多元一体格局"的论断提出后受到学界的普遍重视。但是，长期以来，学术界似乎一直侧重于对于中华民族早期的"自在性"进行研究，而对于中华民族从"自在"向"自觉"的转变，

---

　　① 参见杜赞奇：《从民族国家拯救历史：民族主义话语与中国现代史研究》，王宪明等译，北京：社会科学文献出版社，2003 年。

则研究尚不够充分。这其中一个重要的原因，在于缺乏对研究资料和研究路径的开拓，而通过对这一时期文学的考察，则可以另辟蹊径，对这一问题的研究提供有益的启示。可以说，五四时期的乡土叙事，不仅是对农民自身的启蒙，也是对在"乡土中国"之上建构现代民族国家的召唤。而抗战文学正是通过对"救亡"的叙述，最终完成对于一个现代民族国家形象的重构和确认，也体现了在中华民族认同问题上，中华民族从"一个自在的民族实体"到"一个自觉的民族实体"的转变。在这个层面上，考察这一时期的文学创作，不仅是文化史、文学史研究的需要，也可以让我们对近代中国民族国家建构与中华民族认同问题具有更加丰富的认识。

结　语

　　近代中国是中国从一个闭关自守的"中央之国"卷入到世界民族国家格局中的历史时期，也是中国从一个王朝更迭的专制帝国向一个具有共和体制的近代民族国家转变的开始。鸦片战争以来，赤县神州，沧海桑田，中国知识界面临"三千年未有之变局"，其原本坚持的儒家学统也遭受到了空前的冲击。与此同时，西学东渐，具有启蒙特征的现代性知识逐渐替代了儒学，成为近代中国知识精英的思想主导乃至于社会政治建构的主要精神资源。而在这一知识更新的过程中，传统的士大夫也逐渐完成了向近代意义上的知识分子的身份转变。不过，这种知识的更新与读书人身份的转变并非易事，而是充满了矛盾与反复、激进与犹疑。在这期间，几代知识分子沉浮游走于传统与现代之间，新知与旧影，传承与反叛，都在他们的身上得到了最有力的展现。

　　学统的变更影响了道统的稳定，在传统政统与治统的空前危机之中，旧王朝的政治合法性最终丧失。而在旧世界崩溃这一历史进程的另外一面，则是一个走向共和的近代民族国家的开始。可以说，上述社会巨变的展开，近代中国知识精英的历史参与在其中发挥了重要的作用。

　　基于此，对于近代中国历史的研究，无论是在社会、政治、经济，还是在文化、思想领域，最终都会殊途同归，成为某种程度上的中国近代化（早期现代化）进程的研究。现代化浪潮自兴起以来，逐渐从欧洲蔓延到全世界，而其基本的历史目标有二：一是国家对外独立和民族解放；二是国家内部繁荣富强和持续发展。不过，与英国、法国等内生型现代化国家不同，中国属于一个典型的外生型现代化国家，而其现代化发展和近代民族主义的兴起主要是在外力的压迫下，被迫改变自己传统制度与文化观念的结果。或者说，在西方列强的船坚炮利与西学东渐的合力影响下，中国被迫进入世界现代化的发展轨迹之中，以天下主义为核心的传统民族主义思想，也被迫向以建立独立富强的现代民族国家为目标的近代民族主义思想转型。

转型始于鸦片战争时期，其时出现了近代民族主义思想的萌芽，其代表思想是魏源等人的"师夷长技以制夷"思想；此后的洋务运动时期，洋务派提出的"驭夷"与"自强"的口号则是"师夷长技以制夷"的延续，并且以"中体西用"为指导思想，但是当时一些思想超前的知识精英如郭嵩焘等人，已经开始对"夷夏之辨"和体用之说进行突破，认为应该对体用兼备的西学进行多方位的学习，这一思想在随后的维新派变革中得到进一步的体现；维新变法的失败昭示了通过改良的方式在中国建立现代民族国家制度的路径破灭，以孙中山为代表的革命派转而寻求暴力革命的方式推翻清朝的君主专制制度，希望通过"革命排满"的民族革命，实现推翻专制统治的政治革命和建立共和体制的民主革命。

在"排满革命"的背后，既有中国传统民族主义固有观念的影响，也有西方狭隘的民族主义思想的作用，同时，在很大程度上还是一种现实政治斗争和革命策略的需要，希望以此得到广大汉人特别是海外华人的支持。但是，这种"排满革命"的思想，即使在同盟会内部，如孙中山、章太炎和蔡元培等人身上，也存在着分歧和变化。事实上，同盟会是一个十分松散的革命组织，其成员无论是在政治主张还是在思想观念上，都存在着很大的差别，因此，孙中山、章太炎和蔡元培等人的民族主义思想，与其说代表同盟会，不如说是代表他们自身的思想更为恰当。

而在同一时期，梁启超、杨度等改良派和立宪派知识分子，则提出了"中华民族"、"五族合一"、"国民统一"等思想，并且与主张排满的革命党人进行了多次的论争。这其中，梁启超提出的中华民族思想影响最为深远。梁启超的民族主义思想，受瑞士政治学家伯伦知理的思想影响较大，因此他超越了西方单一民族国家的狭义民族主义思想，提出了"大民族主义"的说法。梁启超的中华民族思想，无论是对辛亥革命时期的各个政治派别，还是对抗战时期的边疆史地研究，乃至对费孝通等人提出中华民族多元一体的说法，都有深远的历史影响。

　　在论争当中，基于当时的社会现实，即国内外危机重重，强调国内不同民族的区别和对狭隘民族主义的提倡会引起中国的动荡、分裂甚至灭亡，民族融合思想逐渐取代了"夷夏之辨"，并且为包括革命党人在内的中国民众所广泛认同。在辛亥革命期间，杨度就与革命党人汪精卫联合发起成立了"国事共济会"，并且"以保持全国领土之统一为宗旨"，强调一个统一的中国是立宪派与革命党人的共同立场。

　　在这中间，最具有代表性的当推孙中山民族主义思想的演变。早期的孙中山力主"革命排满"，但是在受到梁启超、杨度等人民族主义思想的影响之后，他开始主张"五族共和"，并且进一步提出三民主义思想。以孙中山为代表的革命党人在民族观念的转变上不仅有其自身思想变化的原因，在很大程度上也是当时中国现实形势的迫切需要，以及各种政治力量博弈的结果。此前，由于革命党人宣扬要"驱除鞑虏"，建立单一的汉族国家，不仅激化了满汉矛盾，也引起了蒙、藏等其他少数民族的恐慌，与此同时，英、俄、日等帝国主义势力和一些帝制派顽固势力纷纷策划各种民族矛盾，制造地域的分裂和独立行动。在此情况下，革命党人将由"革命排满"转变为主张"五族共和"，不仅可以最大限度地获得立宪派人士等其他势力的支持，也可以缓和国内民族关系和民族矛盾，从而保持国家的统一和领土完整。晚期的孙中山在中国共产党和苏联的影响下，进一步提出了新三民主义思想，则包括了各民族平等自决自治等内容。可以说，孙中山民族主义思想的变化，极大地促进了近代中国民族主义思想的发展。

　　革命派民族主义思想的转变推动了辛亥革命的胜利。然而在辛亥革命之后的民国初期，让以文化承建者自居的知识分子沮丧的是，中华民国虽然建立了，然而却与他们理想中的共和国家相去甚远。于是，许多知识分子寄希望通过思想启蒙和教育文化变革来重铸民族精神，进而促进民族变革，推动中国的现代化民族国家建设，并且在五四时期衍生出"新民"、"改造国民性"、"教育救国"、"文化救国"、"尚武"、"立人"等主张和平民教育、乡村教育运动等社会实践，其目的是通过教育和启蒙来改变国民性，进一步实现国富民强的民族主义目标。

然而，严峻的国际国内形势，特别是帝国主义的压迫，使中国知识分子难以从容地致力于思想启蒙和教育文化变革。以五卅运动为标志，中国开始进入全民反帝爱国运动的新时期，其首要目标是要求取缔租界特权以及废除不平等条约。在这一阶段，无论是中共中央，还是国民党组建的广州国民政府，都积极支持与发动各种形式的反帝运动，这也意味着近代中国的民族主义思潮进入国民革命的新历史阶段。在这一过程中，中国知识分子参与民族国家建设的观念与方式也发生了深刻的变革，越来越多的知识精英参与到意识形态斗争和政治革命的社会实践中来，成为政治精英或者政党精英。而这些知识分子的民族主义思想，也在很大程度上影响和代表了其所在政党的民族主张。

抗日战争爆发后，救亡图存进一步成为中国民族主义思想的首要目标。无论是国内各种政治派别，还是广大各族民众，都积极参与到保家救国的民族主义运动中来。这一时期的知识分子，也从不同的角度，表达了自己的民族主义思想，如醒狮派的国家主义思想、战国策派的文化民族主义思想、以《禹贡》同人为代表的边疆史地研究热潮，以及以爱国历史剧为核心的抗战文学的创作等，这些思想宣传与文化实践，虽然在内容上存在很大的差别甚至争议，但都蕴涵了这一时期知识分子的民族主义思想。而正是在近代民族主义思想的不断推动下，在反帝运动和抗日战争的历史实践中，中华民族逐渐从"自在"走向"自觉"，最终促成了全国各族人民对中华民族的认同。

综上所述，近代中国，是一个传统民族主义思想向近代民族主义思想不断转化和发展的过程，同样是由一个家天下的君主专制帝国向共和制的现代民族国家演变的过程。需要说明的是，传统民族主义思想向近代民族主义思想的转化，并非简单的此消彼长，而是彼此交融互相交织的结果；同时，在中国传统民族主义思想以及西方近代民族主义思想的内部，也都存在不同的流派与观念的差异，这些，都造成了中国近代民族主义思想的多元性、复杂性、矛盾性乃至于混杂性。例如，在中国传统的民族主义思想之中，既有以华夏中心观和华尊夷卑观为基础的华夏中心主义，还存在一种强调血统之别的种族主义思想。华夏中心主义将文化的认同作为"夷夏之辨"的根本，认为华夏文明是一种优越的强势文明，因此只能"用夏变夷"，而不能"用夷变夏"。因此，华夏中心主义也被认为是一种文化民族主义思想，并且在相当长的历史阶段里导致了盲目排外观念的盛行。而中国传统民族主义中强调血统之别的种族主义思想则将民族和种族、部族，甚至宗族等概念混同起来，认为华夏族是一个"同宗同种"的种族，是由一个共同的部族发展而来，并且在宗族上拥有一个共同的祖先，因此大家在血统上相通，都是所谓的炎黄子孙。这种狭隘的民族主义思想，在近代和西方的单一民族思想融合起来，成为"革命排满"思想的主要理论资源。

而在传入中国的西方民族主义思想内部，也存在不同的民族主义话语，并且与中国的传统民族主义结合，形成不同的民族主义主张、派别与团体。如在辛亥革命时期形成的单一民族国家思想以及主张建立统一的多民族国家的"五族合一"、"五族共和"和"中华民族"思想，在五四时期蔚成潮流的启蒙救国、教育救国、科学救国、文化救国和学术救国思想，在反帝运动中形成的大亚洲主义与新亚细亚主义思想，在20世纪20年代到40年代陆续出现的醒狮派和大江会的国家主义思想、战国策派的文化民族主义思想等。

此外，在中西两种异质文化的冲突与交融之下，对于中西文化的态度不同，也导致了不同流派的民族主义思想在中西文化观上的差异。这一方面，典型的就有洋务运动时期的"中体西用"思想，以国粹派、东方文化派、学衡派为代表的文化保守主义思想，以及胡适等人在20世纪30年代提出的全盘西化论。这些思想，或者激进、或者保守，其中既有值得后世借鉴的一面，也有需要我们反思和批判的地方，但无论如何，它们都是特定时期中国知识分子基于民族主义思想的积极探索与尝试。

可以说，近代中国的民族主义思想，形态各异，流派繁杂，它们由不同时期、不同立场的知识分子阐释与传播开来，并且影响到近代中国政治、经济、军事、教育理念、文化思想、学术研究与文艺创作等诸多方面。近代民族主义思想是中国在特定时期现代化发展的历史产物，并且对内以传统民族主义思想、对外以帝国主义侵略为他者。在这样的历史语境下，近代中国知识分子的民族主义思想在形态繁复的表象背后，一条贯穿始终的主线清晰可见。这条主线就是实现对建构一个独立自主的现代民族国家和多元一体的中华民族的自觉认同。正如费孝通所指出的："中华民族作为一个自觉的民族实体，是近百年来中国和西方列强对抗中出现的。"对抗从鸦片战争时期开始，在抗日战争时期达到高潮。而中华民族的自觉认同，也是在近代不断反击帝国主义侵略的斗争中，在爱国知识分子民族主义思想的传播过程中，逐渐从"自在"到"自觉"，并且在抗日战争时期实现最终的确认。而这一历史阶段，也就成为本书在写作过程中所关注的主要时期。此后，随着抗日战争的胜利，作为近代中国民族主义思想形成过程中的主要他者——帝国主义侵略——已经逐渐淡出近代中国的历史舞台，第三次国内革命战争随即爆发。在这一新的历史时期，近代中国民族主义思想的内容与作用都发生了变化，无产阶级革命和社会主义革命成为中国社会的思想主潮。对于这一变化，笔者以为，它应该属于另外一个研究课题，因此本书的研究就以抗日战争时期为下限，此后的内容希望在以后的研究中有所涉及。

参 考 文 献

一、报刊资料

《民报》、《苏报》、《大同报》、《浙江潮》、《复报》、《申报》、《庸言》、《新潮》、《国学季刊》、《国粹学报》、《政艺通报》、《京话报》、《晨报》、《努力周报》、《每周评论》、《改造》、《时事新报》、《女子世界》、《留日女学会杂志》、《中国日报》、《江苏》、《国民日报》、《青年杂志》、《新青年》、《越铎日报》、《国学论丛》、《湖北学生界》、《国民》、《向导》、《民国日报》、《东方杂志》、《共进》、《北斗》、《醒狮》、《留美学生季报》、《中国青年》、《大江季刊》、《清华周刊》、《新月》、《中央日报》、《大公报》、《战国副刊》、《战国策》、《群众》、《禹贡》、《地学杂志》、《新亚细亚》、《新民丛报》、《中山文化教育馆季刊》、《益世报》、《边疆》、《中苏文化》、《文学导报》、《自由中国》、《文联》、《新华日报》、《文汇报》

二、文献资料

1. 孙中山：《孙中山全集》，北京：中华书局，1981—1986 年。

2. 薛福成：《薛福成选集》，上海：上海人民出版社，1987 年。

3. 汤志钧编：《康有为政论集》，北京：中华书局，1981 年。

4. 梁启超：《饮冰室合集》，北京：中华书局，1989 年。

5. 《筹办夷务始末：同治朝》，国立北平故宫博物院影印本，1930 年。

6. 杨度：《杨度集》，长沙：湖南人民出版社，1986 年。

7. 赵岐注、孙奭疏：《十三经注疏》，北京：中华书局，1980 年。

8. 王韬：《弢园文录外编》，北京：中华书局，1959 年。

9. 利玛窦、金尼阁：《利玛窦中国札记》，何高济、王遵仲、李申译，北京：中华书局，1983 年。

10. 王韬：《扶桑游记》，台北：文海出版社，1966 年。

11. 魏源：《海国图志》，长沙：岳麓书社，1998 年。

12. 徐继畬：《瀛寰考略》，台北：文海出版社，1974 年。

13. 冯桂芬：《校邠庐抗议》，郑州：中州古籍出版社，1998 年。

14. 中国近代史资料丛刊续编：《太平天国》，桂林：广西师范大学出版社，2004 年。

15. 中国史学会编：《太平天国》，上海：神州国光社，1952 年。

16. 太平天国历史博物馆编：《太平天国史料丛编简辑》，北京：中华书局，1963 年。

17. 梁启超：《中国近三百年学术史》，北京：东方出版社，1996 年。

18. 梁启超：《清代学术概论》，上海：上海古籍出版社，1998 年。

19. 饶玉成编：《皇朝经世文续编》，清光绪壬午江右双峰书屋刊本。

20. 曾国藩：《曾国藩全集》，长沙：岳麓书社，1985–1994 年。

21. 罗尔纲：《湘军兵志》，北京：中华书局，1984 年。

22. 中国史学会编：《洋务运动》，上海：上海人民出版社，1957 年。

23. 郭嵩焘：《郭嵩焘诗文集》，长沙：岳麓书社，1984 年。

24. 郭嵩焘：《玉池老人自叙》，清光绪十九年养知书屋刊本。

25. 郭嵩焘：《郭嵩焘日记》，长沙：湖南人民出版社，1982 年。

26. 郭嵩焘：《伦敦与巴黎日记》，长沙：岳麓书社，1984 年。

27. 郑观应：《郑观应集》，上海：上海人民出版社，1982 年。

28. 郭嵩焘：《郭嵩焘奏稿》，长沙：岳麓书社，1983 年。

29. 谭嗣同：《谭嗣同全集》，北京：中华书局，1981 年。

30. 严复：《严复集》，北京：中华书局，1986 年。

31. 欧阳哲生编：《胡适文集》，北京：北京大学出版社，1998 年。

32. 康有为：《康有为全集》，北京：中国人民大学出版社，2007 年。

33. 冯自由：《华侨革命开国史》，上海：商务印书馆，1947 年。

34. 汤志钧编：《章太炎政论选集》，北京：中华书局，1977 年。

35. 孙中山：《孙中山选集》，北京：人民出版社，1981 年。

36. 章开沅、罗福惠编：《辛亥革命史资料新编》，武汉：湖北人民出版社，2006 年。

37. 邹容：《革命军》，北京：华夏出版社，2002 年。

38. 故宫博物院明清档案部编：《清末筹备立宪档案史料》，北京：中华书局，1979 年。

39. 陈天华：《陈天华集》，长沙：湖南人民出版社，1958 年。

40. 内蒙古图书馆编：《西盟会议始末记》，呼和浩特：远方出版社，2007 年。

41. 张之洞：《张之洞全集》，石家庄：河北人民出版社，1998 年。

42. 蔡元培：《蔡元培全集》，北京：中华书局，1984 – 1989 年。

43. 闻一多：《死水》，北京：人民文学出版社，1980 年

44. 鲁迅：《鲁迅全集》，北京：人民文学出版社，1981 年。

45. 李大钊：《李大钊文集》，北京：人民出版社，1984 年。

46. 陶行知：《陶行知文集》，南京：江苏人民出版社，1981 年。

47. 梁启超：《梁启超全集》，北京：北京出版社，1999 年。

48. 陈学恂主编：《中国近代教育史教学参考资料》，北京：人民教育出版社，1987 年。

49. 陈元晖主编：《中国近代教育史资料汇编》，上海：上海教育出版社，2007 年。

50. 清华大学编：《赴法勤工俭学运动史料》，北京：北京出版社，1981 年。

51. 胡适：《胡适全集》，合肥：安徽教育出版社，2006 年。

52. 王国维：《观堂集林》，上海：上海书店，1992 年。

53. 马建忠：《马氏文通》，北京：商务印书馆，2010 年。

54. 包天笑：《钏影楼回忆录》，香港：大华出版社，1971 年。

55. 舒芜等编选：《近代文论选》，北京：人民文学出版社，1999 年。

56. 裘可桴：《可桴文存》，无锡：裘翼经堂，1946 年。

57. 周作人：《中国新文学的源流》，北平人文书店，1932 年。

58. 任建树主编：《陈独秀著作选》，上海：上海人民出版社，1993 年。

59. 耿云志、欧阳哲生编：《胡适通信集（1907—1933）》，北京：北京大学出版社，1995 年。

60. 秋瑾：《秋瑾集》，上海：上海古籍出版社，1979 年。

61. 鲁迅：《鲁迅小说集》，北京：人民文学出版社，1952 年。

62. 胡适：《胡适日记全编》，合肥：安徽教育出版社，2001 年。

63. 司马迁：《史记》，北京：中华书局，1959 年。

64. 辜鸿铭：《辜鸿铭文集》，黄兴涛译，海口：海南出版社，1996 年。

65. 胡适编：《中国新文学大系·建设理论集》，上海：上海良友图书公司，1935 年。

66. 梁济：《桂林梁先生遗书》，台北：文海出版社，1969 年。

67. 梁漱溟：《梁漱溟全集》，济南：山东人民出版社，1989 年。

68. 徐志摩：《徐志摩全集》，台北：传记文学出版社，1980 年。

69. 王国维：《王国维全集》，北京：中华书局，1984 年。

70. 傅杰编校：《王国维论学集》，北京：中国社会科学出版社，1997 年。

71. 吴宓：《吴宓日记》，北京：生活·读书·新知三联书店，1998 年。

72. 晨报编辑处、清华学生会编：《五卅痛史》，北京：北京晨报出版部，1925 年。

73. 中央档案馆编：《中共中央文件选集》，北京：中共中央党校出版社，1982—1988 年。

74. 中国第二历史档案馆编：《中华民国史档案资料汇编》，南京：江苏古籍出版社，1991 年。

75. 罗家伦编：《革命文献》第 69 辑，台北：中央文物供应社，1976 年。

76. 北京大学等主编：《文学运动史料选》，上海：上海教育出版社，1979 年。

77. 陈正茂等编：《曾琦先生文集》，台北：中央研究院近代史研究所，1993 年。

78. 钟离蒙、杨凤麟编：《中国现代哲学史资料汇编》，沈阳：辽宁大学出版社，1981 年。

79. 钟离蒙、杨凤麟编：《中国现代哲学史资料汇编续集》，沈阳：辽宁大学出版社，1984 年。

80. 梁实秋：《谈闻一多》，台北：台湾传记文学出版社，1967 年。

81. 闻一多：《闻一多全集》，武汉：湖北人民出版社，1993 年。

82. 温儒敏、丁晓萍编：《时代之波——战国策派文化论著辑要》，北京：中国广播电视出版社，1995 年。

83. 顾颉刚：《〈禹贡学会〉研究边疆计划书》，《史学史研究》1981 年第 1 期。

84. 欧阳哲生主编：《傅斯年全集》，长沙：湖南教育出版社，2003 年，第 125 页。

85. 蒋中正：《中国之命运》，南京：正中书局，1943 年。

86. 青海省政府公报局编：《青海省政府公报（1929 - 1939）》，北京：北京图书馆，1994 年。

87. 中央档案馆编：《中国共产党第二次至第六次全国代表大会文件汇编》，北京：人民出版社，1981 年。

88. 郭沫若：《沫若文集》，北京：人民文学出版社，1963 年。

89. 阳翰笙：《阳翰笙选集》，成都：四川文艺出版社，1989 年。

90. 阳翰笙：《战斗在雾重庆——回忆文化工作委员会的斗争》，载《新文学史料》1984 年第 1 期。

91. 孔尚任：《桃花扇》，北京：人民文学出版社，1980 年。

三、研究著作

1. 埃里克·霍布斯鲍姆：《民族与民族主义》，李金梅译，上海：上海人民出版社，2000 年。

2. 埃里·凯杜里：《民族主义》，张明明译，北京：中央编译出版社，2002 年。

3. 安东尼·史密斯：《民族主义：理论，意识形态，历史》，叶江译，上海：上海世纪出版集团，2006 年。

4. 房宁、王炳权：《论民族主义思潮》，北京：高等教育出版社，2004 年。

5. 李宏图：《西欧近代民族主义思潮研究——从启蒙运动到拿破仑时代》，上海：上海社会科学院出版社，1997 年。

6. 竹内好：《近代的超克》，李冬木等译，北京：生活·读书·新知三联书店，2005 年。

7. 戴维·赫尔德：《民主的模式》，燕继荣等译，北京：中央编译出版社，1998 年。

8. 厄内斯特·盖尔纳：《民族与民族主义》，韩红译，北京：中央编译出版社，2002 年。

9. 莱斯利·里普森：《政治学的重大问题：政治学导论》，刘晓等译，北京：华夏出版社，2001 年。

10. 安东尼·吉登斯：《民族—国家与暴力》，胡宗泽、赵力涛译，北京：生活·读书·新知三联书店，1998 年。

11. 罗荣渠主编：《从"西化"到现代化：五四以来有关中国的文化趋向和发展道路论争文选》，北京：北京大学出版社，1990 年。

12. 萨义德：《知识分子论》，单德兴译，北京：生活·读书·新知三联书店，2002 年。

13. 潘晔：《中国共产党知识分子政策的变迁与创新》，武汉：武汉理工大学出版社，2008 年。

14. 张灏：《梁启超与中国思想的过渡（1890 – 1907）》，崔志海、葛夫平译，南京：江苏人民出版社，1993 年。

15. 列文森：《儒教中国及其现代命运》，郑大华、任菁译，北京：中国社会科学出版社，2000 年。

16. 布尔迪厄：《文化资本与社会炼金术——布尔迪厄访谈录》，包亚明译，上海：上海人民出版社，1997 年。

17. 费孝通主编：《中华民族多元一体格局》（修订本），北京：中央民族大学出版社，1999 年。

18. 马戎、周星主编：《中华民族凝聚力形成与发展》，北京：北京大学出版社，1999 年。

19. 杨策、彭武麟主编：《中国近代民族关系史》，北京：中央民族大学出版社，1999 年。

20. 内蒙古大学中共内蒙古地区党史研究所、内蒙古大学内蒙古近现代史研究所编：《内蒙古近代史论丛》第 3 辑，呼和浩特：内蒙古人民出版社，1987 年。

21. 陶绪：《晚清民族主义思潮》，北京：人民出版社，1995 年。

22. 艾尔曼：《从理学到朴学——中华帝国晚期思想与社会变化

面面观》，赵刚译，南京：江苏人民出版社，1997 年。

23. 芮玛丽：《同治中兴——中国保守主义的最后抵抗》，房德邻等译，北京：中国社会科学出版社，2002 年。

24. 塞缪尔·亨廷顿：《文明的冲突与世界秩序的重建》，周琪等译，北京：新华出版社，2002 年。

25. 张旭东：《批评的踪迹》，北京：生活·读书·新知三联书店，2003 年。

26. 郭廷以：《郭嵩焘先生年谱》，台北：中央研究院近代史研究所，1971 年。

27. 钱穆：《国史大纲》，北京：商务印书馆，1994 年。

28. 韦政通：《中国十九世纪思想史》，台北：东大图书公司，1991 年。

29. 汪荣祖：《走向世界的挫折——郭嵩焘与道咸同光时代》，北京：中华书局，2006 年。

30. 侯外庐：《中国近代启蒙思想史》，北京：人民出版社，1993 年。

31. 塞缪尔·亨廷顿：《变动社会的政治秩序》，张岱云等译，上海：上海译文出版社，1989 年。

32. 张磊：《孙中山思想研究》，北京：中华书局，1981 年。

33. 徐万民编：《孙中山研究论集——纪念辛亥革命九十周年》，北京：北京图书馆出版社，2001 年。

34. 吕思勉：《历史研究法》，上海：永祥印书馆，1948 年。

35. 汤志钧编：《章太炎年谱长编》，北京：中华书局，1979 年。

36. 姜义华：《章炳麟评传》，南京：南京大学出版社，2002 年。

37. 松本真澄：《中国民族政策之研究——以清末至 1945 年的"民族论"为中心》，鲁忠慧译，北京：民族出版社，2003 年。

38. 刘禾：《跨语际实践——文学、民族文化与被译介的现代性》，宋伟杰等译，北京：生活·读书·新知三联书店，2002 年。

39. 宁骚：《民族与国家》，北京：北京大学出版社，1995 年。

40. 福泽谕吉：《文明论概略》，北京编译社译，北京：商务印书馆，1995 年。

41. 陈锡祺主编：《孙中山年谱长编》，北京：中华书局，1991 年。

42. 白寿彝：《中国伊斯兰史存稿》，银川：宁夏人民出版社，1983 年。

43. 丁文江、赵丰田编：《梁启超年谱长编》，上海：上海人民出版社，1983 年。

44. 曹聚仁：《中国学术思想史随笔》，北京：生活·读书·新知三联书店，1986 年。

45. 周明之：《胡适与中国现代知识分子的选择》，雷颐译，桂林：广西师范大学出版社，2005 年。

46. 王跃、高力克编：《五四：文化的阐释与评价——西方学者论五四》，太原：山西人民出版社，1989 年。

47. 舒衡哲：《中国的启蒙运动：知识分子与五四遗产》，刘京建译，北京：新星出版社，2007 年。

48. 唐德刚编译：《胡适口述自传》，合肥：安徽教育出版社，2005 年。

49. 史书美：《现代的诱惑：书写半殖民地中国的现代主义（1917 – 1937）》，何恬译，南京：江苏人民出版社，2007 年。

50. 罗苏文：《女性与近代中国社会》，上海：上海人民出版社，1996 年。

51. 本尼迪克特·安德森：《想象的共同体：民族主义的起源与散布》，吴叡人译，上海：上海人民出版社，2003 年。

52. 柄谷行人：《日本现代文学的起源》，赵京华译，北京：生活·读书·新知三联书店，2006 年。

53. 林毓生：《中国意识的危机——五四时期激烈的反传统主义》，贵阳：贵州人民出版社，1988 年。

54. 王德威：《想象中国的方法》，北京：生活·读书·新知三联书店，1998 年。

55. 严家炎：《中国现代小说流派史》，北京：人民文学出版社，1995 年。

56. 陈来：《人文主义的视界》，南宁：广西教育出版社，1997 年。

57. 余英时：《钱穆与现代中国学术》，桂林：广西师范大学出版社，2006年。

58．傅乐诗等：《近代中国思想人物论：保守主义》，台北：时报文化出版公司，1980年。

59．艾恺：《世界范围内的反现代化思潮——论文化守成主义》，贵阳：贵州人民出版社，1991年。

60．郑师渠：《晚清国粹派文化思想研究》，北京：北京师范大学出版社，1997年。

61．胡逢祥：《社会变革与文化传统：中国近代文化保守主义思潮研究》，上海：上海人民出版社，2000年。

62．何晓明：《返本与开新——近代中国文化保守主义新论》，北京：商务印书馆，2006年。

63．费正清：《美国与中国》，张理京译，北京：商务印书馆，1987年。

64．余英时：《历史人物与文化危机》，台北：东大图书公司，1995年。

65．叶嘉莹：《王国维及其文学批评》，广州：广东人民出版社，1982年。

66．李博：《汉语中马克思主义术语的起源与作用》，赵倩等译，北京：中国社会科学出版社，2003年。

67．赵金钰：《日本浪人与辛亥革命》，成都：四川人民出版社，1988年。

68．何沁主编：《中国革命史》，武汉：武汉大学出版社，1993年。

69．阿里夫·德里克：《革命与历史：中国马克思主义历史学的起源，1919－1937》，翁贺凯译，南京：江苏人民出版社，2005年。

70．徐复观：《学术与政治之间》，台北：学生书局，1980年。

71．江沛：《战国策派思想研究》，天津：天津人民出版社，2001年。

72．邵伯周：《中国现代文学思潮》，上海：学林出版社，1993年。

73．马大正、刘逖：《20世纪的中国边疆研究——一门发展中的边缘学科的演进历程》，哈尔滨：黑龙江教育出版社，1998年。

74．吕思勉：《中国民族史》，北京：东方出版社，1996年。

75．孟森：《心史丛刊》，沈阳：辽宁教育出版社，1998年。

76. 杜赞奇：《从民族国家拯救历史：民族主义话语与中国现代史研究》，王宪明等译，北京：社会科学文献出版社，2003 年。

四、研究论文

1. 罗志田：《近代中国民族主义的研究取向与反思》，载《四川大学学报》（哲学社会科学版）1998 年第 1 期。

2. 王晓明：《现代中国的民族主义》，载《学术月刊》2002 年第 11 期。

3. 崔明德、曹鲁超：《近十年来中国民族主义研究述评》，载《烟台大学学报》（哲学社会科学版）2006 年第 1 期。

4. 宁骚：《论民族国家》，载《北京大学学报》（哲学社会科学版）1991 年第 6 期。

5. 葛兆光：《重建关于"中国"的历史论述——从民族国家中拯救历史，还是在历史中理解民族国家?》，载《二十一世纪》2005 年 8 月。

6. 戴福士：《中国历史类型：一种螺旋理论》，载《走向未来》1987 年 3 月。

7. 阎书钦：《20 世纪 30 年代中国知识界"现代化"理念的形成及内涵流变》，载《河北学刊》2005 年第 1 期。

8. 孙宏云：《中国"现代化"观念溯源——〈申报月刊〉的"中国现代化问题"讨论》，载《郑州大学学报》（哲学社会科学版）2007 年第 2 期。

9. 许纪霖：《现代中国的自由民族主义思潮》，载《社会科学》2005 年第 1 期。

10. 萧功秦：《从科举制度的废除看近代以来的文化断裂》，载《战略与管理》1996 年第 4 期。

11. 罗志田：《近代中国社会权势的转移：知识分子的边缘化与边缘知识分子的兴起》，载《开放时代》1999 年第 4 期。

12. 余英时：《中国知识分子的边缘化》，载《二十一世纪》1991 年 8 月。

13. 黄兴涛：《现代"中华民族"观念形成研究——兼论辛亥革

命与中华民族认同之关系》，载《浙江社会科学》2002 年第 1 期。

14. 黄兴涛：《清末民初新名词新概念的"现代性"问题——兼谈思想现代性和现代"社会"概念的中国认同》，载《天津社会科学》2005 年第 4 期。

15. 白拉都格其：《辛亥革命与贡桑诺尔布》，载《清史研究》2002 年第 3 期。

16. 白拉都格其：《袁世凯治蒙政策刍议》，载《中央民族大学学报》（哲学社会科学版）2002 年第 6 期。

17. 郭洪纪：《儒家的华夏中心观与文化民族主义滥觞》，载《历史教学问题》1994 年第 5 期。

18. 葛兆光：《宋代"中国"意识的凸显——关于近世民族主义思想的一个远源》，载《文史哲》2004 年第 1 期。

19. 沈松侨：《近代中国民族主义的发展——兼论民族主义的两个问题》，载《政治与社会哲学评论》2008 年第 3 期。

20. 林耀华：《关于"民族"一词的使用和译名的问题》，载《历史研究》1963 年第 2 期。

21. 金天明、王庆仁：《"民族"一词在我国的出现及其使用问题》，载《社会科学辑刊》1981 年第 4 期。

22. 黄兴涛：《"民族"一词究竟何时在中文里出现?》，载《浙江学刊》2002 年第 1 期。

23. 郝时远：《中文"民族"一词源流考辨》，载《民族研究》2004 年第 6 期。

24. 李喜所：《中国现代民族观念初步确立的历史考察——以梁启超为中心的文本梳理》，载《学术月刊》2006 年第 2 期。

25. 郑师渠：《晚清国粹派的文化观》，载《历史研究》1992 年第 6 期。

26. 陈来：《启蒙批判与学术研究的双重变奏——整理国故运动中的胡适》，载《清华大学学报》（哲学社会科学版）2010 年第 4 期。

27. 欧阳哲生：《中国近代文化流派之比较》，载《中州学刊》1991 年第 6 期。

28. 郑师渠：《近代中国的文化民族主义》，载《历史研究》1995 年第 5 期。

29. 罗志田：《对共和体制的失望：梁济之死》，载《近代史研究》2006 年第 5 期。

30. 高岱：《帝国主义概念考析》，载《历史教学》（高校版）2007 年第 2 期。

31. 李时岳：《二十世纪初年中国知识界的帝国主义观和民族主义观》，载《吉林大学社会科学学报》1962 年第 2 期。

32. 单正平：《近代思想文化语境中的醒狮形象》，载《南开学报》（哲学社会科学版）2006 年第 4 期。

33. 石川祯浩：《晚清"睡狮"形象探源》，载《中山大学学报》（社会科学版）2009 年第 5 期 。

34. 乐黛云：《尼采与中国现代文学》，载《北京大学学报》（哲学社会科学版）1980 年第 3 期。

35. 顾潮：《顾颉刚先生与〈禹贡〉半月刊》，载《中国历史地理论丛》1997 年第 3 期。

36. 马大正：《二十世纪的中国边疆史地研究》，载《历史研究》1996 年第 4 期。

37. 马大正：《略论禹贡学会的学术组织工作》，载《中国边疆史地研究》1992 年第 1 期。

38. 房建昌：《简述民国年间有关中国边疆的机构与刊物》，载《中国边疆史地研究》1997 年第 2 期。

后　记

本书是我努力拓展自己研究领域的一次尝试，其源起于 2006 年。此前，我一直以晚清时期的理学为自己学术研究的中心。2000 年 9 月，我进入北京师范大学历史系攻读博士学位，在导师史革新先生的指导下，撰写了博士学位论文《罗泽南理学思想研究》。2004 年 9 月，我进入中国人民大学清史研究所，跟随杨念群先生从事博士后研究工作，研究对象进一步拓展为对晚清湖湘理学群体的考察。感谢恩师！正是他们的悉心指导，为我打下了扎实的研究基础，使我在 2006 年结束博士后研究工作之后顺利成为中央民族大学历史系的一名教师。

在中央民族大学这所有着鲜明民族史研究特色的学校里，我感受着领导及同事对我的关心和帮助，同时也在暗自构思自己的学术转向。让我为难的是，一方面，自己以往对近代知识分子这一群体的研究用功颇深，就此驻足未免可惜；另一方面，民族史领域博大精深，我一时间难以寻觅到合适的切入点。就在我彷徨困惑之时，感谢几位长期对我关爱有加的前辈学者指点迷津，开阔了我的研究思路。例如，郑师渠先生的文化民族主义研究、李帆先生对刘师培民族观念的研究、黄兴涛先生对中华民族观念形成的研究等近年来在学界均颇有影响，受其启发，我开始有意识地将对近代知识分子的研究和对近代民族主义思想的研究结合起来。在收集和阅读了大量相关文献资料和前人研究成果之后，我更加清晰地认识到，对近代中国知识分子的民族主义思想研究，是一个重要且有待挖掘的学术课题。这是因为，一方面，无论是近代中国民族主义的发展衍变，还是中华民族观念的形成及文化认同，近代中国知识分子都在其中发挥了重要的历史作用；另一方面，虽然近年来研究近代知识分子与民族问题的学术研究取得长足进展，但系统论述近代中国知识分子民族主义思想的专著却并不多见。

意识到这一点后，我开始将近代中国知识分子的民族主义思想作为自己研究的主要方向。此间，虽然也穿插研究过别的课题，但我对近代中国知识分子民族主义思想的考察，始终没有停止过。在研究过程中，恰逢达力扎布教授主持召开中央民族大学"985 工程"三期立项会议，我即以此为题申请立项，在项目获得批准的同时，教授委员会的各位老师也给我很多非常好的建议，令我受益匪浅，感念于心。为了帮助我提高书稿质量，达力扎布教授不辞劳苦，反复审阅书稿，为我提了许多颇有价值的修改意见，使本书在有关蒙古等边疆民族问题上的表述上更加专业，也让我深切体会到一位真正学者对学术的固守与坚持。

最后，我还要感谢我的父母，他们含辛茹苦将我养育成人，在本该颐养天年之时，他们为了让我能够安心著述，蜗居于我的出租屋内帮我养育我的下一代，令我愧疚时存于心。另外，我的爱人是本书的第一位读者，他在京东的一所高校任教，在与他的讨论中，他的一些新见，总能给我有益的启发。

转瞬之间，我来到中央民族大学工作已近七年，本书长达数年的研究与撰写工作也将告一段落。中央民族大学出版社一如既往热情接纳我的著述，黄修义先生则是第三次担任拙作的责任编辑，其丰富的学识与敬业的态度令我非常敬佩。由于本人学力有限，书中多有疏漏和不当之处，特别是对少数民族知识分子的民族主义思想研究不够充分，因此，我诚心希望学界前辈和同仁多多提出批评意见，以待来日补阙修正。

作　者

2012 年 5 月